KOBRAS BEISSEN SHIVA NICHT

Das Buch Indien ist DAS Land der verwirrenden Gegensätze, der zahlreichen Widersprüche und der verblüffenden Überraschungen. Es ist auch das Land der Magie und der spirituellen Traditionen, in dem Wunderbares hinter jeder Ecke lauert. Markus Maier, dessen (kritische) Liebe Indien gilt, berichtet über seine jahrelangen Erfahrungen, die er quer durch Indien gemacht hat. Er erzählt, wie die Reparatur eines Ladegerätes zu einer Operation ausartet, wie man sich mit Rikschafahrern befreundet und wie Kokosnüsse Köpfe zu Brei zerschlagen können. Er beschreibt eine Fahrt per Anhalter durch Pakistan, die Reisen mit seiner kleinen Tochter und seine innere Einkehr bei vielen Vipassana-Retreats.

Der Autor lässt uns an einem ängstlichen Traum teilhaben und beschäftigt sich mit den beharrlichen Träumen indischer Männer. Die Begegnungen mit Kobras, die ihn verehren und solchen, die fliegen, werden ebenso geschildert wie jene mit in der Leitung feststeckenden Ratten und das Leben am heiligen Berg Shivas, Arunachala. Er fährt mit einer schönen Inderin mit dem Bus durch Karnataka und im Zug als blinder Passagier nach Rishikesh zur Kumbha Mela. In Delhi beteiligt er sich äußerst aktiv am Holi-Fest. Markus Maier gelingt es in verführerischer Weise, den Leser in eine faszinierende Welt eintauchen und ihn bildhaft an seinen Reisen und seiner wunderbaren Liebe zu diesem Land teilhaben zu lassen. Denn: Indien ist einzigartig.

Der Autor   Markus Maier, geboren 1969 nahe Wien, absolvierte das Studium der Ethnologie an der Universität Wien. Seit 1989 bereist er halbjährlich Asien, wobei er die meiste Zeit davon in Indien verbringt. Das Reisen und die Faszination Indiens lässt ihn nicht los, zudem ist er diesem Land zu großer Dankbarkeit verpflichtet, denn nun weiß er mit Sicherheit: Alles ist eins.

Weitere Bücher des Autors:
-"Freiheit – Die innere und äußere Welt. Eine Welt" (2015)
-"Licht und Schatten – Das Wechselspiel" (2016)

Markus Maier

KOBRAS BEISSEN SHIVA NICHT

Eine (kritische) Liebeserklärung
an Indien

INHALT

Meinem Indien

1. DAS VERFLIXTE LADEGERÄT

Mein Ladegerät funktioniert nicht mehr. In Taiwan hergestellt, habe ich es in Indien gekauft, um meine Lautsprecher, in China produziert und nach Indien exportiert, aufladen zu können. Ich habe es ein paar Tage zuvor also in Delhi neu erworben, da mein altes, ein indisches Produkt, seine Funktiontüchtigkeit eingestellt hat. Mir wurde gesagt, dass der Transformator seinen Lebenswillen aufgegeben hat. Das unmissverständliche Indiz dafür ist, dass das Ladegerät gefährlich heiß wird, während es ladet beziehungsweise am Strom angeschlossen ist.

Ich sitze im Garten meines Hotels in Pushkar, Rajasthan, und schlürfe langsam heißen Ingwer-Tee. Auf Englisch wird das Getränk `Hot Ginger Lemon Honey Tea´ genannt, da es mit einem Aufgussbeutel schwarzen Tee serviert wird. Ich habe ein wenig Halsschmerzen und Ingwer bringt Linderung. Die Sonne strahlt angenehm herunter, ich bin in entspannter Stimmung, denn es war ein schöner Vormittag. Ich habe gelesen und geschrieben. Seit etwa einer halben Stunde bewundere ich die Akrobatik der auf den Bäumen und Dächern herumturnenden Affen und komme zeitweise gar nicht mehr aus dem Staunen und Lachen heraus. Da, schon wieder, benutzt einer der kleineren den langen Schwanz seiner grauen Affenmutter als Seil, um daran herumzubaumeln! Und dann, husch, springt er schnell weg, um sich nicht ein paar Schläge der Mama einzufangen!

Ich will gar nicht aus dem Areal des Hotels hinausgehen, mich nicht von der sicheren, ruhigen Zone entfernen. Draußen tobt indischer Alltag, genauer gesagt, Geschäftsalltag, denn Pushkar hat sich in den letzten zwei Jahrzehnten zu einer größeren Produktionsstätte für Textilien entwickelt. Viele westliche Händler bevölkern das Dorf, um hier ihre Ware produzieren zu lassen. Zusätzlich gibt es natürlich auch noch die gewöhnlichen Touristen, die, mit ihren großen Kameras bewaffnet, all die Sehenswürdigkeiten des Dorfes ablichten. Manchmal wollen sie auch ein Foto von mir, aber nein, da bin ich stur, ich winke sie mit einer kurzen, eindeutigen Handbewegung weg; es gibt genügend andere Lebewesen, die sie für ihre Zoo-Fotoreihe auf Film festhalten können! Trotzdem besitzt der an und für sich kleine Ort noch immer genügend Flair, dem sich viele Langzeitreisende nach wie vor nicht entziehen können.

Also ein wenig genervt darüber, dass ich mich erneut mit dem brandneuen Ladegerät auseinanderzusetzen habe, trinke ich meinen Tee aus. Dann verlasse ich doch das Hotel und gehe zu dem angrenzenden Geschäft, das mir ein paar Inder empfohlen haben, um das Gerät überprüfen zu lassen. Ein junger Mann, um die 25 Jahre alt, ist im Laden. Er trägt westliches Gewand und blickt sehr vertrauenswürdig drein - will er damit seine Kompetenz vermitteln? Höchstwahrscheinlich hat auch er diese `Kein Problem´-Mentalität, welche die Inder wie eine zweite Haut tragen, denn diese ist tief eingeprägt in ihrem gesamten gesellschaftlichen System.

Ich erkläre ihm das Problem mit dem Gerät, er schaut es kurz an und sagt, ohne Raum für Widerspruch zu lassen:

"Es funktioniert!"

"Was?"

"Es funktioniert!"

"Woher willst du das wissen? Du musst es doch erst

überprüfen und an den Strom anschließen, nur dann werden wir Bescheid wissen..."

Denn ich bin derjenige, der weiß, wie der Hase läuft. Der zumindest zu wissen glaubt, wie der Hase läuft. (Da stellt sich natürlich schon die Frage, wie ich bloß auf diese Idee kommen konnte angesichts des Umstandes, dass ich mich in keinem anderen Land als in Indien befinde!)

Der Inder steckt das Kabel in die Steckdose. Und steckt es wieder heraus.

"Es funktioniert!"

"Wie bitte?"

Er berührt mit seiner Zunge das Kabelende vom Ladegerät.

"Ich fühle den Strom fließen! Das Problem sind die Lautsprecher!"

"Ach, wirklich?"

"Darf ich sie bitte öffnen?"

Ich stimme zu und erkläre ihm, dass ich in zwei Minuten zurück sein werde. Ich will mir einen Chai beim Straßenverkäufer gegenüber kaufen, um meine Kräfte und Nerven für das Treffen mit diesem begabten Techniker zu stärken.

Als ich zurückkomme, lächelt er mich an. Für einen kurzen, tatsächlich sehr kurzen Moment glaube ich wahrhaftig, dass er die technischen Probleme lösen und ich schon bald wieder in der Lage sein würde, Musik aus den chinesischen Lautsprechern genießen zu können. Einen kurzen Moment zu lange.

"Ich kann es nicht reparieren", erklärt der Techniker mit voller Überzeugungskraft. "Komm später nochmals und erkläre das Problem meinem Vater!"

Während er auf die dreckig schwarze, schimmelige Wand schaut, um einen Blick auf eine große, ebenfalls

schwarze Uhr zu werfen, fügt der junge Inder noch hinzu:
"In zwei Stunden wird mein Vater kommen!"

Naja, so einfach können sie nicht mit mir spielen, mich mit ihrem verzerrten Zeitgefühl austricksen! Ich habe schon genügend Erfahrungen mit der indischen Wahrnehmung von der sogenannten Zeit beziehungsweise, um es gleich wahrheitsgetreuer zu benennen, von (Un-)Pünktlichkeit gesammelt! Daher weiß ich, dass es ratsamer ist, noch zwei weitere Stunden auf die soeben vorgegebenen zwei draufzugeben und erst in etwa vier Stunden zurückzukehren, um meine Zeit und meine Energie zu sparen. Was ich damit sagen will ist, dass sich das Leben um tiefe Erfahrungen dreht, aus denen man lernt. Lernen sollte. Sich an diese zu erinnern, ist der Schlüssel dazu, (durch sie) zu wachsen. Sollte man sie jedoch vergessen, kann man sich sicher sein, mit sofortiger Wirkung in die Falle des indischen Gefühls der Zeitlosigkeit zu plumpsen.

Ich bereite mich also darauf vor, nach ungefähr vier Stunden wieder ins Elektrogeschäft zurückzukehren und passiere die Rezeption meines Hotels. Nishan, der Manager, grüßt mich warmherzig, wir kennen einander bereits seit einigen Jahren. Erst kürzlich hat er ein Geheimnis mit mir geteilt, als ich ihn fragte, mit wem er denn auf seinem Handy nahezu pausenlos zu telefonieren pflegte, wenn seine Manager-Aufgaben von niemandem in Anspruch genommen wurden; und er hat sehr viel Freizeit, da er so wie viele andere Inder die Begabung besitzt, seine Arbeit, wann immer möglich, an angestellte `room-boys´ zu delegieren. So funktioniert es also: Man hat nur ein klein wenig Macht und lässt dann jene, die bloß ein klein wenig weniger Macht, eine etwas niedrigere

Position innehaben, für sich herumschuften und arbeiten, um die anderen die eigenen Aufgaben erfüllen zu lassen. Man bekommt um einiges mehr als diese `room-boys´ bezahlt und hat selbst bedeutend weniger Arbeit. So lässt es sich gut leben.

Nishan, der in Wahrheit ein sehr netter Kerl Ende der 20 ist, sah damals ein wenig ernst drein, als er mit meiner Frage konfrontiert wurde, entspannte sich jedoch sofort wieder und klärte mich auf:

"Mit meiner Freundin!"

"Was? Deine Frau hat doch soeben euer zweites Kind bekommen?! Seit wann hast du denn nun eine Freundin?"

Nishan lächelte.

"Sehr lange schon! Schon länger als meine Frau! Große Liebe, weißt du?! Kein Problem. Nun ist sie verheiratet, ich bin verheiratet, kein Problem. Alles arrangierte Hochzeiten. Das ist Indien, du weißt ja... Aber kein Problem. Ich habe meiner Frau bereits alles zum Zeitpunkt der Hochzeit erzählt, alles! Gutes Gespräch, ich erzählte ihr alles, sie weiß alles. Verstehst du, Markus, die Freundin kenne ich bereits so lange, sehr gute Freundin, wie könnte ich sie nur verlassen?! Sie war schon VOR meiner Frau da! Verstehst du? Deswegen bin ich immer für sie da. Wir reden viel. Sehr gute Freundin!"

"Und triffst du sie noch immer? Wo? Wie? Wie stellst du das an?"

"Kein Problem. Manchmal treffen wir einander, nicht zu oft. Du weißt ja, sie ist jetzt verheiratet. Aber noch immer meine Freundin. Das ist genug. EINE Frau, EINE Freundin, ZWEI Frauen sind genug, ansonsten entstehen Probleme!"

Aha. Ich verstehe. Das klingt plausibel.

Er grinste mich an.

"Ah, ja? Und deine Frau weiß wirklich von deiner Affäre? Du erzählst ihr das alles?"

"Natürlich, alles erzähle ich ihr! Keine Geheimnisse vor meiner Frau!"

Er machte eine kurze Pause, bevor er weiterredete.

"Aber ich erzähle ihr nicht, dass ich meine Freundin seit unserer Hochzeit weiterhin treffe. Das wäre nicht gut."

AHA.

Wie ich schon sagte, Nishan ist sicherlich ein sehr netter Kerl, er ist nur - naja - eben ein Inder. Das bedeutet, dass er eine ganz bestimmte Art von (indischer) (Ir)Rationalität, (Un)Logik besitzt, wobei diese ´Rationalität´ eben besser mit Vorsicht zu genießen ist, man passe lieber auf... Manche bezeichnen die indische Rationalität eben auch als Irrationalität, natürlich ohne es böse zu meinen. Es handelt sich dabei um einen Versuch, die Wahrheit zu beschreiben. Aber was soll´s, wie dem auch sei.

Meinerseits erzähle ich ihm nun, welchen Elektriker ich aufgesucht habe; für einen Augenblick sieht er mich mit großen Augen an, dann ruft er aus:

"Aber in diesem Geschäft reparieren sie doch nichts, sie verkaufen bloß!"

Mir verschlägt es zwar nicht meine Sprache, doch ich antworte nicht darauf. Nichts kann mich mehr wirklich in Indien überraschen, ich bin die Verkörperung von wahrer Ruhe, Gleichmut und Akzeptanz. Zumindest fast immer. Sicherlich jedoch oft. Ich meine damit eben nicht immer, jedoch fast immer, zuweilen kann es doch noch zu unvorhergesehenen Reaktionen meinerseits kommen...

Aber nochmals: `Fast immer´ bedeutet eben schon, dass ich gegen indische Überraschungen zumeist gewappnet, nahezu immun bin. Und ich hoffe, man glaubt mir, wenn ich behaupte, dass es derer in diesem Land viele, sehr viele gibt. Wie ja einige bereits wissen, ist Indien DAS Land konstanter Überraschungen schlechthin. Ohne Übertreibung. Es ist im Normalfall besser und ratsamer, sie zu akzeptieren und mit ihnen mitzufließen, als zu versuchen, sich gegen sie zu wehren. Denn wenn man sich ihnen widersetzt und gegen sie ankämpft, besteht die Möglichkeit, dass sich ein kleiner Schalter im Gehirn umlegt und dann - dann kann es zu sehr starken emotionalen Reaktionen kommen, die eventuell nicht zum Besten für alle Beteiligten ausufern...

Ruhig, völlig in meiner Mitte, wie fast immer also, frage ich Nishan bloß, wohin ich denn mein Ladegerät zur Reparatur bringen könne. Er schickt mich sechs bis sieben Geschäfte weiter zu einem Laden auf derselben Straßenseite.

"Dort ist ein wirklich guter Mann, qualifiziert, kein Problem für dein Ladegerät, nur zwei Minuten wird er es sich ansehen - und dann funktioniert es wieder!"

Gelassen und schweigend hoffe ich, dass der `echte´ Elektriker, den ich nun aufzusuchen gedenke, sich nicht bloß das Gerät ansehen, sondern es auch wieder zum Leben erwecken wird. Nach zwei Stunden der Muße hole ich das Ladegerät von dem Geschäft, in dem noch immer der junge Inder sitzt - vom Vater ist natürlich keine Spur - erklärungslos ab, bedanke mich und mache mich auf den von Nishan beschriebenen Weg.

Wieder sitzt ein junger Typ in dem Geschäft, der Unterschied ist jetzt nur, dass es sich nun angeblich um ein Geschäft handelt, in dem auch tatsächlich Reparaturen durchgeführt werden. Überall liegt Werkzeug und altes technisches Gerät herum – ich scheine hier richtig zu sein. Wenn man es wirklich braucht, dann lässt einen das Glück ja doch nicht im Stich!

Erfreut betrete ich den Shop und lege das Gerät auf den Tisch.

Der Techniker, zuerst das Gerät, dann mich, daraufhin wieder das Gerät betrachtend, fragt mich:

"Problem? - Kein Problem! Der Doktor wird es völlig bearbeiten! Die richtige Medizin wird helfen!"

Ich möchte seinen Enthusiasmus nicht bremsen, nicke zustimmend mit meinem Kopf, aber - warten wir mal ab....

"Ich muss das Gerät öffnen, ein Kabel ist gebrochen, dann werde ich ein neues Kabel einsetzen, du wirst ein neues Gerät bekommen, alles wird neu sein, meine Medizin wirkt immer - wie neu! Kein Problem!"

Er beginnt lauthals zu lachen.

Für mich persönlich ist es nun beruhigend zu wissen, dass ich in Pushkar einem wahren, eingeborenen (nicht-amerikanischen) Schamanen begegnen darf.

Er nimmt einen kleinen Schraubenzieher und beginnt an allen Seiten des Ladegerätes herumzuschrauben und hineinzudrücken, bringt seine gesamte Kraft auf, um mein Ladegerät zu öffnen - jedoch vergeblich.

"Das ist ein neues Gerät? Nein! Es wurde sicherlich schon mal geöffnet und dann wurde es mit einem extrem starken Klebestoff wieder verschlossen, es ist nahezu unmöglich, es wieder zu öffnen! Eine sehr harte Arbeit! Aber ich habe eine noch bessere Medizin!"

Währenddessen haben sich mehrere Inder in dem kleinen Shop versammelt, sodass es nun praktisch keinerlei Bewegungsfreiheit mehr gibt. Wir alle verfolgen die `Operation´ neugierig mit. Was wird dem `Doktor´ denn jetzt nur einfallen? Die Inder beginnen laut Rajasthani zu reden, sie scheinen alle geteilter Meinung zu sein, blicken ernst drein und bewegen währenddessen ihre Köpfe vehement von Seite zu Seite. Ich werde ein wenig nervös.

Der Schamane wiederum legt den Schraubenzieher mit einem breiten Lächeln auf die Seite und nimmt einen größeren zur Hand. Einen wirklich großen, massiven...

"Nun wird eine stärkere Medizin verabreicht!"

Davon überzeugt, nicken alle Anwesenden mit den Köpfen. Ich starre ihn an. Dann nicke ich ebenfalls. Zögerlich, aber doch. So sind wir alle einer Meinung.

Der Elektriker versucht dies und das, erneut setzt er seine ganze Kraft ein, und das erste Erfolgserlebnis stellt sich ein - die ersten Splitter brechen vom Ladegerät weg. Ich befinde mich weiterhin im Zustand der völligen Hingabe zum Geschehen, erstens, weil ich sonst nicht viele Alternativen dazu habe und zweitens, weil ich zuvor eine Stunde lang in meinem Zimmer meditiert habe, um mich für alle Eventualitäten zu wappnen – eine Stunde der Kontemplation ist nie eine schlechte Idee, jetzt noch ruhe ich gänzlich in mir...

Plötzlich erschüttert ein Schrei das Geschäft. Er geht durch Mark und Bein. Sofort hören wir auf zu reden und die Köpfe zu wippen. Das Ladegerät und der Schraubenzieher sind auf den Tisch gefallen und der Doktor hält sich die eine Hand mit der anderen. Er hat sich mit dem Schraubenzieher in die linke Hand, die das Ladegerät hielt, gestochen. Aufgrund des anschuldigen Blickes, den er nun auf mich gerichtet hat, liegt es jetzt an mir, etwas, am besten etwas Relevantes, auf die blutige Situation Bezogenes, zu sagen, denn auch die Blicke all der anderen sind auf mich geheftet.

Weiterhin im Samadhi verweilend, höre ich mich weise fragen:

"Hast du dich verletzt?"

Er zeigt mir seine Hand. Ich weiß, ich verstehe. Es bedeutet, dass mich diese Operation nun mehr kosten wird, da sich der Elektriker nun zusätzlich Salbe und Pflaster kaufen wird müssen, um erfolgreich die ursprüngliche Operation zu einem hoffentlich für alle Beteiligten erfreulichen und schmerzfreien Ende zu bringen. Es scheint so, dass zuweilen auch Ärzte ihr ganzes medizinisches Wissen zuerst mal an sich selbst anzuwenden und zu erproben haben, um zu sehen, welche Ergebnisse sich einstellen.

Alle im Raum anwesenden Inder blicken mich ausdruckslos an. Außerhalb des Shops hat der Schrei weitere vier bis fünf Männer vor das Geschäft angelockt, die nun alle gespannt aber ruhig darauf warten, wie sich diese Geschichte wohl entwickeln wird. Alle blicken sie m i c h an. Warum nur mich? Nein, ich möchte das gar nicht erst hinterfragen, nein! Ich fühle mich nicht schuldig, nein! Was kann denn ich bloß für die `Qualität´ von diesem ganzen indisch-chinesisch-taiwanesischen Elektro-Mix dafür? Ja, ich werde ein wenig mehr Geld locker machen, kein Problem, wie viel wird aber auch davon abhängen, wie sehr und ob mein Ladegerät dieses Prozedere überleben wird oder eben nicht. Inzwischen hat der Mann ein dreckiges Tuch für seine verletzte Hand gefunden und es um diese herumgewickelt. Ein anderer macht ihm einen Knoten in den nach Öl riechenden Fetzen. Dann versucht er vorsichtig die Hand und auch die Finger zu bewegen, zum Glück problemlos.

In dem Moment, als ich den Elektriker bitten will, er

möge es doch bitte nochmals mit dem kleinen Schraubenzieher versuchen, nicht nur in Anbetracht seiner verletzten Hand, sondern auch um weiteren Schaden am Ladegerät zu vermeiden, sehe ich mich plötzlich wie außerhalb meines Körper stehen, im Begriffe "Nein, tu das nicht" zu schreien. Mein Mund ist weit aufgerissen, so wie auch meine Augen, doch ich bringe keinen Ton raus, keinen Schrei zustande. Dafür gibt es ein anderes Geräusch, ein lautes, dröhnendes `Bäng´ - der Doktor hat plötzlich die stärksten ihm zur Verfügung stehenden Antibiotika eingesetzt und mit einem Hammer - mit einem GROSSEN Hammer! - auf das Ladegerät draufgeschlagen, wodurch es sich nicht nur sofort `öffnete´, sondern auch gleichzeitig in viele größere Teile zersprang...

Während ich mich weiterhin in einer Art Schockzustand befinde, höre ich Jubelschreie, und alle herumstehenden Inder klopfen mir auf die Schulter - alle lächeln zustimmend, und ihr Lächeln soll mir wahrscheinlich Vertrauen vermitteln, dass der Doktor seinen Job gut zum Abschluss bringen wird.

Der Elektriker, der sich, wahrscheinlich aufgrund des Kunststückes, das Ladegerät geöffnet zu haben, mittlerweile wieder in einer gehobenen Laune befindet, beginnt mir nun Folgendes detailgenau zu erklären:

"Weißt du, wenn ein Patient zu mir kommt, untersuche ich das Problem und verabreiche zuerst schwache Medizin; dann beobachtet der Doktor genau, was geschieht. Wenn diese Dosis nicht reicht, wird der Doktor eine stärkere verabreichen. Wieder wird er alles genau beobachten. Hilft dies erneut nicht - dann wird der Doktor eine g a n z h e i t l i c h e Operation in Gang setzen!"

Er beginnt hysterisch zu lachen, die anderen Anwesenden sehen dies als eine Einladung dazu an, einzustimmen. Alle lachen nun. Ich auch, jedoch ein wenig verhaltener. Ich meinerseits weiß genau, nein, dieses Geschäft ist kein Irrenhaus, nein, nein, schließlich bin ich in diesem Land, in Indien, welches in gewisser Weise als Ganzes ein Irrenhaus ist, eines, welches in dieser Intensität höchstwahrscheinlich unvergleichlich auf diesem ganzen Planeten ist. Ich bin, das muss ich nun mal schon mehr oder minder stolz festhalten, an solche Art von Situationen gewöhnt. Wirklich. Ich hoffe, man glaubt mir. Wie gesagt, ich habe hier schon viel erlebt. Auch schon viel heftigere Dinge, als eine unbedeutende, kleine Ladegerät-Reparatur. Oder soll ich diese tatsächlich als Operation bezeichnen? Ich beginne nun ungezwungener mitzulachen. Aber nicht hysterisch, nein.

Inzwischen tauscht der Elektriker ein Kabel aus und während er redet, blickt er ständig seine verletzte Hand an, quasi um mich an seinen, wegen mir erlittenen Schmerz zu erinnern. Hey Junge, du musst mich aber nicht mehr darauf aufmerksam machen, erstens sehe ich deine Hand ganz genau und zweitens verstehe ich, was du mir damit sagen willst, ok?!

"Es funktioniert jetzt wieder! Doktor hat seine Arbeit gut verrichtet!"

Er nimmt ein Klebeband zu Hand und klebt die ganzen Einzelteile des Ladegerätes wieder zusammen und zwar in der dafür typischen indischen Art. Ich werde diese zu erklären versuchen: Also in einer solchen Art und Weise, dass die Chance dafür, dass das Gerät bei der nächsten leichteren Erschütterung wieder auseinanderfallen wird, sehr groß ist. Aber das macht ja nichts. What to do. JETZT hält es ja.

Der Techniker erhält erneut verbale Zustimmung von

der anwesenden Gesellschaft, wobei alle ihre Köpfe seitlich hin und her bewegen. Jeder scheint mit dem Ausgang dieser Erfolgsgeschichte überaus zufrieden zu sein. Ich meinerseits bitte ihn gar nicht darum, mir den Beweis für die Funktionstüchtigkeit des Gerätes zu liefern. Ich fühle mich beengt von den vielen Männern in dem kleinen Geschäft, ich bin ständig ungewolltem Körperkontakt ausgesetzt, die Luft ist schlecht, und ich sehne mich danach, im Garten meines Hotels Platz zu nehmen und den Affen bei ihren Turmübungen zuzusehen. Als der Doktor mich dann dazu auffordert, nun abzuwägen, wie viel ich ihm für seine Mühe, seine Zeit, seine Verletzung und überhaupt für sein Können zu zahlen gedenke, gebe ich ihm sowohl genügend Geld für die Reparatur, als auch für seine leicht verwundete Hand - und frage ihn meinerseits nicht nach finanzieller Wiedergutmachung für mein schwer angeschlagenes, nahezu zertrümmertes Ladegerät.

Schließlich verabschiede ich mich dann von allen herumstehenden Männern und verlasse endlich das Geschäft mit einem Kopf voller Gedanken. Da beginnt der Elektriker mir Folgendes wiederholt nachzurufen:

"Komm´ wieder, du bist hier immer willkommen! Komm´ wieder, mein Freund! Komm´ wieder, Doktor hat immer eine gute Medizin, komm´ wieder! Sei willkommen! Komm´ wieder! Hier bist du immer willkommen!"

Es freut mich wirklich, willkommen zu sein. Vor allem in diesem Land.

Sieben Tage sind seither vergangen, und das Gerät scheint noch immer ein gewisses Leben zu besitzen. Ok, ich muss zugeben, dass ich es seither bloß einmal benutzt habe, da es beim Laden, verdammt noch mal,

verdammt heiß wurde und ich daher den weiteren Auf-
ladeprozess abbrach.

Ein heißes Eisen, das muss ich schon sagen.

2. MADHACHUDH

Ich komme mit dem Zug in Neu Delhi, diesmal von Nordindien her, an; es ist noch sehr früh am Morgen. Ich habe einen schweren Rucksack mit teils warmem Gewand vollgepackt zu tragen und entschließe mich dazu, eine Fahrradrikscha den Main Bazar hinauf im Pahar Ganj zu nehmen. An und für sich ist es eine kurze Distanz bis hin zu meinem Hotel, vielleicht an die 400 Meter weit. Ja, ich weiß, ich könnte diese Strecke auch ganz leicht zu Fuß bewältigen, doch ich habe einen steifen, verspannten Nacken, höchstwahrscheinlich das Resultat bestimmter Yoga-Übungen, möglicherweise auch aufgrund meines schlechten Schlafes auf der engen, harten Pritsche des Zuges. Ich verspüre also keine Lust dazu, diesen Zustand durch das Herumtragen eines schweren Gepäckstückes auf meinen Schultern zu verschlimmern. Das ist nicht mein Weg, da existieren einfachere.

Ich komme aus der Zugstation, die wie gewöhnlich täglich 24 Stunden lang mit Menschenmassen überfüllt ist, heraus, überall sitzen, stehen, liegen und schreien Inder herum. Mein Blick wandert für einen kurzen Moment lang auf die riesige Uhr, die weit oben am Bahnhofsgebäude angebracht ist, und sofort kommen ganz bestimmte Erinnerungen hoch.

Nur ein paar Wochen zuvor habe ich einen Zug von derselben Station aus zu einer der vielen heiligen Städte Indiens (was ist eigentlich in diesem Land nicht heilig?), nach Haridwar genommen und zwar den `Shatabdi´-Express, einen (relativ) schnellen Zug, ausgestattet mit Klimaanlage, was aber nicht unbedingt bedeutet, dass jene ständig in Betrieb ist. Zumeist läuft es so ab: Im Winter, wenn es ohnehin saukalt ist, läuft die Klimaanlage auf Hochtouren, der Erfrierungstod scheint nicht weit weg zu lauern, im Sommer ist sie nicht in Betrieb beziehungsweise fällt sie oft wegen Überlastung aus. Hitze und schlechte Luft lassen dann die Frage aufkommen, wieso man für einen `Aircondition-Express´-Zug so viel zahlen muss.

Egal. Aus Erfahrungen von vergangenen Zugfahrten her wusste ich, dass der Zug, der die Reise gewöhnlich um sechs Uhr Morgen beginnt, vom allerletzten Bahnsteig aus, ich glaube von der Nummer 21, losfährt; dies bedeutet einen relativ langen Fußmarsch mit dem Gepäck von der Eingangshalle der Station bis hin zum angepeilten Bahnsteig.

Dieser Tag hat nicht allzu gut begonnen, da ich spät dran war. Und zwar warum? Die Nacht zuvor habe ich den Manager meines Hotels von meiner frühen Abreise am nächsten Morgen informiert und ihn gebeten, mich daher um 5 Uhr Früh per Anruf in meinem Zimmer zu wecken. Breit lächelnd gab er mir nicht nur sein Versprechen dazu, sondern zusätzlich auch dieses indische `Kein-Problem´ -Vertrauensgefühl und schrieb sich sogar die besagte Zeit und meine Zimmernummer auf. Das ist schon mal was. Ich war guter Dinge, denn das schrille Läuten dieses alt anmutenden Telefons in meinem Zimmer hat auch in der Vergangenheit zuweilen gute Dienste frühmorgens geleistet und mich aus den Federn rausgebracht. Ok, vielleicht war es da auch ein wenig später gewesen...

Vertrauen hin und her, doch ich erzählte dem Manager nichts von meinem kleinen Geheimnis, da ich ihm nicht das Gefühl irgendeines Zweifels meinerseits an seiner

Vertrauenswürdigkeit vermitteln wollte. Denn ich hatte vor, zusätzlich auch den Wecker meines Handys auf Viertel nach Fünf zu stellen, bloß für alle Fälle, nämlich dann, wenn sich der `Kein-Problem-Aufweck-Anruf´ als `Problem-Nicht-Aufweck-Anruf´ herausstellen sollte...

Auf Deutsch nennt man diese Vorsichtsmaßnahme, deren Anwendung sicherlich vor allem in der Großen Mutter Indien seine absolute Gültigkeit und Berechtigung besitzt, `doppelt hält besser´.

Am nächsten Morgen wachte ich auf - und zwar durch das Läuten meines Weckers. Um Viertel nach Fünf durch das Läuten meines Handy-Weckers. Verdammt, Baba, warum hat man mich nicht... Und warum habe ich den Wecker nicht auch gleich schon für fünf Uhr gestellt? Ich stoppte mich selbst ab. Ich habe das gelernt. Frage nicht zu viel nach in Indien, versuche nicht, zu viel verstehen zu wollen, denn selbst wenn man ein paar Antworten erhält, die Frage an sich wahrscheinlich nicht beantwortet sein wird. Es werden bloß all die Schwestern und Brüder eben dieser Fragestellung, sogenannte Nebenfragen, hochkommen und den Geist verwirrter als zuvor zurücklassen und unter Umständen die eigene Denk- und Begriffsfähigkeit in Frage stellen. Der Geist wird daraufhin nicht beginnen, sich die berühmte Frage, bekannt aus dem Hindu-Advaita, an sich die spirituelle Frage der Menschheit schlechthin, dieses "Wer bin ich?" zu stellen, nein, sondern er wird sich mit fundamentalen Überlegungen auf der relativen Ebene, solchen wie zum Beispiel "Warum bin ich eigentlich (noch immer) in Indien?" oder "Was mache ich denn hier in diesem Land?" und so weiter, auseinandersetzen. Dieses Hinterfragen tut jedoch zumeist nichts Gutes zur Sache an sich...

Aber selbst derartige Nachfragen verblassen schnell,

denn letztlich ist wahre Liebe immer stärker als jeder negative Geisteszustand, und ich bin von diesem süßen indischen Nektar-Virus bereits seit mehr als 25 Jahren lang infiziert und durchdrungen. Meine beständige, fundamentale, einzigartige Liebe zu Indien blüht und gedeiht ungebrochen. Man kann es tatsächlich wahre Liebe nennen - mit ihren gleichzeitigen Aufs und Abs Hand in Hand gehend.

Also was soll´s. Ich begann schnell die wenigen verbleibenden Dinge zu packen, wusch meine Hände und mein Gesicht und putzte mir auch noch die Zähne; dann ging ich runter zur Rezeption, wo mir eine wunderbar schläfrige Atmosphäre entgegenschlug: Alle drei im Hotel beschäftigten Jungen schliefen tief und fest aneinandergeschmiegt unter einer Decke. Der Fernseher lief und der Geist der Jungs war wahrscheinlich intensiv mit süßen Träumen von all den wunderschönen Bollywood-Schauspielerinnen und -Tänzerinnen beschäftigt. Kein Wunder, denn wie diese indischen Frauen aussehen und sich bewegen, wie sie tanzen und dabei ihre Hüften in vielversprechender, für den gemeinen, männlichen Kinobesucher jedoch unerreichbarer und unerfüllbarer Art aufreizend kreisen lassen, ist ja schon ein Hammer.

Die unheimlich starke Erotik dieser wunderschönen Frauen findet ihre Konsequenz darin, dass die Träumenden - egal ob jung oder alt - regelmäßig Nacht für Nacht unvorhergesehen und ungeplant unter dem Schutz ihrer bereits besudelten Decken ihr Sperma verlieren. Um dieser Wahrheit eine weitere anzureihen - viele verlieren es, dann allerdings nicht mehr träumend, sondern auch im Wachzustand Tag für Tag. Glücklich sind jene, die eine Decke, ein Taschentuch oder eine Toilette in der Nähe haben, aber auch ansonsten ist dies kein Problem (da könnt ihr sehen: Ich bin ebenfalls bereits von dieser indischen Mentalität, die einfach die Existenz irgendwelcher Probleme mental nicht zulässt, eingelullt!), der Spermienabgang funktioniert auch unterhalb der Rezeptionstische, in der Küche, während die eine Hand Gemüse schält und schneidet und die andere rhythmisch, im Einklang mit den sexuellen Phantasien mit all den Aishwarya Rais, bewegt wird. Oder auch während an der Unterwäsche von westlichen Frauen gerochen und diese dann gewaschen wird oder man bloß in der Gegend herumsitzt und schaut, und dabei rubbelt, was man rubbeln muss, um Erleichterung darin zu finden, was erleichtert werden muss.

Ich wollte die Jungs nicht aufwecken, sie nicht aus ihren Träumen in die harte, unfaire Realität zurückholen, musste es aber tun. Dem Manager hatte ich ja versprochen, meine Abfahrt vom Hotel mit meiner Unterschrift im Gästebuch zu bestätigen und dies auch bereits die Nacht zuvor tun wollen, doch er hatte höflich abgelehnt

"Zuerst werden wir Sie aufwecken, Sir, und zwar bereits vor 5 Uhr! (Ich: "Nein, nein, 5 Uhr ist zeitig genug, danke!"). So werden Sie dann genügend Zeit haben für Ihren Toilettengang, auch für das Packen, und Sir, wollen Sie dann vielleicht auch gleich einen Chai aufs Zimmer gebracht bekommen, um w i r k l i c h aufzuwachen? - Nein? Hätten Sie lieber Kaffee? Macht nichts. Dann werden ein oder zwei Jungs ihr Gepäck hinuntertragen (Ich: "Nein, nein, das schaffe ich schon selbst, danke!"), darüber gibt es nichts zu diskutieren, Sie sind unser Gast hier, Sir, vielleicht werden Ihnen auch drei Angestellte helfen, um ihr Gepäck zur Rezeption zu bringen! Drei! Und Sir, soll ich Ihnen vielleicht ein Taxi, das Sie sicher zur Zugstation bringen wird, buchen? Wohin fahren Sie denn? Nach R i s h i k e s h !!! Sir! Was für ein wunderbarer Platz! Dort befindet sich der wunderbare, heilige, klare, reine Ganges (ich wollte zumindest bezüglich der Reinheit des Ganges widersprechen, doch ich weiß, wenn jemand in einem Monolog verfangen ist, macht keinerlei Einwand Sinn, er kommt einfach nicht beim Gegenüber an, es ist wahrlich niemand `da´, der etwas aufnehmen könnte...).

Ich war auch schon auf Urlaub dort, aber nicht alleine wie Sie, Sir, sondern mit einem kleinen Teil meiner Familie, bloß 22 Mitglieder, was für ein Urlaub war das gewesen! Wir alle wurden wahrhaftig von Mutter Ganga gesegnet! So klar und rein das Wasser, wir badeten und hielten die rituellen Waschungen ab, selbst wenn wer reinpisst oder reinscheißt, macht das nichts, Mutter Ganga absorbiert alles, kein Problem, Sir! Das Wasser ist so rein, vergessen sie bitte nicht, unbedingt davon zu trinken! Das ist h e i l i g e s Wasser! All ihr schlechtes Karma wird verschwinden! Chalo!

Und sollten Sie sterben (ich wollte einwenden, nein, nein, das habe ich noch nicht vor, darum geht es jetzt noch nicht, ich befinde mich in der besten Phase meines Lebens, einige Devas - Göttinnen - warten bestimmt noch auf mich, ich habe noch einige Erfahrungen zu sammeln!, doch ich behielt es dann doch für mich...), und Sie können nicht mehr nach Varanasi, Sie wissen ja, in unser Kashi fahren, dann gehen Sie schnell (ich denke mir: als ein toter Mann noch immer lebendig - oder wie? Aber ich weiß, die Inder nehmen solcherlei Unterschiede nicht allzu genau...) ins nähergelegene Haridwar, und völlig befreit wird ihre Seele für immer im Ganges schwimmen (ich: schwimmen???)!!!"

Genug für jetzt, dachte ich mir. Wie kam es dazu, dass dieser Typ in einem mittelmäßigen Hotel im dreckigen Delhi saß? Wäre er nicht besser in der Rolle eines selbstdeklarierten Gurus, der seine erleuchtenden Reden an tausende Jünger in einem Ashram in Rishikesh adressiert, aufgehoben?

"Und erst dann, Sir, während der Taxifahrer hier in der Rezeption geduldig auf sie warten wird, werden Sie sich aus dem Gästebuch unseres Hotels austragen. Und bitte, kommen Sie wieder bald und sicher in unser Hotel zurück, sodass wir Ihnen dann erneut als unseren meist willkommenen Gast hilfreichst dienen dürfen!"

Also gut, ich habe schon vor langem aufgehört, mich zu fragen, warum immer eine solche Kluft zwischen netten Reden, Versprechen, kreierten Hoffnungen und schönen Visionen einerseits und der Realität andererseits sein muss. Es ist wie es ist.

Zurückgeworfen in die indische Realität weckte ich einen der Jungen, von dem ich einen ganz kurzen Moment lange befürchtete, er würde mich in der Dämmerung und seinem Halbwachzustand für die fleischgewordene, wahre Aishwarya Rai halten, auf. Ich hoffte, dass er nicht der Täuschung erliegen würde anzunehmen, von nun an sein Sperma nicht mehr bloß in seinen Träumen verschwenden zu müssen, sondern ihn nun zielgerichtet und effektiv im Liebesakt mit der Schönheitskönigin einsetzen zu können; doch sogleich bedauerte ich diesen Jungen, da er in Sekundenschnelle wieder von der (frühmorgendlichen) Wirklichkeit eingeholt wurde und mich als denjenigen erkannte, der ich für ihn war: Als einen weiteren nervigen Touristen, der ihn viel zu früh morgens aus seinen Träumen herausholte, nur um diesen gottver-

dammten, zur unmenschlich frühen Stunde bereits abfahrenden Zug zu erreichen.

Er tat mir wirklich leid. Dennoch konnte ich mich nicht
zurückhalten, ich musste die Chance ergreifen, meiner
Frage die Möglichkeit einer Beantwortung zu geben:

"Warum habt ihr mich nicht aufgeweckt? Der Manager
hat es mir versprochen - verstehst du, hätte ich nicht auch
noch zusätzlich meinen Wecker gestellt, hätte ich ver-
schlafen und den Zug versäumt!"

Er blickte mich nicht an, hörte auch nicht zu, gähnte;
ich verstand, Aishwarya Rai nahm noch immer seine
ganze innere Realität von Kopf bis Lenden ein. Halb
bewusst versuchte er meinen Namen im Gästebuch zu
finden, sodass ich unterschreiben und endlich das Hotel
verlassen konnte. Denn immerhin hatte ich eine Mission:
Den Zug zeitgerecht zu erreichen, und dafür musste ich
mich beeilen, da sich heutzutage indische Züge eine
relativ neue Angewohnheit zu eigen gemacht haben:
Nämlich pünktlich abzufahren, was eine mehr oder minder absolute Novität der vergangenen Jahre ist - was aber
noch lange nicht bedeutete, dass sie auch die ange-
strebte Destination zur angegebenen Zeit erreichten,
obwohl sich auch das merklich gebessert hat. Das sind
noch immer zwei verschiedene Paar Schuhe. Aber das ist
eine andere Geschichte.

Meine noch nicht beendete Mission machte mir Beine.
Ich verließ schleunigst das Hotel, hatte Glück und konnte
sofort eine Rikscha aufhalten, die mich zur Zugstation
bringen sollte; und nun komme ich zum Ursprung der
eigentlichen Geschichte zurück - wenn ihr euch noch
daran erinnern könnt: Es geht um diese große, sehr
große Bahnhofsuhr.

Uhren und Zeit in Indien - darüber kann man ganz eigene Geschichten schreiben, sie können gewiss ganze Bücher füllen. Wenn man zum Beispiel zu einer x-beliebigen Zeit fünf Inder hintereinander nach der Zeit fragen würde, nach i h r e r Zeit, dann werden ihre verschieden eingestellten Uhren zwangsläufig verschiedene Zeitangaben zur Folge haben. Und zur Verwirrung beitragen.

Die Differenz zwischen diesen Angaben wird sich, sagen wir mal, zwischen 30-50 Minuten bewegen. Dasselbe gilt übrigens ebenfalls für die auf ihren Handys einprogrammierte Zeit. Das sagt bereits eine ganze Menge über dieses Land aus.

Ja, eine ganze Menge. Es erklärt zum Beispiel, warum die Leute hier die Tendenz haben, zu spät zur Arbeit zu erscheinen; warum sie zu spät zu Verabredungen auftauchen oder unter Umständen die Verabredung erst gar nicht einhalten, denn morgen ist ja auch noch ein Tag; warum sie den Film im Fernseher erst dann einschalten, wenn er bereits zur Hälfte gelaufen ist.

Zeit hat für Inder eine extrem seichte, vage, nebulose Bedeutung, etwas, `worin´ man zwar in gewisser Weise lebt und was einen gewissen Rahmen darstellt - im allgemeinen jedoch etwas, was der indischen Seele an und für sich überaus fremd ist und wovon sie sich in keiner Weise vereinnahmen lassen will.

Was eigentlich JETZT planmäßig passieren sollte, kann genauso gut in zwei oder auch sechs Stunden erledigt werden (Achtung: Das heißt noch immer nicht, dass es DANN auch wirklich geschehen wird!), also warum soll man daher Pünktlichkeit überbewerten? Wenn daher ein Inder zum Beispiel eineinhalb Stunden zu spät zu einer Verabredung erscheint, wird er das nie als

Problem für den Wartenden ansehen; dieser bekam durch die Verspätung ja immerhin die Möglichkeit, sich zu entspannen, Zeitung zu lesen, ein paar weitere Tassen Tee zu trinken, und zudem gibt es ja auch in diesem Land immer genügend zu betrachten und zu beobachten:

Heilige Kühe, die den Dreck der Straßen reinigen, indem sie willig und hungrig das überall herumliegende, verstreute Plastik auffressen (trotzdem sind sich die Inder sicher: Auch nach einer solchen "Mahlzeit" werden die Kühe ausschließlich nahrhafte und gesunde Mich produzieren - seit Beginn meiner Indienreisen hoffe ich, dass diese niemals ihren Weg in meinen Chai finden möge!); erwachsene indische Männer, die händchenhaltend herumschlendern; kleine Kinder, die Steine auf armselig dünne Hunde schleudern, während wiederum Erwachsene ein noch viel `lustigeres´ Hunde - Spielchen bevorzugen, in dem sie nämlich einen der herumliegenden Stöcke aufklauben und damit die Hunde, die soeben in irgendeiner Straßenecke, beziehungsweise -nische ein kleines Plätzchen zum Schlafen gefunden haben, mit gezielten, festen Schlägen überraschen ("Haha, haha"); ihr Lachen wird nur vom Jaulen der geschlagenen, gequälten Hunde übertönt; vorübergehende Frauen, die ihren Blick fest auf den Boden geheftet haben und von denen indische Männer annehmen, dass der einzige Grund, warum sie Haus und Heim für einen Spaziergang oder Einkäufe verlassen haben, bloß jener ist, dass diese Frauen Sex mit ihnen haben wollen; Männer auf vorbeirasenden und häufig (kleinere) Unfälle provozierenden Motorrädern; die Ärmsten der Armen, die schwere Lasten vorbeischleppen, -ziehen, -fahren, und zwar auf ihren Köpfen, Schultern, Rücken und Händen; und zusätzlich besteht auch noch die Chance, all die verschiedenen (lauten) Geräusche, während man auf den verspäteten Freund wartet (verflucht seien all die Uhren, die falsch eingestellt sind, jawohl!) im Trommelfell dröhnen zu lassen: Lärm von praktisch allen Seiten her, ununterbrochen und in hoher Lautstärke, sodass rein gar nichts überhört werden kann. Gar nichts und niemals.

Ich kam also am Bahnhof von Neu Delhi an, war schon etwas spät dran und erblickte plötzlich diese riesige, ganz oben am Bahnhofsgebäude angebrachte Uhr; ich konnte mich noch daran erinnern, dass diese zumindest die letzten zwei Jahre lang über nie funktioniert hatte. Daher war ich nun ehrlich verblüfft darüber, die Veränderung in Form einer wieder in Gang gesetzten Uhr erleben zu dürfen: Die Uhr hatte ihr Eigenleben also wiederaufgenommen und ihre Zeiger bewegten sich im Rhythmus der Zeit fort!

Ständig gab es irgendwelche Veränderungen in diesem Land! Unglaublicher, unerwarteter Weise! Wie überall auf der Welt! Aber - eben auch in Indien, daher diese Überraschung, denn hier bekommt man doch oft das Gefühl der stehengebliebenen Zeit vermittelt - zumindest zeitweise...!

Und nun das! Der Anzeige m e i n e r Uhr nach blieben mir noch acht Minuten, um den entfernt gelegenen Bahnsteig zu erreichen, was von mir einen guten, schnellen Lauf erforderte - doch d i e s e riesige Uhr der Zugstation lachte mir nun ins Gesicht und zeigte mit ihrem großen Zeiger bereits zwei Minuten nach sechs Uhr an, was wiederum bedeutete, dass mein Zug bereits abgefahren war, eine pünktliche Abfahrt vorausgesetzt! Ich begann zu schwitzen. Nicht sehr, aber doch.

Hallo, was ging hier ab? Die eine große, wichtige Frage, welche der beiden Uhren nun die richtige Zeit angab, kam auf - meine oder die große Bahnhofsuhr? Wäre es eine `normale´ indische Uhr, würde ich sofort der Richtigkeit der Zeitangabe m e i n e r Uhr vertrauen, da aber diese nun im Wettstreit mit einer großen, sich im Besitz der Stadtregierung Delhis befindlichen Riesenuhr herausgefordert wurde, kamen mir doch beängstigende Zweifel hoch; weil nämlich, so dachte ich mir, die Regierung - auch wenn´s bloß eine indische ist!! - doch sicherlich nicht die List besitzen würde, seine täglich abertausenden Kunden täuschen zu wollen! Auch wenn es sich nur um Zeit handelte!

Wenn ich aber die Sache ruhig betrachtete, dann musste ich zugeben, dass genau dies doch das Wesen der indischen Regierung - nein, also aller Regierungen der Welt – darstellte, nämlich kein Schamgefühl darin zu haben, die Bürger für blöd verkaufen und täuschen zu wollen. Es stimmt aber natürlich leider auch, dass es genügend Blöde geben muss, die sich auch für blöd verkaufen lassen... Ein unheilvoller Kreislauf. Oje.

Trotzdem glaubte ich, dass ich nur aufgrund meiner zeitgestressten Situation an der Richtigkeit meiner Uhr zweifelte! Die Uhr, die mich auf Reisen bisher noch nie im Stich gelassen hatte! Trotzdem: Ich begann zu rennen. Wer wusste schon. Who can tell?

Überall Inder. Ich stieß mit ihnen, sie mit mir zusammen. Trotz meines schweren Rucksackes verlor ich mein Gleichgewicht nicht. Ich schwitzte. Obwohl es früh morgens und kühl war. Würde ich es noch schaffen den Zug zu erreichen? Ich musste es schaffen! Ich wollte unbedingt aus Delhi rauskommen, ich hatte meinen Anteil an der verschmutzten Luft bereits inhaliert, ich wolltte meinen Lungen wieder reine Luft zukommen lassen! Und auch meinen Lebensgeistern!

Bahnsteig Nummer 17 tauchte vor mir auf. Noch immer war ich nicht am Ziel angelangt. Ich gab angesichts der Umstände, sprich der menschlichen Überfüllung der Bahnsteige, mein Bestes. Meine Uhr zeigte eine Minute vor sechs Uhr an. Eine Minute! Ich kam auf dem letzten Bahnsteig an - der Zug war noch da! Meine gute alte Uhr! Wie ich sie liebte! Nie hätte ich mir gedacht, meiner Uhr gegenüber je soviel Liebe empfinden zu können! Und wie ich die guten alten, nicht zu früh abfahrenden Züge in diesem Augenblick ebenfalls in mein Herz schloss und mit meiner Liebe umhüllte! Ja, ich liebte auch sie! Während ich den Zug stark schwitzend und außer Atem bestieg und der Zug in diesem Augenblick losfuhr, verfluchte ich lächelnd erneut all die indischen Uhren dieses Subkontinents - wohl wissend, dass dies zu keinerlei Veränderung beitragen würde.

Aber dies war bloß eine alte Geschichte. Nun wieder zur aktuellen. Denn derzeit fahre ich ja gar nicht mit einem Zug ab, sondern bin soeben mit einem anderen erneut in Delhi angekommen; wie ich schon erwähnte, entschloss ich mich dazu, eine Fahrradrikscha zu meinem Hotel zu nehmen (übrigens: Während ich vor dem Bahnhofsgebäude einen kurzen Blick auf die große Uhr werfe, kann ich erkennen, dass sie weiterhin einige Minuten der eigentlichen Zeit voraus ist...)

Ich wähle einen Fahrer um die 60 Jahre alt aus, er ist ziemlich dünn, aber doch nicht zu dünn für das Pedaltreten. Schnell einigen wir uns über den Fahrpreis für den kurzen Weg zum Hotel, es geht bloß geradeaus und es befinden sich noch nicht viele Leute um diese Zeit auf der Straße des Main Bazars; es ist eine ganz kurze, holprige Fahrt, während der ich den noch relativ ruhigen Morgen genießen kann - schon bald wird es hier um einiges lauter und turbulenter zugehen. Es gibt da schon andere Zeiten, vor allem zur späteren Nachmittagsstunde, zu der man in einem x-beliebigen Transportmittel auf Delhis Straßen unterwegs sein kann und einem ständigen Stillstand ausgesetzt ist - das ist die wunderbare, unvergessliche Erfahrung eines indischen Verkehrsstaus.

Aber jetzt zum Glück nicht. Nach etwa drei Minuten kommen wir bereits beim Hotel an, ich übergebe dem Fahrer den gerade zuvor vereinbarten Fahrpreis - und sofort, ohne auch nur einen Blick auf die Geldscheine zu werfen, beginnt er laut mehr zu fordern, zu schimpfen und wild zu gestikulieren. Na ja, auch dieses Spielchen ist mir nicht gerade unvertraut, normalerweise reagiere ich gar nicht erst darauf, sondern schultere meinen Rucksack, haue ab und bringe so das Fluchen eines jeden indischen Fahrers zu einem Ende.

Aber diesmal bin ich müde, sprichwörtlich so richtig fertig. Ich habe erst vor einigen Minuten eine nächtliche Zugfahrt in einem Abteil voll lauter, nicht nur junger Inder hinter mich gebracht, die eine erwünschte Nachtruhe in dem Zug zu einer ausgelassenen Musik-Party verwandelten. Während sie einander Geschichten erzählten (nein: z u s c h r i e n !!!), Whisky tranken, Lichter und Ventilatoren ein- und ausschalteten, um sie daraufhin gleich wieder ein- und auszuschalten, versuchte ich vergeblich zu schlafen; dazu kam hysterisches, auch dem Alkoholkonsum zuzuschreibendes Gelächter, und jeder versuchte den anderen mit Geschichten an Lautstärke zu übertreffen - was soll ich sagen, eine mehr oder weniger typisch unentspannte, Aggressionen-hervorbringende Nacht in einem indischen Zug, so was kann schon mal vorkommen (zuweilen passiert das auch häufiger) - aha, ich bin offensichtlich schon wieder beim Zeitthema gelandet...

Ich bin also nicht allerbester Laune und auch noch nicht so wirklich gänzlich wach. Ich schaue den Fahrer an, beginne zu argumentieren, erinnere ihn an den ausgemachten Fahrpreis (als ob er dies nicht wüsste...) mit der Intention, ihm eine so oder so nutzlose Lektion bezüglich seines betrügerischen Charakters zu erteilen.

Da ist es plötzlich. Ich höre es ganz klar. Ich kenne diesen Ausdruck. Ich kenne ihn schon seit langem, vergesse ihn zuweilen, dann werde ich wieder an ihn erinnert, wenn Inder ihre Genossen damit bedenken. Beschimpfen wollte ich sagen. Es ist keine große Sache, nein, aber ich bin erledigt und irritiert, möchte nur unter die Dusche, danach einen Chai trinken gehen und doch zumindest nicht unfreundlich behandelt werden.

Ich habe das mir zugedachte Wort also klar vernommen. "Madhachudh" hat der Fahrer merklich hörbar durch seine Lippen, an mich gerichtet, rausgepresst. Madhachudh. Ja, er hat mich damit gemeint. Dieses Wort in abwertendem Tonfall ausgesprochen. Aufwertend war es wohl noch nie zuvor gemeint gewesen. Man möge sich nicht irren, der Inder hat dabei nicht gelächelt.

Darauf springe ich an. Mich beschimpft er, nur weil ich mich nicht wie jeder 2-Wochen-Tourist übers Ohr hauen lasse??!!

"Was hast du gesagt? Madhachudh? Du bist ein Bahindachudh, du! DU bist ein Madhachudh, ein verfickter-blöder Madhachudh!"

Als der Rikschafahrer all diese netten Ausdrücke aus

dem Munde eines Westlers hört, entspannt sich sein ganzes Gesicht und er schenkt mir ein wunderbares, breites Lächeln. Die Anerkennung wohl dafür, dass ich zwei der ältesten, der Menschheit bekannten Wörter kenne und diese noch dazu auf Hindi.

Er streckt mir seine Hand entgegen und wir tauschen einen brüderlichen, festen Händedruck miteinander aus, lächeln einander zu. Das ist auch Indien. Diese wunderschöne Seite wunderbarer Menschen. Wir sitzen ja doch alle im gleichen Boot, haben denselben Ursprung.

Das war´s. Er fährt ab, winkt mir noch zu, ich gehe die wenigen Schritte ins Hotel, wo ich überschwenglich empfangen werde. Ja, natürlich, haben wir für Sie das Zimmer im zweiten Stock reserviert, so wie Sie es wünschten, alles kein Problem! Na also. Zeit, um eine Dusche zu nehmen und danach auf ein Frühstück zu gehen. Ja, einen Chai bitte, ja, stark, und ohne Zucker!

Um Klarheit reinzubringen in die mögliche Verwirrung für Unwissende, Laien, Indien-Unerfahrene: "Bahindachudh" bedeutet "sisterfucker". Kein netter und schöner Ausdruck, gewiss nicht, aber ich habe ihn ja auch nicht erfunden.

Und "Madhachudh"? Ok, ok, ich glaube, es ist inzwischen klar geworden, wie dieser Ausdruck übersetzt wird. Was er bedeutet. Ganz einfach:

"Motherfucker".

Natürlich.

3. KOKOSNÜSSE FALLEN HART

Indien ist DAS Land der Götter UND der Göttinnen (sie zu vergessen wäre unverzeihlich!) schlechthin; ich weiß zwar nicht genau, wie viele von ihnen sich um das Wohl der Menschen dieses Landes kümmern und würde ich irgendeine Zahl nennen, würde ich bestimmt die eine oder andere Manifestation oder Inkarnation des einen oder anderen Gottes oder der einen oder anderen Göttin vergessen, daher unterlasse ich diesen Versuch lieber gleich, da ich mir keinerlei Ärger oder gar einen Fluch einer Gottheit einhandeln will; man möge sich nur einer Tatsache gewiss sein:

Mit Sicherheit gibt es eine sehr große Anzahl an Göttern und Göttinnen. Eine vage Zahl riskiere ich nun doch – es handelt sich jedenfalls um ein paar Hunderte.

Jede dieser Gottheiten ist für eine bestimmte Aufgabe, einen bestimmten Lebensbereich, eine bestimmte Hilfestellung zuständig, sodass die Inder in einer gewissen Weise `arbeitslos´ sind: Sie haben sich um nichts zu kümmern, da `Er´ oder `Sie´, situations- und lebensbereichsabhängig ohnehin das gesamte Geschehen steuert. Alles ist abhängig vom Gotteswillen, von der Gnade. Es ist aber nun nicht so, dass sich die Inder tatsächlich um nichts sorgen würden, denn geht es um das liebe Geld oder um Familienangelegenheiten - die übrigens sehr oft mit Geld im Zusammenhang stehen -, dann zermartern sie sich darüber exzessiv ihren Kopf, für sie dreht sich fast alles um diese Themen. Letztlich aber wissen sie genau, dass Gott alles entscheidet, dass alles in gewisser Weise schon vorprogrammiert und vorbestimmt ist, abhängig sowohl vom individuellen als auch vom kollektiven Karma der Menschen.

Es gibt viele Menschen auf diesem Planeten. Gott beziehungsweise die Götter haben also sehr viel zu tun, wenn sie sich um alle individuell kümmern wollen. Kümmern sollen, wenn es nach Wunsch der Menschen geht. Daher diese geniale Lösung: man multipliziere eins mal ein paar Hunderte und, siehe da, plötzlich ist man von einer wunderbaren, zahllosen Vielfalt an Göttern und Göttinnen, die sich um das Wohl der Menschen sorgen sollen, umgeben. Bei ihrer Arbeit kommt ihnen auch eine Menge zusätzlicher Arme, Augen und Köpfe zugute - so können sie in alle Richtungen schauen, alles sehen, gleich vielfach anpacken und sich Lösungen für die armseligen Erdenbürger ausdenken.

Es geht also darum, dass - wiederum auf der höchsten Ebene - alles von einer höheren Kraft abhängig ist, die um einiges mächtiger, intelligenter und weiser ist, als der menschliche Geist mit seinen Limitationen und Projektionen; und es geht darum, dass das, was zu geschehen bestimmt ist, auch geschehen wird und was nicht, eben nicht. Man versuche diesem Gesetz entgegenzusteuern, wie man nur möchte. Ohne Aussicht auf Erfolg, wie unter anderem auch der große, bekannte Heilige von Tiruvannamalai, Bhagwan Sri Ramana Maharishi, festgehalten hat. Ich kenne sowohl Tiruvannamalai als auch die Lehren von Ramana recht gut, da ich dort eine intensive, wunderbare Zeit über Jahre hinweg verbracht habe. Ich persönlich stimme dieser Ansicht völlig zu, sie stellt den sogenannten `freien´ menschlichen Willen und die Frage der `freien Entscheidung´ ins rechte Licht und reflektiert für mich auch deren Relativität.

Denn von mehr oder weniger freiem Willen auf der relativen Ebene kann man erst dann sprechen, wenn höheres Bewusstsein realisiert wurde.

Vor einigen Jahren lebte ich in Gokarna, Karnataka; gut, ich werde versuchen, zeitlich und geographisch genauer zu sein: 1989 ist das gewesen und zwar am Om-Beach, zu jener Zeit mein persönlicher Lieblingsplatz im absoluten Paradies, in dem es weder Strom noch Unterkünfte gab. Wir - an die 20-25 westliche Rucksacktouristen - lebten unter ein paar Bäumen, Palmen oder ließen uns von den Einheimischen dürftige, ganz einfache Hütten aus Holz und getrockneten Blättern von Kokosnusspalmen erbauen. Wie gesagt, es gab also damals keine Elektrizität, praktisch nichts, was auf den Bereich der Komfort-Ebene zutreffen würde, aber eben doch alles, was einem an Wunderbarem und Schönem von der Natur aus geschenkt werden konnte; und abends bereiteten ein paar Inder `Idli´ oder auch `Masala Dosa´, typische südindische Gerichte zu, und wir alle versammelten uns um ein paar Kerzen oder ein kleines Feuer herum, um dankbar und genüsslich das Abendessen zu zelebrieren.

Ich selbst bewohnte eine kleine Hütte an einem wunderschönen Platz ganz nahe am Meer unter den Palmen. Jene waren voll reifer Kokosnüsse, die schwer an den Bäumen hingen. Die Einheimischen erklommen zuweilen die Palmen, schüttelten oder schnitten die reifen Kokosnüsse mit scharfen, gebogenen Messern für uns ab und wir durften dann die wunderbar schmeckende, süße Kokosnussmilch trinken und das Fruchtfleisch essen. Zudem kam vormittags ein Inder vollbeladen mit anderen Früchten, wie Ananas, Papayas und Bananen, die er uns für einen Spottpreis verkaufte, aus dem etwa 30 Minuten entfernt gelegenen Dorf Gokarna vorbei. Ohne übertreiben zu wollen: Ich würde sagen, dass wir ein verdammt gutes Leben führen durften, ohne Zweifel. Es war wie im Paradies, zudem sprangen vor uns die Delphine im Meer ganz nahe, quasi vor unserer Nase, herum, Seelöwen ließen ihre Köpfe über der Wassseroberfläche erblicken und der Lärm und die Hektik irgendeiner Stadt und des Alltagslebens waren weit, sehr weit entfernt von uns.

Es gab nichts zu tun. Es war nirgendwohin zu gehen. `Nur´ zu sein. Ja, NUR zu sein...

Soviel dazu.

Eines Nachts schlafe ich gerade in meiner Hütte, plötzlich gibt´s ein sehr lautes Geräusch. `Bumm´ macht es, irgendetwas kommt sehr nahe zu meinen Füssen heruntergeschossen und schlägt in dem erdigen Boden ein; mein Herz rast. Wo ist das verdammte Feuerzeug, wo sind die Streichhölzer? Wo habe ich sie hingelegt? Meine Hände tappen im Dunkeln. Ich sehe nichts, überall umgibt mich Dunkelheit.

Verdammt. Was ist DAS gewesen?

Eine Kokosnuss ist von einer Palme heruntergefallen, hat sich von ihr losgelöst, einfach so, aufgrund des Gesetzes ihrer Reife, Fülle, Schwere, natürlich auch ihres Karmas und der Schwerkraft; dank meines Karmas hat sie mich, meinen Körper und meinen Kopf nicht zertrümmert, Gott sei gedankt, denn nur zur Information: Diese Palmen sind zuweilen ziemlich hoch und wenn eine Kokosnuss völlig reif und mit Kokoswasser angefüllt ist, fällt sie mit einer ordentlichen Geschwindigkeit vom Baum runter. Ja, da macht´s dann ordentlich `Bumm´. Ich habe Glück gehabt, keine Frage, beziehungsweise bin ich zumindest diesmal unter dem Schutz des mir unbekannten Kokosnuss-Gottes gestanden.

Dazu sollte man auch wissen, dass jedes Jahr durch das Herunterfallen dieser schweren Früchte viele Inder (und auch ein paar Westler) schwer verletzt oder gar getötet werden; und dies geschieht, während man zum Beispiel gerade durch einen Kokospalmenwald spazieren geht oder entspannt in einer Hängematte herumschaukelt. `Bumm´ macht es – und dann ist alles vorbei und der Zyklus der Wiedergeburt wird erneut in Gang zu gesetzt. Man stelle sich vor: Eine einzige Kokosnuss kann die Lebensspanne eines jeden von uns um einige Jahre, möglicherweise gar Jahrzehnte verkürzen...

Am nächsten Morgen bitte ich die Inder, die noch über dem Dach meiner Hütte auf den Palmen hängenden Kokosnüsse herunterzuholen, um die latente Gefahr ein wenig einzuschränken. Mein Palmenblätter-Dach hat übrigens ein großes Loch. Viel Gelächter, das mich völlig aus meinem noch verbliebenen Schockzustand herauskatapultiert, folgt meiner Bitte: Ist es wirklich wahr, dass das Leben nicht mehr als ein guter, mitunter kurzer Witz ist? Und sonst nicht mehr? Aber auch nicht weniger?

Die Einheimischen versuchen mich natürlich zu überzeugen, dass die schweren Kokosnüsse kein Problem darstellen. Ich begreife sofort, es ist heiß und sie sind zu faul, um auf die Palmen hinaufzuklettern und die Nüsse abzuschneiden; die Inder sind oft Meister in der Kunst des Müßiggangs. Aber ich lasse nicht von meiner Bitte ab, bleibe weiterhin bestimmt und überzeugend: Ich will diesen lebensbedrohlichen, über mir baumelnden Kokosnüssen keine weitere Chance geben, unter Umständen meinen Kopf zu zermatschen, während ich hilflos schlafend in Träumen schwelge. Eine kleine Geldsumme überzeugt die Inder völlig, plötzlich ist es nicht mehr zu heiß, sie sind auch nicht mehr müde, klettern die Palmen hoch und entfernen die Nüsse, die daraufhin in mein Eigentum übergehen. Die nächsten Tage über habe ich genügend Kokosnusswasser und - fleisch zu trinken und zu essen.

Das Geräusch und Echo von auf dem Boden aufschlagenden Kokosnüssen ist weit verbreitet und Teil des täglichen Alltags; `Bumm, Bumm´ macht es alle paar Minuten, manchmal auch nur alle paar Stunden - wie oft auch immer, dieses Geräusch ist ein völlig integrierter Teil unseres täglichen Lebens in Gokarna und man kann sich gar nicht vorstellen, dass es nicht existieren könnte.

Ebenso wenig die nicht minder hörbaren Ausrufe von "Boom, Boom, Bolenath!", in Kurzform einfach "Boom, Boom!" Vom späten Morgen beziehungsweise Vormittag an (die Jungs müssen sich frühmorgens erstmals von den Lungen-Anstrengungen der vergangenen, langen Nacht erholen...) bis spät nach Mitternacht rufen Westler Shiva, den wohl mächtigsten Gott Indiens, sehr verehrt und beliebt bei seinen Millionen Anhängern, an; für jene westlichen Anhänger rechtfertigt Shiva ihre Suchtgewohnheit, Charas und Ganja zu rauchen, da in alter, alter Zeit jemand, der wahrscheinlich selbst ein großer Liebhaber von Marihuana und anderen Substanzen gewesen ist, beschlossen hatte, Shiva persönlich das Charas-Rauchen gutzuschreiben. Die Begründung lautete, dass keine bleibende Öffnung des dritten Auges wie auch des Kronenchakras ohne den Gebrauch, also dem Gerauche, einiger bis sehr vieler Chillums pro Tag zu erzielen wäre. Auch viele kiffende Inder, Babas, Sadhus und andere berufen sich auf die Rauchgewohnheit ihres allmächtigen Gottes.

Diese Geschichte wurde in den alten, heiligen Schriften, den Veden festgehalten, verewigt und kann auf vielen Malereien, die Shiva mit einem Chillum darstellen, bewundert werden. Seither ist jeder glücklich stoned und sollte mal ein gewissenhafter Polizist einen `Boom-Bolenath´-Raucher in flagranti erwischen, ihm Arrest androhen oder zumindest versuchen, aus ihm eine ordentliche Summe Bakschisch herauszupressen, dann wird der soeben noch glücklich-kiffende Beschuldigte, nun nur mehr glücklos stoned, mit lauten Alarmglocken in seinem Kopf ringend versuchen, seinen Arsch zu retten. Er wird feurig argumentieren, dass Shiva selbst, ja ER höchstpersönlich, schreckliche Vergeltung an dem armen Polizeibeamten, womöglich Vater von sieben kleinen Kindern, verüben werde, da er sich an einem Erleuchtungssuchenden zu vergreifen wagt! Besser sei es da schon, wird der Raucher weiter vorbringen, wenn der Beamte sofort um seine eigene und auch Shivas Vergebung bitten würde, da er eben auf eine äußerst unheilige und unfromme, unakzeptable und unsensible Art und Weise die tiefgehende Kontemplation des Rauchers gestört habe. So etwas zeigt (natürlich) Wirkung; zumindest kann eine solche Einschüchterungstaktik im abergläubischen Indien Früchte tragen.

Auch das ist eben Indien. Nicht, dass ich zu sehr auf der Seite der Polizei im Allgemeinen bin, aber für jenen armen Polizisten hoffe ich wirklich, dass er zukünftig nicht unter zu vielen Alp- und Angstträumen zu leiden haben wird.

Om-Beach ist zu jener Zeit voll mit diesen Chillum-Anbetern, sie genießen ihr Dasein; "Boom, Boom!" Es gibt dort wie schon erwähnt nicht viel zu tun, so halten sich die Jungs mit dieser Beschäftigung fit. Unter ihnen ist auch ein junger Israeli, dessen Namen ich vergessen habe. Ich werde ihn Shail nennen. Ein netter Kerl, ohne Zweifel, an und für sich halbberuflich ein Kindergeschichtenerzähler, doch ohne Job auf diesem Strand, denn damals waren nur sehr wenige Jungfamilien oder Singles mit Kindern unterwegs. Daher nimmt auch er die populäre Arbeit des genüsslichen, kontinuierlichen Charas-Rauchens auf.

Shail bewohnt eine Hütte nicht weit entfernt von meiner eigenen. Ich lerne ihn nicht sehr gut, aber doch gut genug kennen, um jedes Mal, wenn er ein lautes "Boom" ausruft, zu wissen, dass er es gewesen ist; und ich höre ihn oftmalig am Tag diesen legendären Shiva-Ausruf laut ausschreien.

Alles auf diesem Strand wird von dem Geräusch dieses Mantras beherrscht; die Leute begrüßen einander mit "Boom, Boom!", um den Zustand ihres stoned-Seins zu bekräftigen und dann gibt es noch das `Bumm, Bumm!´ weiterer herunterfallender Kokosnüsse, die auf dem Boden aufschlagen. Zu dieser Zeit habe ich bereits begonnen, sorgfältig die Wege, auf denen ich durch den Palmenwald gehe, auszuwählen, da die Bedrohung, von gut schmeckenden Kokosnüssen erschlagen zu werden, zu präsent und groß ist. Nicht, dass ich von da an obsessive Ängste entwickelt hätte oder gar ständig mit dem Blick nach oben auf die Palmen gerichtet herumgelaufen wäre, nein, das nicht, doch sicher ist sicher, man lernt schnell, und ich weiß bereits nach kurzer Zeit den minder gefährlichen Pfaden zu folgen.

Wieder mal geht Shail an meiner Hütte vorbei, grüßt mich, der ich in der Hängematte liegend kontempliere, mit dem obligatorischen "Boom, Boom!"; er ist völlig stoned, die Augen glänzen, aber/und er ist wie immer guter Dinge; bevor ich seinen Gruß erwidern kann, hören wir erneut das wohlbekannte Geräusch eines sehr lauten `Bumm!´, - die Kokosnuss schlägt genau auf der Stelle des Sandbodens ein, an der soeben Shail nur Sekundenbruchteile zuvor seinen letzten Schritt gemacht hat; wie gesagt, es handelte sich tatsächlich bloß um ein paar Millisekunden, und Shail wäre im Club jener gelandet, die ein allzu starkes Kokosnuss-Karma haben. Aber glücklicherweise hatte er ein solches nicht und ohne sich umzudrehen, schreitet er voran, nicht ohne aufgrund des eben erfolgten `Bumm´ enthusiastisch ein lautes "Boom, Boom!" auszurufen; oder aber rief er in diesem bestimmten Falle doch ein "Bumm, Bumm!" aus, um die soeben auf den Boden gekrachte Kokosnuss zu würdigen? Ich weiß es nicht mehr. Shail geht in seine Hütte um das unvermeidliche zu tun, nämlich ein weiteres Chillum vorzubereiten.

Über den Zeitraum vieler Jahre hinweg kommt mir manchmal die Erinnerung an dieses Ereignis hoch, alles im Leben ist wahrlich oft eine Frage nicht nur von Millimetern, sondern auch von Hundertstelsekunden, egal, ob wir uns dessen bewusst sind oder nicht. Darauf kommt es nicht unbedingt an. Wenn Shail zum Beispiel nur ein wenig langsamer gegangen wäre, dann...! Oder gar auf jener fatalen Stelle verweilt hätte, um sich zum Beispiel eine Bidi anzuzünden, dann...! Oder sich an dieser Stelle umgedreht hätte, um jemanden zuzuwinken, dann...! Oder um an dieser Stelle ein kurzes Gespräch mit mir anzufangen, dann...! Oder zuvor am Strand einen Zug mehr von einem Joint gemacht hätte, dann...! Ja - dann wäre sein Kopf wohl von der Kokosnuss zertrümmert worden, aber es konnte ihm einfach nicht passieren, da er zu diesem Zeitpunkt nicht das Karma hatte, von einer Kokosnuss erschlagen zu werden.

Shail verließ Om-Beach ein paar Wochen später und ich habe ihn nicht gefragt, ob er jemals über dieses Ereignis länger nachgedacht hat. Doch ich war mir dessen sicher, dass wir uns irgendwann wiedersehen würden.

Ich treffe ihn bereits das darauffolgende Jahr in Pushkar, Rajasthan, wieder. Er sitzt in dem kleinen Chai-Shop auf dem kleinen Gemüsemarkt mit einer Bidi in seinem Mund, zwar unverändert im Aussehen - und doch ist etwas an ihm anders. Mir ist nicht sogleich klar, was es ist, doch dann realisiere ich es: Es ist der rote Turban auf seinem Kopf, der sein ganzes Erscheinungsbild völlig verändert, da Turbane generell Aufmerksamkeit mit sich bringen, vor allem wenn sie von Westlern in Indien getragen werden. In diesem Falle ist es jedenfalls ein hübscher, hoher Turban, doch ich frage ihn nicht, aus welchem Grunde er ihn trägt; man weiß ja, die Leute machen viele Dinge in diesem Land, oft gar die verrücktesten Sachen ohne scheinbaren Grund. Mit der Zeit hört man einfach damit auf, darüber nachzudenken, nachzufragen und ihnen Aufmerksamkeit zu geben, da es sinnlosen Energieverlust bedeutet; besser geht man seiner eigenen Wege, so oder so regelt das Universum den Rest. Wir begrüßen einander, doch unterhalten uns nur kurz, da ich mit einem Freund unterwegs bin.

Bezüglich all dieser unvorhersehbaren beziehungsweise nicht verständlichen Handlungen der Menschheit schlechthin fällt mir ein Ereignis, das sich auf meiner allerersten Indienreise 1989 in Delhi zugetragen hat, ein.

Ich hatte damals ein Zimmer in einer Absteige gemietet, die notorisch von Hippies und Langzeitreisenden aufgesucht wurde, also jenen Leuten, die immer schon glaubten, dass nur sie genau wissen, wie und warum Indien `funktioniert´. Somit reisten sie durch Indien mit unverleugenbarem Selbstvertrauen, einer gewissen Arroganz und einem bestimmten Seinsgefühl, unberührt vom turbulenten indischen Alltagsleben. So, als hätten sie immer schon in diesem Land gewohnt und wären daher ein nicht wegzudenkender Bestandteil desselben, und zwar mit gewissen Vorrechten.

Diese Absteige namens `Shere Punjab´, die leider vor ein paar Jahren zusperrte und von den neuen Eigentümern nun als Geschäft und Lager für Armreifen aller Art genützt wird, hatte seinen eigenen Ruf. Wenn jemand mal schnell was Gutes zum Rauchen oder Ähnliches benötigte, konnte er sich nahezu sicher sein, dort etwas zu bekommen – ok, das ist nichts Ungewöhnliches, man kann in Indien ohnehin überall nahezu alles, was man braucht, erhalten.

Zu dem Zeitpunkt meiner ersten Indienreise war unter den Reisenden auch ein Engländer in meinem Alter unterwegs, der zumeist ruhig auf der Terrasse vom `Shere Punjab´ saß und an den Rauchrunden teilnahm. Man möge mich bitte richtig verstehen: Damals rauchte er nicht nur, er sprach auch gelegentlich, zugegebener Weise nicht viel, aber immerhin. Das ist ein wichtiges Detail am Rande.

Eines Tages kam ich soeben vom Mittagessen eines herrlichen, jedoch furchtbar scharfen zehn Rupien-Thalis zurück zum Hotel, vor dem sich eine größere Menschenansammlung befand; ich gesellte mich zu der Menge hinzu und sah in der Mitte des gebildeten Kreises eine einfache, aber immerhin `heilige´ Kuh stehen. Eine einfache Kuh. Vielleicht hatte sie überrascht dreinblickende Augen, ansonsten war nichts Ungewöhnliches über sie zu sagen oder gar zu erkennen. Ihr Körper war mit Fliegen übersät, einige Überreste an Plastik befanden sich noch in ihrem und um ihren Mund, so wie Scheiße um ihren Arsch herum, also, wie gesagt eine völlig gewöhnliche, stinknormale Erscheinung. Was ist bloß mit der Kuh los, fragte ich mich, warum zog sie bloß so viele Menschen an?

Erst dann erblickte ich diesen englischen Mann, der in der Nähe der Kuh stand und einen seltsam verlorenen Ausdruck auf seinem Gesicht hatte. Die gesamte Aufmerksamkeit der Inder war nur auf den Engländer, nicht auf die Kuh, gerichtet. Plötzlich bewegte sich der Mann vorwärts, die Inder gaben ihm den Weg frei und er stieg die Treppe zu unserem Hotel hinauf. Die Menge löste sich auf und die Kuh begann zu urinieren, einige bekamen ein paar heilige Spritzer ab, aber auch das ist nichts Außergewöhnliches.

Der Freund und Zimmerkollege von dem Engländer John erzählte mir später, dass die beiden zuvor gemeinsam das Hotelzimmer verlassen hatten, um Einkäufe zu tätigen; kaum unten auf dem Main Bazar angekommen, blieb John plötzlich unvermittelt stehen, während die besagte Kuh gemächlich herbeikam, zu diesem Zeitpunkt ihrer eigenen Attraktivität noch völlig unbewusst. Einige Sekunden später sprang John - der, so wie ich, damals zum ersten Mal in Indien unterwegs war, aber wer weiß wie viele LSD-Trips bis dahin schon hinter sich hatte, - auf die Kuh auf. Ja, wirklich! Er besprang die heilige, unschuldige Kuh, die es bis dahin nur gewohnt war, von indischen Stieren, die sich niemals über die ganze Scheiße um ihren Arsch herum beschwerten, besprungen zu werden! Aber nun fühlte sich sogar ein Mensch - ein Engländer! - von ihr angezogen, träume ich nun, fragte sich unsere Kuh, oder was geht hier ab?! Hey John, was soll denn das?!

Alle anwesenden Passanten waren ziemlich verdutzt, so auch Johns Freund, der ihn, nachdem er sich wieder gesammelt hatte, von der Kuh herunterzog, aber eben nicht schnell genug, um das Staunen und die Neugierde der vielen Inder, die teilweise bereits genügend verrückte Aktionen von Westlern gewöhnt waren, zu vermeiden. Verrücktheit ist nichts Besonderes, auch nichts Verwerfliches. Schon gar nicht in Indien. Es lebe die diesbezügliche indische Toleranz! Auch eine Kuhbesteigung wird nicht schlecht geredet, wie auch immer. Zuweilen schauen uns die Inder mit Befremden an, dann wieder wir sie. Eine gute Balance. Akzeptanz und Toleranz sind auf beiden Seiten vorhanden.

Nachdem John die Kuh bestiegen hatte, hörte er auf zu reden. Von nun an sprach er gar nichts mehr. Nichts. Ok, mit dem Rauchen hörte er nicht auf, aber ganz konsequent mit dem Reden. Nichts und niemand konnten ihn dazu bewegen, die Energie seines fünften Chakras zu vergeuden. Redestopp. Schluss, aus.

Ich traf seinen Freund ein paar Wochen später in Nordindien wieder. Dieser erzählte mir dann, dass John einige Tage davor Indien Richtung England verlassen hatte. Seine Mutter war von London aus hergeflogen, um ihn abzuholen. Noch immer war sein Mund fest verschlossen.

Was auch immer der Grund dafür war, dass sich John der unschuldigen Kuh - die bis dahin, so nehme ich zumindest einmal an, noch nie von einem Menschen besprungen worden war, - angenähert hatte, blieb völlig unklar. Wahrscheinlich wird dies niemand jemals wirklich erfahren, nur eines ist sicher: Nämlich die Tatsache, dass viele, sehr viele Dinge in Indien passieren, und nicht nur dort! Dafür verbürge ich mich persönlich. Schon öfters war ich Zeuge vieler Verrücktheiten, meiner eigenen inbegriffen. Boom!

Zurück zu Shail. Wiederum ein Jahr später treffe ich Shail in Gokarna nicht an; dies überrascht mich ein wenig, da er diesen Ort so liebte, doch der Leute Pläne und Präferenzen ändern sich zuweilen, das ist wahr! Doch ein paar Monate später – welch´ eine Überraschung, die letztlich doch keine ist! - laufe ich ihm im Norden Indiens über den Weg. Er sitzt wie üblich in einem Chai-Shop, die Bidi abwechselnd zwischen seinen Fingern und den Lippen haltend. Er befindet sich in tiefer Konzentration und denkt höchstwahrscheinlich über neue Geschichten nach, die er all den Kindern auf diesem Planeten, bevorzugter Weise jenen aus dem Heiligen Land – nein, nicht Indien, sondern Israel – erzählen wird!
Erst gibt es eine Umarmung, danach leiste ich ihm bei einem weiteren Chai, einem typisch indischen voller Zucker, Gesellschaft. Wir unterhalten uns über unsere letzten Abenteuer und ich erzähle ihm von den schnellen Entwicklungen, dem gestiegenen Tourismus in Gokarna am Om-Beach, wo es aber immer noch keine Elektrizität gab, was den Vorteil hatte, dass es daher auch keine nervigen Stromausfälle geben konnte; dann jedoch, ich kann meine Neugierde nicht mehr zurückhalten, zeige ich langsam aber bestimmt mit meinem Finger auf seinen vielfarbigen Turban, einer anderen Version von jener, die er das Jahr zuvor getragen hatte. Zudem ist dieser Tur-

ban fester um seinen Kopf gewickelt, einer mit mehr Stoff, reiner Baumwolle und auch mehr in die Höhe aufgetürmt. Jedenfalls ist er um einiges größer und höher als sein Kopf. Shail ist also aufgrund dieses Outfits merklich `gewachsen´.

Er sieht mich ernst an und ich spüre, dass er drauf und dran ist, mit mir ein tiefes Geheimnis zu teilen. Es scheint so, dass er mir vertraut.

"Erinnerst du dich noch", beginnt er, "an diesen bestimmten Tag einige Jahre zurück am Om-Beach, als diese verfickte Kokosnuss heruntergefallen ist und mich fast zu kleinen Teilchen zertrümmert hat, mich ins Jenseits befördern wollte?"

Keine Frage, natürlich erinnere ich mich daran.

"Gut. Wie auch immer, ich hatte nach diesem Nahtoderlebnis einige Reflektionen darüber angestellt. Auch in meinen Träumen kehrte die Erinnerung an damals häufig zurück. Ständig wurde ich in diesen von um mich herum herunterfallenden Kokosnüssen gequält. Speziell von dieser einen. Dies war ein Zeichen für mich. Daher beschloss ich, dass ich irgendwas diesbezüglich unternehmen muss."

"Aber was hättest du im Nachhinein auf die Kokosnuss bezogen tun können? Ich meine, du hattest genug Glück, dass sie so nett war, dein Leben zu verschonen und deinen Kopf unversehrt am richtigen Platz zu lassen!"

"Das stimmt. Wie auch immer, jedenfalls begann ich danach einen Turban zu tragen und zwar von dem Moment an, da ich mein Zimmer verließ!"

"Was? Was hat denn der Turban mit der Kokosnuss zu tun?"

"Schau, nichts mit derjenigen von damals! Aber mit all denjenigen Kokosnüssen, die noch immer an all den

Palmen herumhängen und eine potenzielle Bedrohung darstellen, verstehst du? Es fühlt sich einfach viel sicherer an, wo auch immer ich hingehe, viel sicherer. Ich fühle mich nun wieder angstlos in Anbetracht der Vielzahl dieser unseligen Kokosnüsse, die überall auf ihr Opfer warten, verstehst du? Ich habe zudem volles Vertrauen in meinen Turban. Sogar die nervigen Kokosnuss-Träume haben aufgehört, ich sag´ dir, es ist magisch! Der Turban ist sozusagen die energetische Blockade, die nun zwischen meinem Kopf und möglichen herunterfallenden Kokosnüssen besteht."

Aha.

"Und trägst du ihn auch im Westen?"

"Klar, Mann. Habe mir das angewöhnt, eine Routine daraus gemacht, um sicher zu gehen, dass ich ihn dann, wenn ich im Osten bin, nicht vergesse aufzusetzen!"

Shail inhaliert genüsslich seine Bidi.

Ich starre ihn an. Ja, aha, naja... So ganz leuchtet es mir nicht ein, wenngleich ich verstehe, dass Shail aus einer psychologischen Notwendigkeit heraus handelt. Immerhin konnte er sich durch das Turbantragen auch seiner angstbesetzten Träume entledigen, das ist schon mal was! Wie dem auch sei, der farbenprächtige Turban steht ihm wirklich gut.

4. VIPASSANA -
ICH BIN NICHT ALLEINE

Ich setze mich langsam auf mein Meditationskissen hin; ich bin im letzten Moment vor Beginn der Meditationsstunde gekommen, um nicht einmal ein paar Sekunden mehr als erfordert `sitzen´, meditieren zu müssen. Ich weiß bereits, was mich erwartet - eine weitere Stunde, also ganze lange 60 Minuten eines sogenannten "strong determination"-sittings. Dies bedeutet eine 60 Minuten lange Meditationseinheit, während der man den Körper überhaupt nicht bewegen, die Körperhaltung nicht ändern soll, komme was wolle. Sechzig Minuten, die eine volle Tortur sein können, manchmal aber auch ein bisschen weniger Qual...

Also, es ist mein erst zweiter Vipassana-Kurs bisher und ich bin 20 Jahre jung. 20 Jahre, was zur Folge hat, dass mein Geist mit vielen Dingen beschäftigt ist, da mein Leben ziemlich turbulent verläuft. Mein sowohl innerer, als auch äußerer Kampf und Drang nach Freiheit hat mich wundersamer Weise in ein `Gefängnis´ nach Rajasthan, genauer gesagt ins Vipassana-Zentrum von Jaipur für zehn lange Tage gebracht.

Über das Zentrum an sich, außerhalb von Jaipur erbaut, gibt es überhaupt nichts Negatives zu sagen. Es liegt in einer sehr schönen, ruhigen Umgebung, in einem kleinen Tal von Hügeln umrandet. Die Stille wird bloß durch das gelegentliche Geschrei der vielen majestätisch und frei herumlaufenden Pfauen und der ebenso frei herumspringenden Affen unterbrochen. Natur pur. Die Unterkünfte sind einfach, aber sauber, das Essen ebenso und die buddhistischen Lehrreden und Meditationsanweisungen des Hauptlehrers S.N. Goenkaji tiefgehend, aufrüttelnd und berührend. Sowohl auf der äußeren, materiellen als auch auf der inneren Ebene erhält man also volle Unterstützung.

Andererseits ist man sich völlig selbst überlassen, was die Anarchie, Verrücktheit, Instabilität und das Geschwätz des eigenen Verstandes betrifft; und genau DAS ist das Problem, darum geht es eigentlich während der ganzen Meditationszeit: Um das Kennenlernen, das langsame Herantasten an den eigenen Geist, der sich sozusagen als Herr im Hause entpuppt und als solcher entlarvt wird. Das Bestreben, wieder Kontrolle über den eigenen Geist zu erlangen, ist auch genau einer der Hauptgründe, warum man an solch' einem Kurs teilnimmt. Dazu muss die Intention rein und richtig sein. Es geht also insbesondere darum, den eigenen Geist zu reinigen und zu läutern, dessen Herrschaft und Autorität über einen selbst zu unterbinden beziehungsweise einzuschränken, um auch Momente der inneren Ruhe und des Friedens zu erlangen. Denen sollen sowohl ein klarer Geist beziehungsweise Bewusstseinszustand als auch wichtige Einsichten folgen. Auf weitere anstrebenswerte Entwicklungen zum Zustand des sogenannten `no-mind´ will ich im Moment nicht näher eingehen.

Vipassana ist eine `Reinigungstechnik´, die unter anderem darauf abzielt, den Meditanten von seinen unbewussten, tief verwurzelten und automatisch ablaufenden Reaktionsmustern zu dekonditionieren. Diese erwähnte `Reinigung´ ist nicht bloß auf die mentale Ebene beschränkt, sondern schließt auch - sozusagen als Beiprodukt - die körperliche mit ein. So wie sich der Geist entwickelt, färbt dies ebenfalls auf den körperlichen Zustand ab.

Natürlich ist es, so wie in allen buddhistischen Traditionen, auch bei der Vipassana-Technik das allerhöchste Ziel, den Zustand der völligen Erleuchtung, von Nibbana zu erlangen. Dies bedeutet den Zyklus von Tod und Wiedergeburt, von Kommen und Gehen zu beenden und diese Kette der Wiederholungen der immer gleichen Abläufe, die einen im Kreislauf des Lebens gefangen halten, zu überwinden. Man will also `durchbrechen´ (man kann es auch mit "auf die andere Seite überwechseln" bezeichnen). Transformation und Transzendenz des Seins wird angestrebt. Ich möchte allerdings den Leser dieser Zeilen nicht mit einer Art von Theorie verwirren, die nur dann praktischen Wert an sich hat, wenn sie nämlich tatsächlich auf der Ebene der persönlichen Erfahrung realisiert wird. Nur so viel dazu, diese `andere Seite´, `the Beyond´ existiert tatsächlich, natürlich nicht irgendwo außerhalb unserer selbst. Diese `andere Seite´ ist in Wirklichkeit die einzige, die die (absolute) Realität widerspiegelt. Man richtet also die gesamte Energie und Anstrengung darauf, mehr und mehr, tiefer und tiefer das Innere, die Wirklichkeit auf der höchsten Ebene und sich selbst völlig zu verstehen und die wahre Natur der Erscheinungsformen aller Dinge zu durchblicken. Natürlich ist darin inbegriffen, sich selbst zu erkennen und zu verwirklichen, was in der orthodoxen, buddhistischen Theravada-Terminologie nichts anderes bedeutet, als sich in der unendlichen Leere des Seins aufzulösen. Es ist dies ein Raum, der von Unendlichkeit und Zeitlosigkeit charakterisiert ist. Der Urgrund des Seins, die Verbindung mit dem Absoluten, ein Verweilen in einer unmißverständlichen, klaren, fraglosen Art von Atmosphäre, einer Art Raum, in der man bloß ist – und immer schon war.

Auch immer sein wird.

Wenn man starkes Theravada-Karma besitzt (beziehungsweise jenes Karma einen besitzt...), dann ist die Chance sehr groß, dass man sich von Vipassana angezogen fühlen und diese Technik auch im täglichen Leben anwenden wird. Wenn nicht, dann wird man vielleicht an einem solchen Meditationskurs aus Neugierde, oder weil man mal eine ruhige Auszeit vom Alltag will oder man im Freundeskreis von den vielen positiven Auswirkungen gehört hat, teilnehmen. Und es danach dabei belassen. Dann war es zwar sicherlich für die meisten eine gute Erfahrung – aber doch ein wenig zu anstrengend, um die Praxis weiterhin aufrechtzuerhalten...

Es gibt also vielerlei Gründe, sich für einen solchen Kurs anzumelden, manche stimmen gar mit dem ursprünglichen Zweck und Sinn einer solchen Entscheidung überein.

Jene, die Vipassana praktizieren, weil sie zum Beispiel genug vom Verlauf ihres bisherigen Lebens und ausreichend gelitten haben und sich nun auf den Weg machen, um das Diktat des Geistes zu beenden und um innere Freiheit zu erlangen, sind zumeist sehr ernste, gewissenhaft praktizierende Leute. Zumeist sogar sind es Westler, nicht, wie man vielleicht vermuten würde, die Inder selbst.

In einem Vipassana-Kurs beginnt jeder Tag um vier Uhr morgens und endet um zehn Uhr nachts. Dazwischen liegen viele, viele Stunden der Sitzmeditation, jede Sitzung dauert eine volle Stunde lang und oft gibt es nur eine 5-minütige Unterbrechung zwischen den einzelnen Meditationseinheiten. Ein Vipassana-Kurs bedeutet auch, die letzte Mahlzeit des Tages zwischen 11-11.30 mittags zu sich zu nehmen; ein Vipassana-Kurs bedeutet, sich oft schon vom Nachmittag an hungrig zu fühlen; er bedeutet des weiteren, sehr wenig zu schlafen; ein Kurs, in dem man völlig mit dem großen, eigenen Dämon, dem Geist, dem Ego, dem Beherrscher des eigenen Lebens konfrontiert und von ihm herausgefordert wird; von jenem Geist, der es zustande gebracht hat, das Leben in ein solches Chaos zu stürzen, dass man das eigene, wahre Selbst vergessen und tatsächlich damit begonnen hat, sich mit ausschließlich eben diesem Geist und mit nichts anderem zu identifizieren; und das trifft für fast alle Menschen auf diesem Planeten zu.

Aber ICH, mein wahres Selbst ist nicht dieser Geist.

Die Macht genau dieses Geistes, der unser ursprüngliches Vertrauen, unsere Vorstellungen und Ideale vom Leben, unser wahres Herz, unsere Emotionen und unser Recht, die Wahrheit über uns und in uns herauszufinden, verkrüppelt hat, ist gewaltig. Wir sind dermaßen vom ständig in Aktion befindlichen Geiste überwältigt, dass wir die wahre Bedeutung dessen, warum wir auf diesem Planeten wie Frösche, zwar mit offenem Mund und Augen, aber ohne klare Einsicht und Selbsterkenntnis herumhüpfen, völlig vergessen haben. Überall `jumping frogs´.

Genau diesem ständig nach außen hin ausgerichteten Geist will ich mich nun nicht mehr beugen, will ihn zur Hölle jagen. Um es sanfter auszudrücken: Ich will ihm diese absolute Dominanz, mit der er mich zu seiner Marionette macht, entziehen, da ich schon in meinem ersten Vipassana-Kurs diese ungeheuerliche Macht des Verstandes über mich und mein Leben realisiert habe.

Übrigens: Diesen ersten Kurs habe ich mit einem

GEBROCHENEN Fuß - hallo??!! - ja, ihr habt richtig gelesen, mit einem gebrochenen Fuß!!! durchgesessen, als ob der Retreat nicht schon ohne körperliche Behinderung genügend Herausforderung gewesen wäre! Nein, das Universum musste mir auch noch den Fuß eineinhalb Tage vor dem Beginn des Kurses brechen, noch dazu in Indien... In einer Art und Weise, die an einen kleinen - großen?! - Test erinnerte, quasi: na, Süßer, und was nun? Oder war es bloß ein universeller Scherz? Noch immer war ich jedoch damals bereit gewesen, diese Aufgabe, mir mal gründlich selbst in den Spiegel zu blicken, anzunehmen und ich hatte sofort intuitiv verstanden, dass es mein Geist war, der mich in Versuchung bringen wollte, von Vipassana abzulassen. Daher entschloss ich mich trotz meines Gipsbeins am Kurs teilzunehmen und mich den Herausforderungen, die ich damals nur erahnen konnte, zu stellen. Zum Glück wusste ich nicht schon im Vorhinein, was auf mich zukommen würde…

Nicht nur den Einfluss des Geistes, sondern auch jenen seines großen, starken Verbündeten, des Egos, hatte ich erkannt. Das war ein solch´ großer Schock für mich, hatte solch´ starke, aufrüttelnde Auswirkungen auf mich, dass ich nahezu keine andere Möglichkeit mehr gesehen habe als ein klares Bekenntnis, eine starke Resolution für mein Leben, mir selbst gegenüber abzugeben: Dem Geist zukünftig nicht mehr zu erlauben, weiterhin uneingeschränkte Macht über mich auszuüben, sondern ihn stattdessen, wenn notwendig, zu gebrauchen, jedenfalls nicht mehr ständig in seinen ewigen Gedankenkreisläufen herumgeschleudert zu werden. Ihm also die Macht über mich zu entziehen. Ich wollte wieder der Herr in meinem eigenen Hause werden.

Die Erkenntnis von der nahezu uneingeschränkten Macht des Geistes über das eigene Leben, dieses nagende Gefühl also, ihm ständig ausgeliefert zu sein, kann der Beginn zu einer ehrlichen, kompromisslosen inneren Suche, der Knackpunkt für wahre Transformation sein. Es kann der Beginn von einem wahren Sehen, Verstehen und Erleben dessen sein, was immer schon da war und ist, jedoch verborgen und verdunkelt durch die Dominanz des Geistes. Es kann dies der Startschuss dafür sein, alles Notwendige zu tun, um alles im Leben dieser Suche nach Klarheit und Wahrheit unterzuordnen, zu opfern, also der Suche nach dem eigenen Selbst, das durch die Herrschaft des Geistes vergessen und lebendig vergraben wurde. Von diesem Geist, der brillante Fähigkeiten besitzt, der zu lenken, zu kontrollieren, zu manipulieren und natürlich zu denken imstande ist. Doch dieser Geist wird dann auch als eine große Belästigung, eine schwere Bürde empfunden, wenn er als das entlarvt wird, was er auch ist: Als derjenige, der das innere Licht verdunkelt, wenn man ihm zu viel Raum gibt.

Natürlich muss ich bekennen, dass, nur weil meine Suche mit dem ersten Vipassana-Kurs (in diesem Leben) begann, es noch lange nicht bedeutete, dass diese bereits mit dem zweiten Kurs zu Ende ging. Überhaupt nicht. (Leider: Ich hätte mir viel erspart!!!, aber es war unumgänglich, ich musste einfach durch viele weitere, auch zeitintensive Prozesse durchgehen...)
Es fällt mir leicht, die Höhepunkte meiner zahlreichen absolvierten Vipassana-Retreats über die ersten Jahre hinweg zusammenzufassen; und ich nahm wirklich an sehr vielen Retreats, auch 20, 30 Tage langen, teil. Alleine in diesem Leben praktizierte ich Vipassana 12 lange

Jahre lang. Diese Praxis betrieb ich nicht als ein neugieriger Betrachter dessen, was sich so innerlich (und äußerlich) abspielte oder gar als ein `Hobby-Meditant´, nein. Sicherlich war ich ein wahrer Vipassana-`Krieger´, der täglich praktizierte und viele andere Menschen mit dieser Meditationsform vertraut machte.

Ich möchte niemanden mit der Anzahl all meiner (Selbst)-Retreats quälen, nur so viel: `Viele´ Kurse sagen genau das aus, was ich ausdrücken möchte - nämlich eben viele.

Ach ja, die Höhepunkte? Die Höhepunkte der Tiefpunkte? Ich hatte Schmerzen, Schmerzen und nochmals Schmerzen jeder Art. Ich ging durch ein Mit- und Durcheinander an so viel emotionalem und physischem Leid, das unbeschreiblich ist. Regelmäßig, immer und immer wieder, war ich damit konfrontiert, auch deshalb, weil ich mich vielen ins Bewusstsein gespülten Schichten des Geistes stellen musste. Durch diese `ging ich durch´ und versuchte sie gehenzulassen, um auf diese Weise sozusagen Karma aufzulösen und zu verbrennen - um es wirklich zu verbrennen...

Das dürfte in den meisten Fällen eine lebenslange Aufgabe sein, in meinem persönlichen Falle endete dieser Prozess auch nicht nach 12 Jahren buddhistischer Vipassana-Meditationspraxis, sondern nahm danach eine neue Richtung an, die einen totalen Antrieb, eine Beschleunigung für meine weitere Evolution bedeutete.

Ich bin also auf meinem zweiten Retreat. Ich sitze auf meinem Meditationskissen, halte den Rücken gerade, das linke Bein liegt gekreuzt über dem rechten, die Hände ruhen auf den Knien. Ich sitze in der zweiten Reihe zwischen all den männlichen Studenten; die weiblichen sitzen strikt von uns getrennt auf der anderen Seite der Halle. Der Gesang des Lehrers Goenka beginnt, daraufhin folgen ein paar Meditationsinstruktionen und dann herrscht nur noch Stille. Jeder von uns ist sich sozusagen selbst überlassen und soll mit all dem, was in der nun folgenden Stunde `hochkommen´ wird und will, meditativ umgehen lernen.

Es ist bereits der fünfte oder sechste Tag des Kurses, was bedeutet, dass wir nicht mehr `Anapana´ (die Beobachtung des Atems) praktizieren, sondern mit unserer Aufmerksamkeit durch den gesamten Körper `wandern´. Alles, was auf der mental-körperlichen Ebene geschieht, sollen wir so wie es ist akzeptieren, ohne der Intention, irgendetwas daran verändern zu wollen, nachzugeben. Es geht also darum, die Wirklichkeit so anzunehmen wie sie ist - dies ist das Herz der Vipassana-Technik in ihrer reinsten Form.

Ich bewege meine Aufmerksamkeit soeben durch den linken Arm, als mich plötzlich ein Gedanke davon abbringt und mich völlig beansprucht: Es geht darum, was ich alles nach diesem Retreat zu essen gedenke, welchen verschiedensten kulinarischen Köstlichkeiten ich mich hingeben werde; es geht um meinen Wunsch, morgens einen guten Kaffee zu genießen, um so richtig aufwachen zu können; um Essen, das ich vor dem Kurs mit Hingabe verzehrt habe und das mir leider in diesem Zentrum nicht aufgetischt wird; ich beginne sogar sprichwörtlich all diese guten Speisen zu r i e c h e n, ohne Schmäh, denn die Sinnesorgane sind durch das ständige Meditieren extrem geschärft!, und dann - bitte nicht!!!! - sie sogar zu s c h m e c k e n! Ich lasse sie mir sozusagen auf der Zunge zergehen, ich werde immer hungriger, unruhiger und dieses ganze Verlangen nach bestimmten Speisen, die ich momentan einfach nicht haben kann, überwältigt und bringt mich völlig vom ursprünglichen und eigentlichen Zweck der Sitzmeditation weit weg. Die Beobachtung des linken Arms ist mit dem Gedanken an ein bestimmtes Essensgericht, an den sich Gedankenketten von weiteren Gerichten reihten, zunichte gemacht worden. Gleichzeitig frustriert es mich ungeheuerlich, dass ich einfach nicht in der Lage bin, diesen störenden, zu nichts führenden Gedankenfluss zu unterbinden. Ich versuche zwischendurch sogar, den Atem als Hilfestellung zu benutzen, indem ich tief ein- und ausatme, doch es hilft nicht - die Gedanken überrollen mich einfach wie eine Lawine.

Während ich mich also gedanklich all den Freuden, die Nahrung hervorrufen kann, hingebe beziehungsweise hingeben muss, beginnt unangemeldet mein linker Fuß zu schmerzen. Sofort werde ich nahezu gewaltsam aus meinen Gourmet-Träumen herausgerissen und zu diesem Moment zurückgeführt - ins Jetzt.

Nun entsteht in mir ein neuer Film: Warum schmerzt mich der Fuß e r n e u t? Wieder und wieder? Hört denn das nie auf? Wird diese ständige Sitzposition möglicherweise irgendwelche dauerhaften, negativen Auswirkungen auf meinen Fuß, vielleicht sogar auf meine Knie, meinen gesamten Körper haben? Werde ich hier körperlich und mental heil rauskommen? Schon wieder fühlen sich beide Füße, ja sogar beide Beine, aufgrund der wahrscheinlich ständig unterbrochenen und abgeschnittenen Blutzirkulation völlig taub an! Das kann doch auch nicht gesund sein, oder?! Ein stechender Schmerz beginnt sich nun über den gesamten rechten Fuß auszubreiten, ein äußerst unangenehmes Gefühl. Wie gerne würde ich bloß beide Beine bewegen und sogar aufstehen dürfen!

Aber nein, das ist ja nicht erlaubt: Immerhin ist dies soeben eine weitere Stunde der `strong determination´-Meditation. Stellungswechsel ist untersagt.

Da erinnere ich mich plötzlich: Meine Aufgabe ist es ja schließlich, meine Aufmerksamkeit auf den Körper zu richten, sie durch den ganzen Körper `wandern´ zu lassen und bloß die Gefühle, ohne ihnen irgendeine Bedeutung oder Interpretation zuzuschreiben, zu beobachten und dann gehen zu lassen! Das ist der Schlüssel, um im Moment zu bleiben! Darum geht es! Reagiere nicht! Tu das nicht! Akzeptiere was kommt und verweile im Gleichmut!

Ich versuche mich wieder zu konzentrieren: An welcher Körperstelle habe ich zuvor meine `Wanderung´ durch den Körper unterbrochen, als mich mein Geist in kulinarische Welten verführte? Wo bin ich mit meiner Aufmerksamkeit gewesen? Beim Magen? Dem linken Oberschenkel? Der Nase? Da kommt es mir: Nein, ich war etwa in der Mitte des linken Arms angelangt, bis dahin war ich gekommen! Nun ergreift mich eine Art Glücksgefühl (zumindest für eine kurze Zeit), da ich den Verbindungspunkt, von dem aus ich meine innere Arbeit fortsetzen kann, wiedergefunden habe! Wie viel Zeit ist seither vergangen? 10 Minuten? 25 Minuten? Keine Ahnung.

Ganz langsam bewege ich meine Achtsamkeit durch meinen linken Arm, ohne auf die unterschiedlichsten Gefühle zu reagieren, und bin sehr froh darüber. Nun ist der rechte Arm dran, ich komme zur rechten Hand. Dann beginne ich die Aufmerksamkeit durch den vorderen Oberkörper, von oben nach unten wandern zu lassen. Wie einfach plötzlich alles anmutet, wie sehr ich in mir verweile!

Doch von einer Sekunde auf die andere erwischen sie mich schon wieder. Diese schmerzhaften, bohrenden Gedanken. Jene Gedanken, die für gewöhnlich bisher in jeder Meditationsstunde aufgetaucht sind. Es handelt sich um Erinnerungen an meine Ex-Freundin, an die immerhin nahezu fünf Jahre lange Beziehung, die wir geführt haben. Warum, so frage ich mich nun erneut, habe ich ihr damals gesagt, dass ich nicht mit ihr nach Indien reisen wolle? Warum habe ich dieses so starke Gefühl gehabt, wieder alleine hierherkommen zu müssen? Was war das? Dieses Gefühl, dem ich völlig ausgeliefert war, dem ich mich einfach beugen musste, das mir das `how to go´ (nämlich alleine...) schlicht und einfach aufoktroyierte?! Warum war ich offensichtlich nicht völlig zufrieden in und mit dieser Beziehung? Was fehlte mir? Fehlte mir was? Ich meine, fehlte außer mir selbst was oder wer? Trauere ich nun der vergangenen Beziehung, meiner Exfreundin nach? Bereue ich meine Entscheidung, alleine nach Indien gekommen zu sein, sie damit vor den Kopf gestoßen, das Vertrauen in mich erschüttert zu haben? In diesen Momenten der intensiven Erinnerungen kann ich diese Frage nur mit einem eindeutigen Ja beantworten.

In meinem Leben, in meinen Jugendjahren, hatte ich oft diese Art an Leere in mir gespürt. Diese Sinnlosigkeit. Manchmal mehr, manchmal weniger, aber sie war präsent, wenn sie auch zuweilen wie im Hintergrund vernebelt nicht greifbar war. Doch sie saß mir im Nacken. Diese Leere in meinem Leben war gleichzeitig die Kraft, die mich zur Suche veranlasste, mein wahres Selbst auszugraben.

Nun kommen erneut ganz bestimmte Bilder hoch. Jene, die einen Großteil einer Meditationsstunde in Anspruch nehmen können. Ich erkenne, dass ich nicht genügend Kraft aufbringe, um sie zu stoppen; einerseits bin ich zu schwach dazu, andererseits bedeuten sie immerhin eine fast angenehme Unterbrechung von der harten Vipassana-Arbeit. Es geht um Sex... Um sexuelle Erinnerungen, die nun wie ein Film vor mir ablaufen. Wie gerne ich mit dieser Frau Sex gehabt habe! Wie sehr wir beide den Sex wirklich genossen haben, wie die Chemie zwischen uns schlicht und einfach passte! Es war wunderbarer Sex! Ich will wieder Sex haben!

Nun gehen mir alle möglichen sexuellen Gedanken durch den Kopf. Mit ihr. Es besteht keine Notwendigkeit für eine andere Frau, der Sex, den ich mir gerade mit meiner Ex vorstelle, nimmt bereits den gesamten Raum in meinem Kopf ein. Die Gefühle, die ich zuerst im Kopf kreiere beziehungsweise die in meinem Bewußtsein aufgrund der Erinnerungen ausgelöst werden, wechseln nun vom Oberkörper zum zweiten Chakra hin und das fühlt sich sehr angenehm an! Doch meine Begierde ist natürlich nicht zu befriedigen, da ich zwischen all den anderen Meditanten sitze (was geht eigentlich bei denen ab??!!), und sie, das Objekt meiner Lust ja nicht anwesend und außerdem nicht mehr meine Partnerin ist! Also alles erneut inszeniert von meinem Geist, der mich abschweifen und den jetzigen Moment vergessen lässt! Schon wieder! Ich kann es kaum fassen, nur eines gibt mir ein wenig Anlass zur Beruhigung: Mit Sicherheit bin ich nicht der Einzige in diesem Kurs, der mit Gedanken, die das Bewusstsein überfluten, zu kämpfen hat; vielleicht werde ich mehr von ihnen bedrängt und überwältigt als die anderen Meditanten, vielleicht aber auch nicht, jedenfalls bin ich mit diesem Problem nicht alleine. Sicherlich nicht. Kein großer Trost, aber immerhin.

Verdammt noch mal. Dieser Geist! Dieser Geist, der schlicht und einfach all diese mentalen Filme für real erklärt! Noch dazu versucht er uns alle mit ständigen Wiederholungen von der Wirklichkeit derselben zu überzeugen und hat damit oftmals - zu oft, zugegebener Weise - auch noch Erfolg! Das ist für mich extrem deprimierend.

Gerade mache ich in meinen Tagträumen mit meiner Ex wunderbare Liebe, es fühlt sich tatsächlich so real an - vielleicht erscheint sie gar gleich in der Meditationshalle?! - und bin völlig in dieser mentalen Realität mit all seinen körperlichen Nebeneffekten beschäftigt, da höre ich plötzlich und unvermittelt einen aus dem scheinbaren Nichts kommenden Ruf, eine strenge Warnung, einen Hinweis, der mich augenblicklich aus meinem himmlischen Zustand rausreißt, erschallen:

"Achtsamkeit! Bitte, Achtsamkeit! Schlaft nicht ein! Wirbelsäule, Rücken gerade! Augen geschlossen! Verliert nicht eure Achtsamkeit!"

Es ist die Stimme des Assistenz-Lehrers, der vor uns, das Gesicht uns zugewandt, sitzt. Von Zeit zu Zeit gibt er solche Anweisungen, aber nicht gerade sanft und leise, sondern rau und laut, sodass ich dabei öfters zusammenzucken muss.

Diese laut ausgesprochene Meditationserinnerung löst eine weitere Emotion in mir aus, eine, die mir bereits vertraut ist und der ich mich häufig zu stellen und auch zu beugen habe. Für das gesamte menschliche System ist sie generell eine der schädlichsten und höchst selbstzerstörerischen Emotionen, die es gibt — doch diese sind tief in uns verwurzelt und es ist zumeist sehr schwierig, sie loszuwerden beziehungsweise sie zu transformieren.

Ich spreche von Ärger. Von Wut. Der Assistenz-Lehrer wird nun die Zielscheibe meiner gesamten Wut. Nun besteht kein Zweifel mehr darüber, nämlich dass ich erneut den Sinn und Zweck meiner Teilnahme an dem Kurs, also gleichmütig all die Gefühle und Gedanken zu beobachten, völlig vergessen habe. "Ich habe das einfach vergessen", es ist unglaublich, wie schnell und einfach sich Vergesslichkeit, das Produkt von Unbewusstheit, manifestieren und uns dominieren kann. Man vergisst genau das, was man sich nur Sekunden zuvor stark vorgenommen hat, sich genau zu merken. Wiederholt und allzu oft zieht uns der Geist vom Objekt unserer Achtsamkeit fort; so wie er auch einfach alles, ja wirklich alles versucht, um uns von uns selbst abzubringen. Der Geist, das Ego, kann es nicht leiden, auf die Neben-schiene oder gar aufs Abstellgleis verbannt zu werden, da er um seine Souveränität fürchtet. Da wir nun so oft und lange sozusagen sein Betriebssystem aktiviert haben, schafft er es immer wieder, sich in Szene zu setzen – und zwar mit weiteren Geschichten...

Zurück zum Objekt meiner Wut, dem Lehrer. Dieser, der uns soeben in den gegenwärtigen Moment zurück-holen will, ist nämlich seinerseits nicht gerade das beste Vorbild für die Praxis der Achtsamkeit. Denn ich habe während all der vergangenen Tage der Meditation zu-weilen für einen Augenblick meine Augen geöffnet (ja, ja, ich weiß, das ist nicht erlaubt, man muss die Augen während der gesamten Meditationsstunde geschlossen halten - und trotzdem habe ich sie manchmal für Bruch-teile einer Sekunde geöffnet, ich gebe es zu!) und dabei diesen Lehrer tief und fest schlafen gesehen! Sein Kopf fiel ständig nach vorne, ein unmissverständliches Zeichen dafür, dass er sich gewiss nicht in einem (tiefen) meditativen Zustand befand, sein Rücken, seine Wirbelsäule waren völlig nach vorne gekrümmt, sein Mund stand offen, Speichel tropfte daraus hervor und zusätzlich schnarchte er laut - und nicht nur er, auch einige Teilnehmer hatten den Schlafmodus eingeschaltet...!

Ich habe den Lehrer also des Öfteren schlafend erlebt. Und nun will uns gerade dieser Mann erklären, was wir tun und wie wir korrekt meditieren sollen, dass wir gerade sitzen, den Geist fokussieren mögen, dass wir solange meditieren sollen, bis wir den Durchbruch zur Erleuchtung erlangt haben!? Dieser Herr mit seinem fetten Bauch, der sich wahrscheinlich bei jeder Mahlzeit überisst, spielt sich da vor uns groß auf?! Hallo?!

Wer ist er schon, was glaubt er eigentlich? Heuchler! Schläfer! Schnarchende Nase! Schläfriger Tagesträumer! Angeber! Anti-Spiritueller!

Nun, natürlich weiß ich, dass mein Geist, jeder Geist dieses Spielchen, nämlich den eigenen Ärger auf andere beziehungsweise etwas anderes zu projizieren, liebt. Gründe für die eigene Wut im Äußeren zu finden und sie somit zu rechtfertigen, ist ja ziemlich einfach. So umgeht man die Selbstreflektion und die Selbstkonfrontation, in der man erkennen kann, dass der Ärger in einem selbst sitzt, man selbst der Ärger ist. Dieser kann zwar von äußeren Situationen ausgelöst werden, hat aber grundlegend nichts mit ihnen zu tun.

Zurück zum Körper, ermahne ich mich! Wieder gebe ich mir Mühe, die Achtsamkeit auf ihn zu richten. Doch gleich kommen mir neue Gedanken. Wie ist das nur möglich? Die Stunde ist noch immer nicht um? Wie gibt's denn das, wie soll das bitte möglich sein? Ich sitze ja hier schon seit Ewigkeiten auf meinem Kissen herum! Sicherlich hat der Lehrer vergessen, den Knopf des Kassettenrekorders zu betätigen, um den Abschlussgesang Goenkajis für die Stunde abzuspielen! Ja, er muss dies einfach vergessen haben, die Stunde fühlt sich bereits zu lange, so überzogen an! Schläft er etwa schon wieder?

Und diese Schmerzen, die ich ertragen muss! Nicht nur in den Knien, in den völlig tauben und gefühllosen Beinen, auch jene in meinem Rücken! Mein ganzer Rückenbereich fühlt sich völlig verspannt an, es zieht und zwickt überall. Oh Mann, ist das schmerzhaft, der Schmerz erdrückt mich nahezu, er fordert mich eindeutig dazu auf, mich zu bewegen, mich zu dehnen, aufzustehen und zu gehen, Yoga zu machen beziehungsweise still und heimlich von diesem Platz der reinen Tortur wegzulaufen! Zu viele Schmerzen! Auch jener Schmerz, der wie ein Pfeil von der Rückseite des Herzens durch jenes durchzuschießen scheint, hineinsticht, wortwörtlich h i n e i n - s t i c h t, der mich kaum mehr atmen lässt; ich höre fast zu atmen auf und glaube mich kurz vor einer Herzattacke zu befinden!

Meine gesamte Aufmerksamkeit ist nun auf mein Herz, mein Lebenszentrum fixiert. Werde ich jetzt sterben? Wieso schmerzt mich mein Herz so sehr? Woher kommt der Schmerz? Was will er mir sagen? Will er mir was sagen? Wieso weicht er nicht, er paralysiert mich nahezu! Es ist zu schmerzhaft, dieses starke, permanente Herzstechen! Dieses Zusammenziehen des Herzmuskels! Es gelingt mir nicht, es bloß gleichmütig zu beobachten und gehenzulassen - davon, es reaktionslos zu akzeptieren, rede ich gar nicht! Denn ich reagiere auf dieses unangenehme Gefühl vor allem mit Angst, wünsche mir sehnlichst, dass es weichen, dass es sich für ein und alle Male auflösen möge! Nie wieder (Herz)-Schmerzen! Nie wieder

Leiden! Ich bin zu jung, um zu sterben, zu sensibel (ich bin astrologisch gesehen Fische!), um all diese Schmerzen ertragen zu können!

Eine richtige Angst breitet sich in mir aus, da der penetrant stechende Schmerz in meinem Herzen nicht nachlässt und mein Herz mit eiserner Faust umklammert. Ich bin völlig im Moment, ich verschmelze mit dem Schmerz, ich bin der Schmerz, völlig im Hier und Jetzt. Da realisiere ich, dass ich eben NICHT der Schmerz bin: Ich kann ihn beobachten, also bin ich nicht der Schmerz! Aber wer ist dieses `Ich´, das soeben in völliger Präsenz verweilt? Ich bin der Beobachter, der nichts mit dem Schmerz, mit dem Körper zu tun hat! Identifiziere dich nicht mit diesen körperlichen Schmerzen, erinnere ich mich selbst, sonst verlierst du dich in ihnen! Denn jetzt geht´s mir nur ums nackte Überleben, nicht darum, wer ich bin, der nach Erleuchtung strebt, nicht um das wahre Selbst, nur darum, dass ich - was und wer auch immer ich bin – all die Schmerzen überstehen und überwinden möge!

Sekunden werden zur Ewigkeit. Der Schmerz wird zur Ewigkeit. Das ganze Leben scheint nun ewiges Leiden zu bedeuten. Aber ich bewege mich nicht. Ich versuche so gut es geht einfach mit dem Schmerz zu sein, ich lasse ihn zu und beruhige mich etwas. Was ist schon eine Stunde der sitzenden Bewegungslosigkeit im Vergleich zum ganzen, langen Leben, in dem Bewegung und Aktivität an sich die vorherrschenden und überall dominierenden Faktoren sind? Also, was bedeutet schon eine lächerliche Stunde des Ausharrens, ohne irgendwelchen mentalen und körperlichen Impulsen nachzugeben? Das sollte doch noch möglich sein!

Ich erwecke meine guten Geister, meine guten Geister

erwecken mich. Ich nehme mir fest vor, nicht all diesen verschiedenen, aus welchen Gründen auch immer sich nun manifestierenden Schmerzen durch irgendeine Regung des Körpers, etwa durch einen Stellungswechsel nachzugeben. Auch konzentriere ich mich völlig darauf, mein Leiden nicht zu meinem Fokus zu machen. Ich möchte einfach wirklich sehen, was in mir, mit mir passiert; und ich möchte es verstehen.

Ich bin nicht mehr so ängstlich, wie noch kurz zuvor. In dem Moment, in dem ich meine Schmerzen und meine Angst mehr und mehr loslasse, in nahezu genau demselben Moment beginnt sich alles in mir zu entspannen. Mein Geist, mein Körper, meine Emotionen kommen zur Ruhe. Ich komme zur Ruhe. Nicht nur `ich´ entspanne mich. Auch mein Verstand, die damit verbundenen endlosen Geschichten, die Gefühle, meine Wut, meine Begierden, all die Fragen, die ich habe, die möglichen Antworten, mein Ego mitsamt seinen Wünschen, - also dieser ganze `Ich´-Komplex, einfach alles.

Ruhe und Stille füllen nun den Raum in mir aus. Weiter, nahezu grenzenloser Raum öffnet sich. Noch etwas Anderes, Undefinierbares scheint sich zu öffnen, es ist energetisch stark zu spüren; Leichtigkeit, eine Art von Schwerelosigkeit, in der ich mit allem verschmelze, umgibt mich. Ich erlebe das klare Gefühl, dass JETZT wirklich endlich Meditation, innerste Ruhe und Entspanntheit, die Innenschau, verbunden mit einem klaren Geist, beginnt. So, als ob all die Herausforderungen von zuvor bloß eine Vorbereitung dafür gewesen sind, bloß ein Test, um zu sehen, ob ich für das Abenteuer der Meditation bereit sei; ob ich Zugang zu mir selbst herstellen könne... Dafür allerdings musste erst mal der Müll, mussten einerseits zuerst einmal all die angestauten

Geistesformationen hochkommen können und andererseits danach gehengelassen werden.

Plötzlich höre ich ein Geräusch - "Klick". Goenkaji beginnt mit seiner tiefen, wohltuenden und beruhigenden
Stimme zu singen! Was? Die Stunde ist vorüber? Jetzt
schon? Das gibt´s doch nicht! Das kann doch nicht sein,
gerade jetzt, wo sich für mich alles so leicht und im Einklang anfühlt! Wie kann das sein? Wo doch die Stunde
erst jetzt so richtig meditativ angefangen hat? Und ich
dran bin an mir, an den wichtigen Einsichten, an all den
größtmöglichen Erkenntnissen!

Etwa zwei Minuten des Gesanges bleiben noch, dann
wird auch dieses Sitzen vorübersein, eines von unendlich
vielen.

"Sabba Ka Mangalam, Sabba Ka Mangalam, Sabba
Ka Mangalam, Hoye Re...!"

Mögest du glücklich sein. Mögen alle Wesen glücklich
sein. - Ich BIN glücklich. Sehr glücklich jetzt sogar. Für
nun ist alles mal wieder überstanden.

Ganz langsam beginne ich meine schmerzenden Knie,
meine Beine, meinen ganzen Körper zu bewegen. Ich
bleibe noch für ein paar Sekunden lang sitzen, meine
Knie habe ich nahe der Brust angewinkelt und ich mas-
siere sie ein wenig mit den Händen. Langsam spüre ich
wieder ein wenig Leben, Blut in sie zurückkehren. Dies
fühlt sich verdammt gut und erleichternd an.

Wiederum behutsam und vorsichtig erhebe ich mich
nun. Ich bewege mich wie ein alter Mann, einen Fuß
langsam vor den anderen setzend. Es ist mir fast unmöglich die Tränen, die meine Wangen runterströmen
wollen, zurückzuhalten. So viel Last, so viel Belastung
fällt von mir ab. Ich befinde mich an der Kippe dazu los-
zuheulen und ich bin mir dessen bewusst, dass, wenn ich

dies nun zulasse, mein Weinen wahrscheinlich lange andauern wird. Ich bin völlig fertig, fühle mich aber gleichzeitig `durchgeputzt´, leicht und klar.

Ich verlasse die Meditationshalle. All die anderen ebenfalls. Die Stille und die Energie hier, die aufrichtigen Bemühungen der meisten Studenten berühren mich, wirken wie Balsam auf meinen Wunden. Ich realisiere, dass wir alle zusammengehören. Dass wir alle durch die gleichen Schwierigkeiten gehen. Die gleichen Themen haben. Wir alle sind eins. Es gibt keine Trennung.

Bewusst jeden meiner Schritte setzend, gehe ich zu meinem Zimmer zurück. Bloßfüßig, die Augen auf den Boden geheftet, passe ich gut auf, dass ich mit keinem meiner Schritte irgendein kleines Tier, eine Ameise, eine Spinne oder einen Käfer töte, dass ich mit keinem un-bedachten Schritt irgendein Lebewesen vom Wunder des Lebens abtrenne. Ich weiß, dass ich für alle Wesen Sorge zu tragen habe und zwar so gut es eben geht.

Plötzlich erfahre ich eine Verlagerung, eine totale Veränderung meines Bewusstseins. Grenzen heben sich auf. Ich erfahre mich, mein Wesen, meine Wahrnehmung, meine Umwelt, mich selbst, in diesem einen Moment als völlig neu.

Ich erlebe mich als so klein wie eine Ameise, ja, sprichwörtlich als so klein wie eine winzige Ameise. Gleichzeitig breite `ich´ mich, breitet sich eine Energie um mich herum riesig aus, nahezu grenzenlos. Es besteht keine Trennung mehr zwischen mir und dem Außen. Einerseits erfahre ich mich als extrem klein, so, als wäre ich ins richtige Verhältnis zum Universum gerückt, und in dieser Sekunde wird mein Ego zertrümmert. Andererseits erlebe ich mich als unendlich groß, vom Universum gehalten, darin eingehüllt, geborgen und mit ihm verschmolzen und nicht als dieses davon getrennte `Ich´. Ich löse mich im Universum auf und bin gleichzeitig fixer Bestandteil davon. Ich betrete den grenzenlosen Raum, verschmelze mit ihm und bin doch ich, mein wahres Selbst und habe gleichzeitig das `Ego-Ich´, dem der Eintritt in diesen Raum nie möglich gewesen wäre, zurückgelassen.

Ich erfahre das gesamte Universum und mich als eins. Es gibt keine Trennung.

Alles ist eins.

Tränen rollen meine Wangen herunter.

Freudentränen.

5. FAHRT DURCH PAKISTAN

Wir, mein sehr guter Freund Mani und ich, kommen an der iranisch-pakistanischen Grenze an. Wir haben uns zuvor von jenem LKW-Fahrer verabschiedet, der uns zwei lange, extrem harte, weil irre heiße Tage durch die iranische Wüste bei zermürbend niedriger Geschwindigkeit, so um die durchschnittlichen 40-50 km/h, mitgenommen hat. Es ist unglaublich heiß, so verdammt unmenschlich heiß, es ist Ende Juli. Ich kann gar nicht sagen, wie viele Liter Wasser ich an diesen Tagen trinke, aber es sind viele, viele Liter täglich. Es ist eine nicht alltägliche Erfahrung. Man trinkt locker auf einmal einen dreiviertel Liter, setzt die Flasche ab und im selben Augenblick fühlt man sich schon wieder nicht nur extrem durstig, sondern nahezu am Verdursten, also so, als wäre nicht gerade eben eine Menge Flüssigkeit durch die Kehle gelaufen. Als ob das gesamte Wasser sofort verdunstet wäre, sich in Nichts aufgelöst, der Körper es sofort aufgenommen und verbraucht hätte.

Diese Erfahrung mit dem Wassertrinken und -verdunsten wiederholte sich ständig und wir konnten einfach nicht glauben, wie das möglich war. Ich meine, wo löst sich denn das Wasser so schnell auf? Wie kann man nur sofort wieder so durstig sein? Wie gibt es so etwas? Wie viele Liter muss man da noch in sich hineinschütten? Iranische Wüste... Willkommen.

Zu Fuß nähern wir uns dem iranischen Grenzposten, einem kleinen Gebäude, das vermutlich schon mal bessere Zeiten erlebt hat, so runtergekommen sieht es aus. Ein paar gelangweilte Soldaten stehen und sitzen am Boden um das Häuschen herum. Auf der Frontmauer des

Gebäudes steht in großen, r o t e n Buchstaben "Khomenei is great, kill USA!" geschrieben. Ein netter Empfang.

Wir bekommen einen Stempel in den Pass und die Soldaten lächeln uns freundlich zu. Niemals werde ich diese Wochen des Herumtrampens im Iran vergessen, niemals. Ich habe mich in dieses Land, insbesondere in die Perser selbst verliebt, sie sind ungemein angenehme, offene, gastfreundliche und intelligente Menschen. Ich weiß zwar nicht, ob und wann ich wieder den Iran bereisen werde, aber dessen Bevölkerung hat wahrlich mein Herz gewonnen.

Nach etwa 100 Metern Fußmarsch durch weiterhin absolut wüstenartige Einöde erreichen wir das nächste Gebäude - noch ein wenig mehr heruntergekommen - mit zerbrochenen Fensterscheiben und teils fehlendem Dach. Auch hier hängen ein paar Soldaten herum, sie spielen Karten, denn es gibt hier nicht viel zu tun. Nur wenige Menschen verirren sich zu diesem Grenzübergang. Die meisten Soldaten rauchen - und sie haben kein Lächeln auf ihren Gesichtern. Willkommen in Pakistan.

"Geht zum Hauptoffizier", werden wir angehalten und wir treten in diese Baracke ein, nicht ohne zuvor den großen Schriftzug an der Türe gelesen zu haben: "DEATH TO AMERICA!". Auch diese Zeile ist wieder in roter Farbe geschrieben, nur diesmal hat es mehr Ähnlichkeit mit richtigem Blut. Eines ist und war schon zuvor klar, Amerika und Bush Senior haben nicht allzu viele Freunde in diesem Teil der Welt (kein Wunder, absolut kein Wunder), auch wenn die pakistanische Regierung mehr oder weniger eng mit der amerikanischen zusammenarbeitet, was wiederum den Indern gar nicht gefällt.

Auch dies ist kein Wunder, absolut kein Wunder.

Kurz frage ich mich, ob die Amerikaner weltweit denn irgendwo wirkliche, nicht nur mit Geld gekaufte `Freunde´ haben?! Haben sie? Ok, die Israelis mal ausgenommen, die extrem vom Schutze Amerikas abhängig sind. Aber kann man selbst das wirkliche Freundschaft nennen?

Der Offizier lässt uns mit dem Rucksack am Rücken stehen. Wir sind sehr müde, durstig sowieso. Wir wollen versuchen, gleich nach der Grenze einen weiteren Lastwagen durch die Wüste, diesmal die pakistanische, bis zur nächsten größeren Stadt in Westpakistan, also Quetta, zu erwischen. Und das noch vor Einbruch der Dunkelheit. Lass´ uns gehen Mann, wir haben schon genügend tausende Kilometer hinter uns und dementsprechend viel Staub geschluckt. Gib uns den Stempel und lass´ uns gehen!

"Was ist eure Religionszugehörigkeit?"

Ich höre wohl nicht recht. Diese Frage überrascht mich, auf eine solche bin ich nicht vorbereitet gewesen. Es sollte zwar nicht lange dauern, bis ich mich an die Häufigkeit derselben in Pakistan gewöhnt habe, aber trotzdem, jetzt, in dieser meiner müden Gesamtverfassung, an diesem Wüstenort, in diesem kleinen, zerfallenen Steinhäuschen erwischt mich der Offizier damit am falschen Fuß. Was stöbert der da in meiner (a)religiösen Privatsphäre herum?!

Aber es ist klar, dass ich ihm antworten muss, die Frage ist nur: was? Ich bin mir dessen bewusst, dass, obwohl wir ein gültiges Visum für Pakistan haben, dieses dann überhaupt nichts wert ist, wenn uns ein schlecht gelaunter Grenzsoldat beziehungsweise Offizier schlicht und einfach die Einreise verweigern möchte. Daher aktiviere ich meine müden Gehirnzellen. Ich bin kein Katholik mehr, bin zum Glück aus der Kirche ausgetreten, als ich 15 Jahre alt war. Kann ich von mir behaupten, dass ich Buddhist bin? Streng genommen bin ich auch kein Buddhist, auch wenn ich mich sehr stark zur buddhistischen Lehre und Praxis hingezogen fühle. Und überhaupt, würde sich dieser Offizier etwa mit der Antwort eines Westlers, der behauptet, Buddhist zu sein, zufriedengeben? Was hat er schon als Muslim mit Buddhisten, mit Buddha oder gar Erleuchtung am Hut? Höchstwahrscheinlich gar nichts.

Aber trotzdem kann ich eines nicht tun, nicht sagen, diese Wörter dürfen einfach nicht aus meinem Munde herauskommen, sie wären solch eine Lüge. Nämlich, dass ich Muslim sei; und wahrscheinlich würde der Offizier uns langhaarigen Westlern dies auch nicht glauben, auch wenn er es vielleicht gerne hören würde.

"Gott ist meine Religion!" Das ist eine Ansage. Eine klare Aussage. Das ist eindeutig. Dem kann man einfach nichts mehr hinzufügen.

Der Offizier schaut uns mit seiner billigen Zigarette im Mund an und sagt etwas auf Urdu zu seinen Untergebenen. Niemand lächelt.

"Warum habt ihr beide lange Haare?"

Das gibt's einfach nicht. Er hat es schon wieder geschafft. Erneut hat er uns mit seiner Frage überrumpelt. Nun lachen die Soldaten. Wir stimmen ins Gelächter ein, wenngleich uns nicht wirklich danach zumute ist. Doch das Lachen hilft, die eben noch eisige Stimmung verfliegt. Vielleicht denken die Pakistanis ja auch, dass unser Lachen ein Eingeständnis zur Homosexualität ist, derer sie uns vielleicht, vielleicht auch nicht, verdächtigen. Es gibt viele Klischees, die sich fest und starr im Kopf vieler Menschen halten. Vielleicht hat der Offizier aber auch nur aus Neugierde gefragt. Wie auch immer, jedenfalls sind wir beide alles andere als schwul gepolt, doch es bleibt uns keine Zeit mehr für eine Antwort.

Wir erhalten unsere Pässe mit dem Einreise-Stempel zurück und der Offizier lehnt sich zurück, um sich wieder dem Fernsehfilm zu widmen. Ist dies nicht gar einer aus der Bollywood - Produktion? Erlaubt die pakistanische Regierung etwa, dass Filme vom großen Feind Indien angesehen werden dürfen? Sind wir tatsächlich in einem solch´ liberalen Land gelandet?

Wie auch immer. Unsere Mission hier ist erfüllt, gut gelaufen, wir treten wieder aus dem Gebäude heraus, der sandige Wind bläst uns ins Gesicht. Nun trennt uns nur noch das weite Pakistan von dem von uns angestrebten Ziel, von unserem geliebten Indien! Wie sehr ich Indien bereits vermisse, doch wir werden uns noch gedulden müssen: Schätzungsweise drei bis vier Wochen liegen realistischer Weise vor uns, bevor wir indischen Boden betreten werden.

Im Moment peilen wir jedenfalls Quetta an und wieder erwartet uns eine lange Fahrt durch die Wüste. Wüste, Wüste, Wüste! Sand, Staub, Wind... Ein paar Hundert Meter hinter dem Grenzposten befindet sich ein riesiges Freiluftareal, vollgeparkt mit hunderten Bussen, vorwiegend jedoch mit LKWs. Während wir staunend herumstehen, bläst uns der Wind weiterhin viel Staub ins Gesicht. Es herrscht hektische Aktivität auf diesem Platz, doch es ist uns nicht ganz klar, was all dieses geschäftige Ein- und Ausladen zu bedeuten hat. Zu diesem Zeitpunkt sind wir noch nicht so ausführlich über das intensive Schmuggelwesen, das zwischen den Ländern Iran, Pakistan, Afghanistan und Indien herrscht und Alltag bedeutet, informiert. Wir beobachten also eine Aktivität, die wohl weltweit verbreitet ist.

Ganz leicht finden wir einen LKW-Fahrer, der sich bereit erklärt, uns bis Quetta mitzunehmen. Er hat seinen LKW eher am Anfang des großen Areals geparkt. Überall befinden sich, wie erwähnt, LKWs, Busse, Autos und Taxis... Auch viel Staub, Mücken, schlechte Luft. Nicht nur der Staub macht uns zu schaffen, auch große Hitze brennt sengend auf unsere Körper herab. Der Fahrer sitzt am Fahrersitz, wir beide neben ihm, wir alle sind bereit für eine baldige Abfahrt und hoffen, von diesem gottlosen Platz so schnell wie nur möglich wegzukommen. Wir warten. Nach zwei Stunden warten wir noch immer. Wie schon so oft auf unserer Reise sind wir auch hier einer großen Geduldsübung ausgesetzt. Das Universum ist es nie müde, uns mit ein paar solcher Tests zu prüfen. Mehrere Male über den Zeitraum von einigen Stunden hinweg fragen wir den Fahrer, wann es denn nun endlich losgehen werde. Jedes Mal antwortet er schlicht, aber grinsend mit "Yes!" oder nickt bloß mit seinem Kopf. Im Laderaum dieses LKWs gibt es ein heftiges Treiben, Herumschieben, Verladen, zuweilen auch Geschrei. Ständig scheinen Kisten ein- und ausgeladen zu werden.

Wir sitzen in der (Zeit)-Falle. Wir wollen noch vor Einbruch der Dunkelheit wegkommen. Unsere Karten dafür scheinen aber nicht sehr gut zu sein.

"Ich, Muslim. Starker Mann. Du Religion?" Nicht schon wieder.

Nach sieben, s i e b e n extrem langen, heißen, staubigen Stunden, während denen unser Vertrauen in eine Abfahrt noch am selben Tag zu guter Letzt gebrochen wurde, schnappen wir unsere Rucksäcke und beeilen uns, möglicherweise doch noch eine andere Mitfahrgelegenheit zu finden. Es beginnt bereits zu dämmern. Noch immer hoffen wir Quetta, das etwa 12 Fahrtstunden entfernt liegt, am nächsten Tag vor Mittag zu erreichen. Wir sind völlig erschöpft und haben genug von Staub, Fliegen, Abgasen und Dreck.

Auch sind wir es leid, ständig über unsere religiöse Zugehörigkeit befragt zu werden, es scheint hier das Thema schlechthin zu sein. Für mich fühlt es sich einfach zu persönlich an. Fanatiker gibt es immer und mit denen ist nicht zu spaßen. Schon gar nicht, wenn's um Religion geht. Ich mag das einfach nicht, die Frage nach meiner Religiosität fühlt sich für mich nicht richtig an, für mich bedeutet sie eine Überschreitung meiner Privatsphäre.

Sind wir nicht in allererster Linie alle Menschen und daher auf dieser Ebene zu beurteilen und nicht aufgrund der Religionszugehörigkeit, eines Glaubens oder von Ritualen? Ist denn nicht etwa der Glaube jener Gottgläubigen, die davon ausgehen, dass bloß `ihr´ Gott der einzig wahre und allmächtige ist, eine der intolerantesten und unbewusstesten Annahmen? Noch dazu, wenn man all deren zerstörerische und oft tödliche Konsequenzen bedenkt?! Man braucht ja nur einen kurzen Blick auf die jahrtausendealte Vergangenheit zu werfen - und darf dabei auch die Gegenwart nicht vergessen.

Ich bin also der Frage nach meiner Religionszugehörigkeit überdrüssig, wie auch all jener Leute, die vorgeben, alles über `ihren´ Gott und alle anderen (niedrigeren oder nicht existenten) Götter zu wissen, die sich aber nicht im Entferntesten selbst (er)kennen, nicht sich selbst realisiert haben. Trotzdem aber versuchen sie, ihr Nichtwissen anderen Menschen gegenüber als absolute Weisheit, als Wahrheit zu verkaufen und bedienen sich hierbei verschiedenster, manipulativer Werkzeuge. Wenn es aus ihrer Sicht notwendig ist, dann sogar der Gewalt. Und all dies im Namen ihrer Religion, ihres Gottes. Was soll das bitte? Dies ist nicht nur eine riesengroße Schande, wenngleich diese Menschen diesbezüglich gar kein Schamgefühl zu empfinden scheinen, es ist wieder mal auch ein schmerzvoller Hinweis dafür, auf welch´ unglaublich niedriger Bewusstseinsebene sich die absolute Mehrheit der Menschheit befindet. Diese Menschen, welcher Religion auch immer, reden sich und anderen tatsächlich ein beziehungsweise lassen es sich selbst einreden - ein unheilvoller Kreislauf...-, dass sie bloß den Willen `ihres´ Gottes ausführen, also im Namen Gottes handeln. Na dann, bitte schön!... Gähn. So Gott will! Inschallah!

Vom Fahrer des allerletzten Busses, der abends diesen trostlosen, wenig einladenden Platz verlässt, werden wir letztlich auf der Sandstraße sprichwörtlich `aufgeklaubt´. Zu diesem Zeitpunkt hocken wir, vom langen, scheinbar sinnlosen Warten, der Hitze und der Müdigkeit völlig gezeichnet am Boden. Daher leisten wir der Aufforderung des uns aus dem Fenster zurufenden Busfahrers "Quetta, Quetta! sofort Folge. Tatsächlich haben wir Glück, denn es gibt noch genau zwei freie Plätze für die lange Nachtfahrt nach Quetta. Gleichzeitig haben wir jedoch nur Glück im Unglück, denn diese Plätze befinden sich in der allerletzten Busreihe. Jeder, der weiß, was DAS bedeutet, weiß eben genau, WAS das bedeutet. Vor allem auf einer Fahrt durch sandige, steinige Wüste. Durch pakistanische Wüste, durch die es keine wirkliche Straße in dem uns bekannten Sinne gibt.

Es sollte tatsächlich bis zum heutigen Zeitpunkt die für

mich allerschlimmste, herausforderndste, schmerzhaf-
teste und zermürbendste Busfahrt meines Lebens werden... So etwas hatte ich zuvor noch nie erlebt und
musste es danach auch nie wieder erleben. Es ist genau
eine dieser Erfahrungen, von denen man hofft, sie nie
persönlich am eigenen Leibe erdulden zu müssen...

Der Bus ist uralt, befindet sich in einem katastrophalen
Zustand, alles scheppert und klirrt, in Österreich würde er
mit absoluter Sicherheit bei einer Begutachtung kein
`Pickerl´ mehr für ein weiteres Jahr bekommen. Ah, um
genauer zu sein, er hätte auch sicherlich schon das letzte
Jahrzehnt über keine gültige Fahrberechtigungsplakette
mehr erhalten. Unter Umständen würde sich vielleicht ein
Schrotthändler noch gegen eine Aufzahlung zum Ver-
schrotten des Busses bereit erklären. Das wäre dann
aber auch das höchste Maß aller Dinge. Selbst die in
Österreich lebenden Afrikaner würden wohl Abstand
davon nehmen, solch´ einen Bus noch nach Afrika zu
schiffen. Aber - wer weiß... Das Fahrzeug ist an der
Grenze des Zusammenbrechens, es ist - wie in Asien
überall üblich - völlig überladen, doch es fährt noch. Das
Wie – nun ja, das ist eine andere Frage.

Kisten über Kisten (Was ist deren Inhalt? Was wird da
vom Iran nach Pakistan geschmuggelt, sorry, exportiert?)
sind auf dem Dach aufgestapelt und mit Seilen sicher
befestigt worden. Nahezu alle Fensterscheiben des
Busses sind zerbrochen oder nicht mehr vorhanden. Die
Straße selbst wiederum ist nicht nur sehr schlecht, sie ist
die reine Hölle. Es ist eine sandige, steinige, felsige
Wüstenstraße. Straße ist der falsche Ausdruck, Rum-
pelpiste trifft dafür viel eher zu. Es erfordert die allerhöchste Achtsamkeit vom Fahrer, nicht in eines der
zahlreichen, riesigen Schlaglöcher zu fahren und dabei

die Achse des Busses zu brechen. Intakte Stoßdämpfer sind schon sehr lange nicht mehr Bestandteil der jetzigen Busausstattung.

Die Nacht ist, wie so oft in der Wüste, plötzlich eiskalt. Der Bus ist ausschließlich von Männern bevölkert, viel Freundlichkeit schlägt uns nicht entgegen. Es herrscht eine angespannte Atmosphäre. Oder liegen nur unsere Nerven blank?

Wir fahren und fahren. Stunde um Stunde ist die Straße holprig, löchrig, uneben. Es ist eine verdammt gefährliche Fahrt, es ist einfach unmöglich, so etwas in Worte zu fassen. Immer wieder schlage ich meinen Kopf aufgrund der katastrophalen Straßenqualität am niedrigen Busdach an. Ich kann unmöglich sagen, wie viele Male ich sprichwörtlich aus meinem Sitz hochgeschleudert werde, mein Kopf gegen das Dach kracht und ich wieder zurückdonnere auf meinen Arsch auf den harten Sitz. Unzählige Male. Furchtbar schmerzhaft. An Schlaf ist unter diesen Umständen natürlich nicht zu denken. Ich versuche ständig mit beiden Händen meinen Bauch zu halten, zu beschützen, ihn quasi reinzudrücken, um zu verhindern, dass aufgrund der Erschütterungen meine Organe zu sehr durchgeschüttelt beziehungsweise verletzt werden. Kaum döse ich aufgrund meines totalen Schlafmangels ein, rächt sich das, indem ich wieder sehr unsanft durch das Anschlagen meines Kopfes an die Decke daran erinnert werde, besser wach zu bleiben und an die Sicherheit meines Lebens zu denken. Meinem Freund Mani ergeht es nicht besser. Wir sind beide völlig fertig, jeder für sich mit seinen Gedanken und den Schmerzen beschäftigt.

Von dieser Fahrt existiert ein Foto von mir, das Mani knipste, während ich für ein paar solcher Sekunden wegdöste, wegkippte. Ich habe es noch niemandem gezeigt und es auch nicht vor, zukünftig zu tun. Noch immer habe ich Schwierigkeiten zu glauben, dass ich derjenige sein soll, der auf dem Foto verewigt wurde. Auf diesem Bild bin ich die personifizierte Manifestation absoluten menschlichen Leidens. Dieser Ausdruck auf meinem schmerzverzerrten, entstellten Gesicht! Furchterregend und bedauernswert! Es ist wahrlich ein sehr deprimierendes Foto. Wenn ich es mir ansehe, komme ich nicht darum herum, mich Folgendes zu fragen: Wie kann man sich nur so etwas, also eine solche Irrsinnsfahrt, überhaupt antun? Warum nimmt man nicht einfach einen Direktflug von Wien weg, um nach etwa sechseinhalb Stunden gut ausgeruht und abgefüttert in Delhi zu landen? Warum begibt man sich in ein solches Abenteuer, das so viele Schmerzen und Gefahren in sich trägt?

Irgendwann am nächsten Vormittag kommt der scheppernde, krachende und rauchende Bus irgendwie in Quetta an. Wir steigen behutsam, kleine Schritte machend, aus. Mich schmerzt mein ganzer Körper, vor allem aber meine Organe. Ganz langsam gehen Mani und ich durch die sandigen, staubigen Straßen Quettas, den Rucksack auf unserem Rücken. Geschäftsinhaber sitzen vor ihren kleinen Läden und rauchen öffentlich Opium aus ihren Pfeifen. Überall gibt es ein reges Treiben an Menschen, sorry, Männern, Mopeds, Hunden, Pferden, Büffelkarren und Ratten; es gibt auch viel Schmutz, Gestank und sonstige Gerüche, irgendwie ergibt das Ganze ein ähnliches Bild wie in den Städten Indiens, nur wird hier das Straßenleben so gut wie ausschließlich von Männern dominiert - wo sind die Frauen??! Auch scheint es hier noch etwas mehr heruntergekommen zu sein... Also:

Anarchie pur. Hat natürlich auch etwas für sich.

Polizisten gehen und stehen herum, schütteln Hände mit den Opium rauchenden Geschäftsmännern. Größere Summen an Geld werden ganz offen hier und da übergeben, wechseln den Besitzer. Alles ganz ohne Scheu und Angst davor, etwa jemandem Rechenschaft oder eine (legale) Erklärung dafür schuldig zu sein. Ich bekomme das Gefühl, wieder einmal in eine funktionierende Anarchie, die sich ganz offen zur Schau stellt und etwaigen existierenden Gesetzen unverblümt ins Gesicht lacht, wenn nicht gar spuckt, hineingerutscht zu sein. Wie auch in Indien scheint sie tatsächlich lebbar zu sein.

"Wollt ihr Geld wechseln? Braucht ihr Haschisch? Heroin?"

Hey, nein, aber wir brauchen unbedingt ein Zimmer, irgendein Zimmer, jetzt sofort, wir sind saumüde, fix und fertig, wir müssen uns endlich ausruhen, duschen und mal wieder ausschlafen. Mein Freund Mani hat dasselbe Problem wie ich, dieselben Krämpfe und dieses stechende Ziehen: Unsere Organe schmerzen fürchterlich, noch nie zuvor hatte ich solche Schmerzen in der Bauch- und Magengegend. Jede kleinste Bewegung bedeutet ein Stechen, Ziehen, Zwicken und Drücken. Wir können nur ganz langsam gehen, vorsichtig gehen wir Schritt für Schritt weiter. Wir haben es dringend notwendig uns auszuruhen, uns hinzulegen, um unseren Organen zu gestatten, sich von all diesen zermürbenden Erschütterungen der vergangenen Busfahrt zu erholen. Wir brauchen zwei Betten! Niemals hätte ich solche Schmerzen, hervorgerufen durch eine Busfahrt, für möglich gehalten, niemals. Diese Busfahrt ist eine der vielen, vielen, weiteren Indizien dafür, dass wir uns in Asien und nicht in

Europa befinden, das ist ganz klar.

Es gibt keine Hotels hier, aber ein paar billigste Unterkünfte.

"Welcher Religion gehört ihr an?"

Eine weitere Absteige, die bloß Muslimen vorbehalten ist. Wir sind ehrlich überrascht darüber, ein paar Male von einigen Unterkünften abgewiesen zu werden und die Erfahrung machen zu müssen, dass die Zugehörigkeit der Religionsgemeinschaft darüber entscheidet, ob jemandem ein Zimmer, ein Bett zugestanden wird oder nicht. In welch´ einer Realität leben wir bitte?!? In der fünften oder sechsten Absteige wird uns dann Unterkunft gewährt, nicht ohne dass wir das Unvermeidliche gefragt werden, aber dennoch weist uns der vollbärtige Inhaber ein Zimmer zu. Ich bin darüber so heilfroh und dankbar, dass ich ihn umarmen und küssen könnte. Wir sind mit unseren Kräften am Ende, furchtbar durstig und die Organschmerzen durchdringen so sehr unsere Körper, sind so präsent, dass mittlerweile nahezu jede kleinste Bewegung unerträglich geworden ist. Ich mache mir tatsächlich Sorgen darüber, ob meine Organe verletzt sind. Den Gedanken daran, möglicherweise hier in Quetta einen uns vertrauenswürdigen Arzt oder gar ein Spital finden zu müssen, verscheuchen wir bereits beim Ansatz des Aufflammens.

Wir steigen, schleppen uns die Stufen zu unserem kleinen Zimmer in den ersten Stock hinauf. Nichts, außer zwei Betten befinden sich darin. Das reicht uns, das ist genau das, was wir brauchen, nicht mehr und nicht weniger. Sehr verschmutzte Leintücher, die unter Umständen IRGENDWANN einmal weiß waren, bedecken die uralten, durchgelegenen Matratzen. Wir sind jedoch viel zu erledigt, um in der Rezeption frische Bettüberwürfe zu erbitten, außerdem sind wir uns der Antwort, die man so oft in Asien zu hören bekommt, sicher: "Sie sind doch frisch! Von heute! Sind gerade gewechselt worden!" Wir kennen das. Und wir haben nun keine Geduld und keine Gegenargumentationskraft für solche Geschichten. Zum Schlafen brauchen wir nicht mal mehr eine Gute-Nacht-Geschichte.

Wir machen die Türe zu, können sie aber von innen nicht verschließen, und zwar aus dem einfachen Grund, da es keine Verschlussvorrichtung gibt. Kann man nichts machen. Wir stellen einen Stuhl, den wir am Gang finden, gegen die Türe und zwar unter die Türschnalle, um im Falle eines Eindringlings durch das Geräusch des Stuhls alarmiert zu werden. Wir erhoffen und erwarten einen solchen Fall zwar nicht, aber wer weiß schon.

Ich lege mich ganz vorsichtig nieder. Die Matratze und das Leintuch riechen ungut, jedenfalls am allerwenigsten nach Frische. Mir kommen Gedanken hoch, möglicherweise innere, organische Verletzungen erlitten zu haben. Ich denke dabei nicht nur an ein einziges, bestimmtes Organ, denn alle schmerzen gleichzeitig. Es sind solch´ stechende, krampfartige Schmerzen, die ich mir einfach nicht stärker vorstellen kann. Gleichzeitig bedeutet die Möglichkeit, mich endlich auf einem Bett ausstrecken zu können, eine wahre Wohltat, einen Segen und ich stelle mich auf eine stundenlange, zeitlich unbefristete Erholung, auf Schlaf und damit verbundene Heilung ein, ohne irgendetwas tun zu müssen... Mani hat sich unter lautem Stöhnen auf sein Bett gelegt, auch ihm ist sein Lachen vergangen. Er schaut gealtert aus, stelle ich fest, als ich noch kurz zu ihm hinüberschaue. Und seine strohblonden langen Haare wirken auf einmal grau.

Ich schließe meine Augen. Meine Hände habe ich auf

dem Bauch platziert und nahezu augenblicklich befinde ich mich daraufhin im Traumland. Wenn man so müde ist, muss das Unbewusstsein erst mal alles verarbeiten. Auch alle Traumata. Und sicherlich eine solche Busfahrt.

Plötzlich werden wir durch ein lautes Türklopfen aus dem Schlaf gerissen. Unter normalen Umständen hätte mich dieses feste, intensive Hämmern an der Türe sofort in die Sitzposition katapultiert, aber ich kann mich nicht bewegen. Bevor wir noch antworten können, obwohl wir das eigentlich nicht wollen, befinden sich bereits vier pakistanische Männer in unserem Zimmer. Vier Sesseln und zwei volle Whisky-Flaschen bringen sie ebenfalls mit. Unser Sicherheitsstuhl hat seine Aufgabe, Eindringlinge abzuhalten, nicht erfüllen können.

Was ist, bitte? Dürfen wir jetzt etwa nicht schlafen? Seht ihr nicht, dass wir uns JETZT einfach ausrasten, schlafen müssen, ja müssen? Hallo? Wer seid ihr eigentlich? Wisst ihr etwa nicht, dass dies UNSER Zimmer ist, was soll das, was macht ihr hier, raus mit euch! Kein Geschrei!

Aufgeregt fragen die Eindringlinge, die ungeladenen Gäste in ärmlichstem Englisch, woher wir kommen, vielleicht von Amerika? Und gleich:

"Amerika nicht gut! Sehr schlecht! Amerika großes Problem! Bush ein Teufel! Ein Hund! Ein Hurenhund! Wollt ihr Whisky? Wollt ihr hier leben? Geschäfte machen? Braucht ihr Drogen?"

Uns bleibt nichts anderes übrig, als so bündig wie nur möglich Rede und Antwort zu stehen, aber machen es ganz klar, dass wir momentan alleine gelassen werden wollen, absolute Ruhe benötigen. Sollten sie dies möglicherweise verstanden haben, so ist jedenfalls rein gar nichts davon zu bemerken. Einer der Pakistanis lehnt sich auf seinem Stuhl ein wenig vorwärts und fragt mit fester, fast fordernder Stimme: "Ihr auch Muslims? Eure Religion Allah?"

Jetzt beginnt mich auch noch mein Kopf zu schmerzen. Wahrscheinlich vor Wut. Ich höre Mani, der mir einen resignierten Blick zuwirft, aufseufzen. Ich meine, was ist ihr verdammtes Problem? Lasst uns in Ruhe! Wie unglaublich stark diese Menschen religiös konditioniert sein müssen, wie sehr diese Gehirnwäsche ihr gesamtes System infiziert hat! Aber nicht nur in Pakistan, dies trifft auf Menschen verschiedenster Glaubensrichtungen überall auf der Welt zu! Können Menschen im Allgemeinen nur irgendeinen guten, vernünftigen, der Zeit entsprechenden Grund dafür finden, ständig Scheuklappen gegenüber allen und allem, was anders – ob religiös oder nicht - ist, aufzusetzen? Und als Konsequenz Vorurteile kreieren? Es möge mich bitte niemand falsch verstehen, es ist überall dasselbe, nicht nur bei den Muslims ist es so, sondern genauso bei den Christen, den Juden, den Hindus, Buddhisten, Sikhs und so weiter. Auch bei den sogenannten Ungläubigen, da wiederum mit umgekehrten Vorzeichen. Alle (also nicht nur die Juden!) von ihnen sind der festen Überzeugung, dass sie die wahrhaft Auserwählten Gottes sind, dass bloß sie den Apfel der absoluten Wahrheit gegessen haben. So langweilig. So übel. Aber auch so gefährlich. Und die `anderen´? Bloß eine Art Zweitklassen-Gesellschaft an (Un)Gläubigen...

So, was bedeutet das nun zum Beispiel für einen Muslim-Geborenen? Seiner (konditionierten) Ansicht nach meint es Gott äußerst gut mit ihm, als Diener Allahs, dem einzig wahren Gott, geboren worden zu sein. Denn sein Gott ist ja allmächtig, unvergleichlich und absolute Wahrheit. Aus der Perspektive der Andersgläubigen aber ist der als Muslim-Geborene nicht so glücklich einzuschätzen, weil er eben an den Islam glaubt und nicht andersgläubig ist - das sind genau die Gründe, die Moslems wiederum veranlassen zu glauben, privilegiert zu sein.

Das ist ein weiteres Beispiel für die extrem niedrige Intelligenz der Menschheit auf diesem Planeten, die existierende extreme Intoleranz und den absoluten Mangel an wahrer Einsicht, an Innenschau. Es ist ja wahrlich kaum zu glauben, dass Menschen einander seit bereits Tausenden von Jahren auf einer solch´ niedrigen, unreflektierten, völlig beschränkten Ebene gegenübertreten. Sich verfeinden und bekriegen. Nichts scheint sich zum Besseren, zu mehr Toleranz, Akzeptanz, Sanftheit und Mitgefühl zu verändern, da sich religiöser Fanatismus und Fundamentalismus weltweit im Anstieg befinden und hierbei keinerlei Grenzen ihrer destruktiven Kräfte existieren. Für viele scheint ja die Ausübung von zum Beispiel `religiöser´ Gewalt (der Widerspruch, das Paradoxon an sich!) der Ausdruck wahren Gottesglaubens zu bedeuten, da sie der Meinung sind, einen `heiligen´ Krieg im Namen Gottes zu führen, der sie auch spirituell auf eine höhere Stufe der Evolution, gar auf eine andere Daseinsebene und in andere – bessere - Welten bringen wird.

Überall auf der Welt gibt es religiös- und politisch-fundamentalistische Strömungen. Jene sind stark im Vormarsch, radikale Gruppierungen freuen sich über einen regen, stets ansteigenden Zulauf vieler Menschen. Aber auch Länder und Regierungen, die offiziell gegen religiösen Fundamentalismus, der sich gewaltbereit zeigt, auftreten, verkörpern oft in Wahrheit ebenfalls ein Weltbild gewalttätiger Ideologien. Selbst wenn sie es zum Beispiel unter dem Deckmantel "Krieg gegen Terrorismus" verschleiern und rechtfertigen wollen.

Ich erkläre unseren Gästen so klar es mir möglich ist, dass ich weder Muslim noch irgendetwas anderes sei, da ich nicht einmal wisse, wer ich wirklich sei, außer jene Person mit dem mir von meinen Eltern verabreichten Namen `Markus´. Ich führe aus, dass ich es in gewisser Weise satt habe, ständig aufgrund meiner Religionszugehörigkeit kategorisiert zu werden, dass ich mich dennoch sehr darüber freue, dass sie uns alle besucht haben, um uns nette Gesellschaft zu leisten, doch dass für uns nun und den ganzen Tag über keine Möglichkeit bestehe, das Treffen weiterzuführen, da wir ausschließlich für uns alleine die Zeit und Ruhe benötigten, da wir tausende an Kilometern bisher getrampt seien. Ich spüre regelrecht, wie Mani trotz all der Schmerzen und der grotesken Situation aufgrund meines Monologes in sich reinlachen muss. Ich habe keine Ahnung, ob die Pakistanis meinen Ausführungen folgen können.

"Inschallah!" ruft einer, nochmals tauschen wir unsere Namen aus und mir werden nach meiner langen Rede, von der sie eben weiß Gott wie viel verstanden haben, enthusiastisch die Hände geschüttelt. Der Zeitpunkt des Abschiednehmens und der Trennung ist also gekommen. Die vier Männer kündigen an, am nächsten Morgen auf eine Tasse Tee vorbeizukommen und wir müssen ihnen wiederum das Versprechen abgeben, auf sie zu warten; danach verabschieden sie sich erneut, alle vier rufen nochmals "Inschallah" aus (ich frage mich, ob dies noch immer auf meinen kurzen Vortrag bezogen ist, und was sie nun t a t s ä c h l i c h verstanden haben...) und schließen dann die Türe hinter sich zu. Was übrigbleibt ist angenehme Stille. Nur das. Das ist es, was wir brauchen.

Ich will wieder meine Augen schließen.

Endlich sind wir uns selbst überlassen. In unserem Raum. Irgendwo, in diesem gottverlassenen Quetta. Mein guter Freund Mani und ich tauschen einen letzten Blick miteinander aus. Wir müssen beide lachen, nicht ohne jedoch uns dabei den Bauch zu halten, um die Erschütterungen der Lachwellen, die unsere Organe strapazieren, zu minimieren. Dann schließe ich erneut meine Augen. Bald träume ich, ich würde die Grenze von Pakistan nach Indien überschreiten. Wie üblich, stehen überall Soldaten herum. Sie tragen große Turbane, es sind Sikhs. Alle lächeln sie mich an. Noch bevor sie meinen Pass kontrollieren, bieten sie mir Masala-Tee an, wie üblich mit einer Überdosis Zucker. Je mehr Zucker, desto mehr ist es mit Sicherheit indischer Tee. Glücklich nehme ich ihre Einladung an. Ich fühle mich völlig entspannt, nicht mehr so angespannt, wie es tatsächlich beim Grenzübergang vom Iran nach Pakistan der Fall gewesen ist.

"Wie heißt du?"

"Markus."

"Woher kommst du?"

"Aus Österreich." (From Austria.)

"Ah, Australien! (Ah, Australia!) Sehr gut! Spielst du Cricket?"

"Nein, nein, nicht aus Australien (Australia), aus ÖSTERREICH (AUSTRIA), Europa (Europe), aus Wien!"

"Ah, aus Sydney! Sehr gut! Mein Bruder lebt jetzt auch dort! Du kannst dort meinen Bruder treffen! Ich habe viele Brüder!"

"Ah, oh,..."

"Bist du verheiratet?"

"Nein."

"Aber eine Frau ist gut, weißt du, man kann viel Spaß mit einer Frau haben!"

Viel Gelächter der herumstehenden Soldaten. Ich nicke zustimmend und stimme ins Lachen der anderen ein.

"Oder magst du keine Frauen?" –

"Oh ja, ja, aber..."

"Kein Problem, deine Eltern werden schon noch eine für dich finden! Nun aber Passkontrolle! Willkommen in Indien! Genieße es!"

Es kann alles so leicht, so einfach im Leben sein. Selbst jetzt, während ich träume und schwebend die Grenze passiere und mir unzählige wunderschöne indische Frauen zulächeln und zuwinken, wärmt die Lieblichkeit von Indiens Herzen mein eigenes auf.

So lieb(lich), so süß.

Indien.

6. EIN ÄNGSTLICHER TRAUM

Ich befinde mich irgendwo in Indien. Es spielt überhaupt keine Rolle wo genau. Ich befinde mich in diesem Land, das ich mir für meine Reisen, für mein Leben ausgesucht habe. Doch es scheint so zu sein, dass in Wirklichkeit dieses Land mich ausgesucht hat, sodass ich es immer wieder bereise, immer wieder dort lebe. Vielleicht ist es auch eine sich ständig in Gang setzende Wechselwirkung. Seit vielen Jahren jedenfalls werde ich wie magisch von Indien angezogen und noch immer ist kein Ende in Sicht, noch immer gibt es diesen Reiz, dieses Kribbeln am ganzen Körper, wenn ich mich wieder mal aufmache, um von Mother India empfangen zu werden.

Ich bin gerade erstmals in Delhi angekommen. Wir schreiben das Jahr 1989. Ich bin im Main Bazar, Pahar Ganj, abgestiegen und sitze stundenlang in einem Chai-shop, im `Khosla´ herum. Das `Khosla´gilt als der Treffpunkt aller Langzeitreisenden, um sich dort auszutauschen. Zu erzählen gibt es immer genug, Erfahrungen sammelt man bekanntlich in diesem Land so schnell wie Gelsenstiche. Langsam trinke ich einen Chai nach dem anderen und schaue, beobachte, schaue, beobachte. Es gibt so viel Neues zu sehen. Eigentlich ist praktisch alles neu - aber irgendwie tief in meinem Inneren mir wohlbekannt und vertraut. Ich k e n n e dieses Land, ich kenne diese Energie, die von ihm ausgeht, ich kenne das Chaos hier, diese Komplexität, ich kenne die Großartigkeit. Ich kenne und liebe dieses Land.

Ich erinnere mich noch genau daran, als ich am dritten Tag meines Aufenthaltes in Delhi eine Frau aus der

Schweiz traf, die schon seit vielen Jahren Indien bereiste. Sie prägte mir folgenden Ausspruch ein: "Entweder hasst man dieses Land, dann haut man schnell wieder ab oder man liebt es, dann wird man immer wieder kommen. Es gibt nichts dazwischen." Ich liebe dieses Land. Nichts liegt zwischen mir und meiner Liebe zu diesem Land. Fast nichts...

In Indien besteht ein großer Unterschied zwischen Theorie und Praxis: Auf dem Papier ist Indien die größte Demokratie der Welt, doch dieser Anspruch relativiert sich sehr schnell, wenn man hinter den Vorhang blickt beziehungsweise mit dem Alltag vertraut ist. Denn in Wahrheit wird Indien von uralten Ideologien, Glaubenssystemen, extrem tief festsitzenden Konditionierungen aller Art, dem überall allmächtigen Kastensystem (dem Gift der Ungerechtigkeit schlechthin...), den verschiedenen Klassen, Sekten, Religionen, natürlich Familienbeziehungen und -verbindungen - ja: Die Familie, und nur die Familie zählt! - und der Korruption regiert. Das alles ist klar, liegt auf der Hand, ist offensichtlich und eigentlich unbestritten. Trotz dieser Umstände, Missstände, ist es umso überraschender und faszinierender, dass Indien eine funktionierende Anarchie ist. Man frage nicht nach dem `wie´, keine Regeln sind hierfür niedergeschrieben worden, sie funktioniert einfach. Wie geschmiert. Die Inder selbst fragen auch nicht zu viel nach, sie handeln einfach; und wenn es darum geht die eigene Regierung und deren Gesetze zu hintergehen, zu brechen, dann sind sie besonders schlau, innovativ und inspiriert. Denn von einer Anarchie, in der man davon ausgeht, dass sie keine Regeln und Gesetze kennt, erwartet man auch nicht, dass solche exekutiert werden. So einfach ist das.

Zuweilen folgen die Inder einfachen, sogar logischen Gedankenmustern.

Ich liebe das vegetarische Essen. All diese verschiedenen Köstlichkeiten, besonders die nordindischen Gerichte. Dabei darf ich nicht auf die duftenden, ofengemachten Chapatis, die Masalas (Soßen), die Gewürze, in moderaten Mengen genossen, vergessen. Ich mag diese kleinen, typisch indischen Restaurants mit ihren lokalen Gerichten. Zumeist werden diese nur von Indern aufgesucht, da sie in keiner Weise westlichen Standards entsprechen. Es ist schon wahr, oft sind sie recht dreckig, Sitzkomfort ist ein Fremdwort, die Kellner schleichen herum wie Schlafwandler, es herrscht viel Lärm, die Tische sind zumeist von den vorigen Gästen noch angepatzt mit Essen und werden nicht ordentlich abgewischt, aber man bekommt zumeist gute, authentische indische Mahlzeiten serviert und diese sehr schnell.

Es stimmt schon, es kommt schon vor, dass man ab und zu auf ein winziges Steinchen, das sich zum Beispiel im Linsengericht befindet, beißt und dadurch ein Stück eines Zahnes abbricht, aber was soll's, solange man versichert ist, ist alles kein Problem! Zumeist ist es in einem solchen Falle jedoch empfehlenswerter, erst dann einen Zahnarzt aufzusuchen, wenn man sich wieder im Westen befindet. Oder aber, wenn der Zahnarztbesuch keinen Aufschub duldet, betet man zuerst, sucht sich danach einen indischen Arzt aus und hofft, dass das Gebet erhört wurde und Gott diese Wahl mit beeinflusst hat. Keine Frage, der Besuch bei einem indischen Zahnarzt ist in den allermeisten Fällen eine (Lebens-) Erfahrung an sich. Auf die nicht existierenden hygienischen Bedingungen will ich dabei gar nicht erst eingehen. Ich selbst bin schon ein paar Male in den Genuss solcher nahezu psychedelischer Erlebnisse gekommen. Vielleicht werde ich in Zukunft mal ein paar dieser Grenzerfahrungen auf Papier bringen. Mitgefühl und Bewunderung von Seiten der Leser werden mir dann jedenfalls sicher sein. Nur so viel für jetzt: Es dreht sich alles um die Frage, wie viel man zu ertragen und zu akzeptieren imstande ist. Wo die persönliche physische und psychische Belastbarkeitsgrenze liegt...

Ebenfalls stimmt es, dass es schon mal vorkommt (nicht mal so selten!), dass man einzelne Haare, kleine Metallsplitter oder das eine oder andere tote Insekt im Essen vorfindet, es ist so, als ob alles möglich sei - sab kuch milega! - man mache sich nichts daraus. Denn immerhin, zumeist schmeckt das Essen sehr gut.

Ich liebe auch dieses uralte Wissen der verschiedenen Religionen und spirituellen Schulen dieses Landes, mit deren Hilfe es auch möglich ist, die innere Suche zu beginnen, die Suche nach etwas, was unabhängig vom Außen ist. Etwas, das wir einerseits vergessen haben und daher nun irrtümlicherweise unsere Persönlichkeit, unser Ego für unser vergessenes Selbst halten. Welch´ großer, fataler Irrtum! Wenn man also den inneren Ruf erhört und sich auf den spirituellen Weg macht, dann kann Indien unterstützend wirken. Man muss nur ein bisschen aufpassen und die Augen offen halten, um nicht auf das allererste `Guru´- Angebot reinzufallen. Solche Angebote gibt es zahlreiche. Auch auf dieser Ebene gibt es viel Humbug. Und natürlich viel Geschäftemacherei.

Aber es gibt auch ein paar authentische, spirituelle Weisheit vermittelnde Lehrer, wahre Meister.

Ich befinde mich irgendwo am Strand, es ist Neujahr, nachts, viele Westler und Inder feiern gemeinsam in kleinen Gruppen oder auch alleine um Kerzen herumsitzend (die Polizei untersagte das Entzünden von Feuerstellen und wird auch bald erscheinen, um selbst die Kerzen zu löschen!) Meine Kerze hat soeben den letzten Atemzug getan, ist völlig abgebrannt, so blicke ich umher, ob mir jemand eine neue geben kann. Ich sehe einen Inder, der mit seiner Frau, den zwei Kindern, drei Kerzen und einer nahezu leeren Whisky-Flasche in der Nähe sitzt, ich meine mehr liegt als sitzt, und entscheide mich, ihn um eine Kerze zu bitten.

"Bitte, bitte, ja, natürlich! Nur zu! Meine Kerzen sind deine Kerzen! Setz´ dich zu uns! Woher kommst du? Ah, ja? Und deine Frau? Nicht verheiratet? Bitte, ja, nimm´ eine Kerze! Wir Inder haben ein helfendes Gemüt, helfende Hände! Wir helfen gerne! Willst du Whisky? Ich bin Hindu!"

Ich mag das. Die letzte Äußerung von ihm ist zwar ein wenig unnötig (es zeigt wiedermal, wie tief verwurzelt ihr Glaubenssystem ist, mit dem sie sich völlig identifizieren), aber ich schätze die indische Großzügigkeit, die Selbstverständlichkeit, mit der sie mit anderen teilen (zumindest mit Westlern), ihre Offenheit (solange sie nicht konvertieren müssen, aber selbst hierbei sind sie zuweilen recht flexibel...) und ihre Toleranz anderen Leuten, Lebensstilen, Kulturen und Religionen gegenüber. Ich schätze auch die indische `Unschuld´, die oft in kindlichem Benehmen ihren Ausdruck findet, ihre spontanen Gefühlsbezeugungen, weniger ihr lautes Gebaren, zuweilen ihre Neugierde. Manchmal kann diese natürlich auch recht anstrengend sein, wenn sie als Folge dessen die Privatsphäre anderer nicht respektieren, was vor allem dann ärgerlich ist, wenn man gerade sehr müde ist oder den Wunsch verspürt, alleine gelassen zu werden. Doch sie bleiben um einen herum, überall, sie setzen sich neben einen, zumeist besteht dabei kaum körperliche Distanz. Inder kennen keinerlei Berührungsängste, schon gar nicht bei westlichen Frauen. Das mag ich nicht, doch was soll dieses ewige "das mag ich, das mag ich nicht", es ist wie es ist. Indien ist nun mal nicht unbedingt das Land, das individuelle Vorlieben, eigenen Raum und Selbständigkeit hervorhebt, sondern eben ein Land, in dem fast alles auf der Ebene des Kollektivs geschieht.

Wie ich schon mal angedeutet habe, ist es die Familie, die zählt, nicht das Individuum, da dieses eben bloß ein Teil dieser größeren Einheit ist. Daher werden sehr oft individuelle Interessen denen des Familienbundes untergeordnet. Dies wiederum triggert häufig einige Emotionen bei den Westlern, da die indische Lebenseinstellung im klaren Gegensatz zu einem Fundament der westlichen Weltanschauung, in der sich nämlich das Individuum und seine persönlichen Rechte im Vordergrund befinden, steht.

Ich liebe die Freiheit, die ich als Westler in Indien genießen darf. Es stimmt schon, man muss sich zwar auch in Indien i r g e n d w i e benehmen, aber gerade für westliche Touristen gibt es in Bezug auf das `wie´ keine klar definierten Regeln, da uns die Inder einer anderen Kultur, einer anderen Lebensart zugehörig ansehen. Andere Länder, andere Sitten. Daher genießen wir doch eine Menge Freiheit. Die Inder kümmern sich auch nicht sehr um unser verrücktes Verhalten (siehe Toleranz...), sie beurteilen es oft nicht einmal und unsere Freiheit des individuellen Ausdrucks ist nahezu grenzenlos; ja wir genießen quasi einen Narrenfreiheitsstatus. Man kann dies auch als Vogelfreiheit bezeichnen.

Gut, heutzutage erwartet man schon von uns, dass wir

uns nicht mehr, so wie es noch in den 70er und 80er Jahren üblich gewesen ist, nackt auf den Stränden Goas rekeln und dass wir auch keinem Polizeibeamten den Rauch eines Joints ins Gesicht blasen. Selbst mit letzterem Verhalten könnte man unter Umständen noch unbescholten davonkommen, völlig abhängig davon, wo in Indien und unter welchen Umständen dies geschieht und wie viel Bakschees man zu zahlen bereit ist. So wie überall auf der Welt befinden sich auch unter den indischen Polizeibeamten selbst einige Charas-Konsumenten, was aber natürlich nicht öffentlich zur Schau gestellt wird…

Wir Westler haben also in Indien die unbezahlbare Chance erhalten, viele unserer neurotischen, unterdrückten Tendenzen auszuleben, ohne fürchten zu müssen, in eine geschlossene Klinik weggesperrt und mit Medikamenten vollgestopft zu werden. Wir werden uns quasi selbst überlassen und uns werden Dinge mit Nachsicht vergeben, für welche Inder selbst sehr wohl von der Öffentlichkeit verwarnt oder gar bestraft werden würden. Zuweilen wird uns sogar nahezu demütiger Respekt entgegengebracht, schlicht und einfach aus dem Grunde, da wir aus dem chancenreichen Westen sind, dessen – vor allem materielle - Standards weiterhin ein für viele Inder anzustrebendes Ziel darstellt. Wir Westler haben auf der materiellen Ebene solch´ großartige Fortschritte gemacht, die den Indern Vorbild sind, daher machen sie uns ob unseres zuweilen ein wenig exhibitionistischen Verhaltens keine wirklichen Vorwürfe. Ich meine, die Engländer haben in Indien gar die Eisenbahn bauen lassen, daher dürfen wir uns noch immer ein wenig auf diesem Bonus ausruhen!

Diese Toleranz hat auch mit der wunderbaren Tatsache zu tun, dass in Indien Verrücktheit, selbst Wahnsinn nicht als etwas Außergewöhnliches, Fremdartiges, Gefährliches oder gar sozial Bedrohliches angesehen wird, sondern als Teil der menschlichen Psyche. Daher besteht auch kein handfester Grund dafür, solche Menschen gleich hinter Gittern wegzusperren, weil auch ein solches Verhalten und solche Geisteszustände als Bestandteil der gesamten menschlichen Existenz gelten. Und zwar als ein solcher, der nicht verleugnet werden darf, da auch dieser von Gott - und Gott alleine - erschaffen wurde. Daher die Frage, warum man sich Kopfzerbrechen wegen Mitmenschen machen soll, bloß weil sie andere Verhaltensmuster zur Schau stellen? Es ist ja alles nur `lila´, ein Spiel Gottes.

Auch diese Einstellung mag ich. Letztlich wissen die Inder über `lila´, das große Spiel, die Illusion der Welt, von Gott kreiert, Bescheid. Wir alle sind ultimativ gesehen nichts als Puppen auf Fäden an den Fingern Gottes hängend und er zieht mal den, mal jenen Faden, ganz abhängig von unserem Karma. Daher ist auch alles ok, alles in Ordnung, alles hat seinen Grund und seine Berechtigung. Gott sorgt sich um alles, daher braucht man sich selbst nicht allzu angestrengt die Gehirnzellen zu zermartern. Das ist überflüssig, führt zu nichts, denn nichts wird durch auf Hochtouren arbeitenden Gehirnzellen geändert. Es gibt daher kein Problem in diesem Land (es gibt v i e l e Probleme!), weil letztlich selbst auch ein `Problem´ gottgewollt und daher eben k e i n Problem ist. Sein Wille allein lenkt uns, lassen wir es also zu, geführt und gesteuert zu werden und das Unvermeidliche zu akzeptieren.

Es ist ein Spiel, zugegebenermaßen, ja und es wird daher viel leichter gespielt, wenn man die Spielregeln kennt und sich nach ihnen richtet. Ohne Widerstände. Ist man dazu imstande, bedeutet dies eine Art Tod unserer Persönlichkeit, unseres Egos, das ohnehin viel zu sehr unser wahres Selbst maskiert. Das leichte, sanfte Fließen im unendlichen `lila´ kann dann stattfinden.

Ich bin in Chennai, Ajmer, Delhi, Mumbai, Bangalore, Poona, in großen Städten voller Slums... Ich verlasse diese Städte genauso, wie ich gekommen bin, nämlich mit dem Zug. Vom Fenster aus betrachte ich diese Slums, diese unzähligen, aneinandergebauten, heruntergekommenen, schlichten Baracken aus Lehm, Holz, Plastikplanen, Blättern, Aluminium und immer wieder Plastik. Eine Behausung nach der anderen, in einer scheinbar unendlich langen Reihe aufgefädelt, schnell aufgebaut und ständig in Gefahr, jederzeit wieder von den Behörden ohne Vorwarnung abgerissen zu werden. Heute leben deren Einwohner noch dort, aber morgen? Was wird das Morgen bringen? Werden die paar Habseligkeiten noch in der Hütte oder wird alles bereits vom Bulldozer niedergewälzt sein? Heute hier noch eine gewisse Zukunft, die gewisse Möglichkeit für eine Zukunft, aber morgen? Wo ein Dach für die sieben-köpfige Familie finden?

Ich gehe auf den Wegen zwischen den Behausungen der Slums durch, ich lese über sie, ich denke über sie nach. Ich sehe viele, viele Kinder, die außerhalb der Hütten, die ihnen ein Minimum an Unterkunft, Heim und Sicherheit bieten, herumlaufen und spielen; und sie lachen. Eine Zukunft ohne viel Hoffnung. Doch diese Kinder scheinen voller Hoffnung zu sein: Ihre wunderschönen, großen Augen leuchten, sie haben ein riesiges Lächeln auf ihren Gesichtern, sie strahlen absolute Lebendigkeit aus. Sie selbst sind der Inbegriff für Hoffnung, sie symbolisieren diese schlechthin. Ihr wahres Zuhause sind die

Straßen und deren gibt es viele, unzählige in diesen Städten; die Kinder wachsen auf ihnen auf, da gibt es keine Grenzen, wieso sollen sie sich daher eingeengt fühlen? Sie sind die kleinen Könige der Straßen...

Ich schaue diesen Kindern gerne zu, so lebendig, voller Energie wirken sie, (noch) nicht niedergeschmettert von der zumeist so harten und brutalen indischen Realität des täglichen Lebens. Solange es diese Kinder schaffen, ihre Hoffnung aufrechtzuerhalten besteht die Möglichkeit, dass sie die Bestimmung ihres Lebens finden können, dass sie es schaffen, aus der momentanen Vorverurteilung, ein Slumbewohner ohne Chancen zu sein, rauszukommen. Ich hoffe mit ihnen, denn ich bin der Meinung, dass sie es sich verdient haben, mal eine andere Realitätsebene erfahren zu dürfen als jene, die ihnen ständig aufzuoktroyieren versucht, dass sie wertlos, minderwertig, chancenlos und unberührbar sind. Menschen vierter Klasse also.

Ich sitze im Flugzeug. Gerade zuvor habe ich es bestiegen. Es ist der Flug von Delhi zurück nach Wien. Irgendwas fühlt sich nicht gut, falsch an. Irgendwas i s t nicht gut, falsch. Was nur? Ich fliege bereits zurück? Wieso? ICH WILL ABER NOCH NICHT! Nein! Es ist noch zu früh, meine Zeit in Indien kann unmöglich bereits abgelaufen sein, nein! Ich schwitze fürchterlich, Angstschweiß bricht aus allen meinen Poren hervor. Wie soll das möglich sein? Wie kommt es überhaupt dazu, dass ich mich plötzlich im Flieger befinde? War es nicht geplant gewesen, dass ich meine Reise in Indien noch fortsetzen sollte? Irgendwas stimmt da nicht, irgendwer muss mich reingelegt haben! Was geschieht da mit mir? Irgendeine Kraft, der ich mich standhaft zu widersetzen versuche, hat mich in dieses Flugzeug gebracht! Ich will aber nicht fliegen, ich will SOFORT wieder aussteigen!

Ich höre nicht auf zu schwitzen, mein Herz rast. Bitte, bitte, lieber Gott, bitte tu´ mir das nicht an! Nicht jetzt schon! Ich will noch nicht zurück nach Österreich, es ist mir zu früh, meine Seele kann mein Indien noch nicht verlassen! Das war so nicht ausgemacht, das kann sich unmöglich im Einklang mit meinem karmischen Plan befinden! Unmöglich! Ich möchte noch in Indien bleiben! Und ich will jetzt wirklich sofort aus dem Flugzeug aussteigen! Noch hat es sich nicht in die Lüfte erhoben, noch stehen wir mit all den Rädern auf dem Boden. Macht mir bitte unverzüglich die Türe auf, ich ertrage es nicht länger, mich in diesem Riesenvogel zu befinden! Sieht denn niemand, wie sehr ich mich aufrege, wie ich von Angst schweißdurchtränkt bin, hört mich niemand flehen?

In dem Augenblick, in dem das Flugzeug abhebt, wache ich abrupt, noch immer mit rasendem Herzen, auf. Sofort öffne ich meine Augen, das Schlimmste befürchtend. WO BIN ICH?

Ich befinde mich im Bett eines kleinen Zimmers. Es ist ein Raum irgendwo - in Indien! Die für Indien typischen Gerüche und Geräusche, das winzige Fenster, mein Rucksack, mein Schlafsack - sie alle bezeugen das. Ich bin also noch immer hier! Juchuuh! Ich habe es also geschafft! Mein Wunsch ist in Erfüllung gegangen! Ich bin glücklich... Ich bin so froh darüber... Ich bin so dankbar...

Es war also nur ein Traum. Ich beruhige mich langsam, das starke Herzklopfen lässt nach. Im Nebenzimmer schaut sich gerade jemand einen Bollywood-Schinken an, die Lautstärke ist aufs Maximum eingestellt. Ich bin von einem Traum erwacht, einem heftigen, starken Traum, der mich mit nahezu identischem Inhalt seit

Jahren ein- bis zweimal pro Indienreise verfolgt. Von dem ich mich vergewaltigt fühlte.

Doch nun, seit etwa zwei bis drei

Jahren kann ich mich nicht mehr daran erinnern, diesen Alptraum nochmals erlebt zu haben. Zum Glück. Doch die Erinnerung daran, verbunden mit diesem Angstgefühl Indien wirklich verlassen zu müssen, ist teilweise noch immer präsent.

Mach´ dir keine Sorgen, Alter. Alles ist in Ordnung. Ich bin hier. ICH BIN NOCH IMMER HIER.

Und du weißt es doch ohnehin genau:

Es ist alles nur ein Traum.

7. KOBRAS BEISSEN SHIVA NICHT

Ich sitze in meiner Hütte am Kutlee-Beach in Gokarna, in Südindien. Es ist eine ganz simple Hütte, die größtenteils aus Palmenblättern erbaut worden ist. Es ist etwa sieben Uhr morgens, noch früh genug, bevor der ganze Lärm des kollektiven Erwachens beginnt. Ich habe mein Meditationskissen bei mir, ich reise immer damit. In diesem Kissen ist meine meditative Energie, die sich über viele Jahre hinweg angesammelt hat, gespeichert. Viele Erfahrungen habe ich schon gesammelt, viel ist auf diesem Polster bereits seit meinen langen, zahlreichen Sitzungen darauf geschehen. In gewisser Weise ist dieses Kissen so wie auch das Zähneputzen ein wichtiger, täglicher Bestandteil für mich. Meditation ist konstanter Teil meines Lebens. Ich mag den Zustand der Versenkung und der Klarheit.

Die Hütte selbst ist völlig dunkel. Es gibt keine Elektrizität, auch kein Fenster. Für mich jedenfalls ist das kein Problem. Ich bin ein einfacher Mensch, der in einer einfachen Hütte lebt und ein wunderbares Leben führen darf. Worüber soll ich mich da noch beschweren? Ich habe nur Grund zur Dankbarkeit. In die Hütte verliert sich wie gesagt kaum ein Lichtstrahl, doch draußen scheint bereits die Sonne, das Meer lädt zum Schwimmen ein, der Strand zum Ausspannen.

Ich schließe meine Augen, alles ist still. Immer wieder weht Wind zwischen den Palmenblättern hindurch, doch es ist schon recht warm. Tief gehe ich in mein Inneres, das Innere zieht `mich´ hinein, ich bin das Innere... Der meditative Zustand entfaltet sich sanft und kontinuierlich. Ich bin völlig entspannt und gleichzeitig wach. Innerer

Frieden breitet sich aus.

Plötzlich kommt in mir völlig unvermittelt Angst auf. Zuerst nur leicht und es ist schwierig, den Grund dafür auszumachen. Ich bin jedoch mit einem ständig stärker werdenden Gefühl der Furcht konfrontiert. Ich bewege mich nicht, ich versuche auch nicht, mental auf sie zu reagieren. Ich beobachte nur und staune wieder einmal, wie sich oft scheinbar aus dem Nichts psychische Prozesse auftun und einen einnehmen können. Die Angst intensiviert sich binnen weniger Sekunden. Da wird mir plötzlich die Angstursache auch klar: Es ist die Furcht vor Kobras, nicht vor Schlangen im Allgemeinen wohlgemerkt, sondern vor Kobras im speziellen. Die Angst davor, dass sich eine Kobra in meine Hütte schlängeln und mich attackieren, beißen könnte; dass ich aufgrund des giftigen Bisses sterben könnte. In Gokarna gibt es viele Schlangen, viele Kobras. Sie sind hier zuhause. Es wird mir klar, dass es sich also um die grundlegende Angst vor dem Tod handelt. JETZT bin ich aber noch nicht bereit zu sterben (wann ist man das?), ich will noch leben!

Ich versuche daher auch diesen Gedanken und den damit verbundenen Emotionen nicht weiter nachzugehen, sie nicht aufzubauschen, sondern sie einfach sein zu lassen und bei mir zu bleiben. Mein Sein zu spüren. Ich atme tief ein und aus. Ich beschwichtige mich selbst und meinen Geist damit, dass kein Grund zur Sorge bestünde. Es ist entweder alles nur ein weiterer Trick meines Geistes, mich von der Meditation abhalten zu wollen oder unterbewusste Schichten meiner Psyche sind ins Bewusstsein eingedrungen. Gut, dass sie mir nun bewusst geworden sind, so kann ich sie jetzt auch erkennen, sie hierauf gehen lassen und verabschieden, aber ich will ihnen jedenfalls keine Bedeutung beimessen, nicht an die

Realität einer tatsächlichen aktuellen Bedrohung glauben. Ich möchte einfach nicht zulassen, dass mich mein Geist in einen Zustand der durch die Angst ausgelösten reaktiven Prozesse hineinzieht und mich dort gedanken- und furchtversunken festhält. Ich kenne solche Momente. Sie sind furchtbar.

Ich befinde mich weiterhin bewegungslos in meiner Sitzposition und schwitze. Ich bin mir absolut sicher, dass da eine Kobra in meiner Hütte sein muss! Ich kann das genau spüren! Mein Gefühl scheint so wirklich, so echt zu sein! Woher soll eine sich so real anfühlende, eine solch´ riesengroße Angst denn sonst kommen? War da nicht soeben ein Geräusch rechts neben mir? So, als würde etwas über meine Plastiksäcke, in denen ich Gewand verstaut habe, hinweggleiten? Hat es da nicht soeben links von mir zweimal ein fast unmerkliches Knacken gegeben? Ich habe es trotzdem klar vernommen! Ich werde jetzt sofort meine Augen öffnen! Oder besser doch nicht, nützt ja ohnehin nichts, es ist zu dunkel in der Hütte, um eine schwarze Kobra erspähen zu können! Ich sage mir unentwegt: Beweg dich ja nicht! Nicht bewegen! Nur das nicht vergessen! Denn angenommen, es befindet sich tatsächlich eine Kobra in meiner Hütte, dann würde sie höchstwahrscheinlich umgehend eine Bewegung meinerseits als Anlass, als Einladung für eine Attacke ihrerseits nehmen! Ich versuche meine Nerven zu beruhigen und keine überflüssige, unnötige Bewegung zu machen... Ich bin immerhin mit einem unsichtbaren, hoffentlich jedoch nur imaginären Feind konfrontiert! Meine Gedanken rasen dahin: Mit Kobras ist nicht zu spaßen! Was, wenn ich tatsächlich gebissen werde? Wie lange würde es dauern, bis mich jemand in meiner Hütte fände?

Doch die Angst hat mittlerweile mein ganzes System ergriffen, ich w e i ß einfach, dass ich mich an der Kippe zwischen Leben und Tod befinde. Der Ausgang dieser Situation liegt gewiss nicht in meinen Händen, mir bleibt es nur überlassen, in meiner Meditationshaltung zu verweilen. Ich stelle mir vor, wie die Kobra möglicherweise plötzlich über meine Beine gleiten könnte und bereite mich darauf vor, mich selbst in diesem Falle nicht zu einer Bewegung hinreißen zu lassen - denn dies würde sicherlich einen Biss der Kobra und meinen möglichen Tod bedeuten.

Da ich mich seit vielen Jahren an Orten wie Gokarna aufhalte und dort auch meditiere, habe ich mich des Öfteren auf diese Vorstellung eingelassen und mich selbst mental darauf trainiert, im Ernstfall in unerschütterlicher Ruhe zu verharren, um mir nicht etwa durch unbedachte Bewegungen den tödlichen Zorn der Schlange zuzuziehen. Irgendwie wusste ich zwar immer, dass ich dazu nicht in der Lage sein würde, denn sich so etwas vorzustellen und vorzunehmen ist eine Sache, eine Kobra plötzlich aber tatsächlich auf dem eigenen Körper sich herumschlängeln zu spüren eine andere. Trotzdem habe ich mich manchmal dieser Übung unterzogen, der wahre Test einer körperlichen Begegnung mit einer Kobra war aber bis zu diesem Zeitpunkt – zum Glück! - ausgeblieben.

Überall Schlangen. Kobras überall. Erst ein Jahr zuvor war am Kutlee-Beach der Besitzer des Chai-Shops dort am Ende des Strandes von einer Kobra von hinten attackiert worden und innerhalb weniger Minuten gestorben. Er war eines Tages bei Sonnenuntergang am Strand gestanden und hatte sich mit einem Freund unterhalten. Damit ist natürlich eine Geschichte verbunden. Dieser

Landbesitzer hatte nämlich nur wenige Wochen vor dieser Attacke auf seinem Grund viel Holz aufgeschichtet gehabt, um es später vielseitig verwenden zu können. Plötzlich bemerkte er eine Kobra zwischen den Holzscheiten und versuchte sie umgehend umzubringen, indem er sie fest mit einem Stock schlug. Doch die Kobra überlebte diesen Angriff und ergriff die Flucht.

Dann wurde er wie gesagt von einer Kobra gebissen und überlebte das nicht. Daraufhin setzten die Interpretationen dieser Situation ein, doch sie alle liefen mehr oder minder auf das Gleiche hinaus: Die Inder waren der festen Überzeugung, dass es genau diese Schlange war, ja, dass genau die zuvor von dem Mann geschlagene zurückgekommen war, um tödliche Rache zu nehmen. Sie hatte nicht den Freund des Eigentümers des Chai-Shops von hinten gebissen, nein, sondern eben nur genau d i e s e n Mann. Fazit: Behandle niemals eine Kobra schlecht. Ihr eilt der Ruf voraus, ein sehr gutes Gedächtnis zu besitzen. Nicht vergessen!

In Gokarna wird der Hügel zwischen Om- und Kutlee-Beach aufgrund der dort lebenden Reptilien `Kobra-Hügel´ genannt. Ich habe sie schon öfters mit meinen eigenen Augen gesehen. Nicht nur dort. Überall leben in dieser Gegend Kobras. Offiziell sterben in Indien jährlich 60.000 Leute an den Folgen eines Kobra-Bisses. Offiziell, wie gesagt, und das Jahr für Jahr. Das bedeutet - nein, ich möchte gar nicht über die tatsächliche Anzahl an Todesopfern spekulieren. Erst heute habe ich im `Deccan Herald´ gelesen, dass vor ein paar Tagen nicht weit von Gokarna entfernt eine weitere Frau von einer Kobra getötet wurde, während sie in ihrer Hütte schlief (in solche simple Hütten einzudringen ist ja auch ein Kinderspiel für Schlangen...). Dieser Frau war in ihr Ohr gebissen worden.

Ungefähr acht Jahre davor war mein alter Freund Shankar, der einen Chai-Shop auf Gokarn-Beach (Main-Beach) betrieb und dort ebenfalls einfache Hütten an Westler vermietete, der stolze Eigentümer eines Eiskastens geworden. Er hatte diesen für einen recht günstigen Preis von einem anderen Dorfbewohner erstanden. Immerhin wollten die Westler, wenn sie schon ein, na ja, mittelgutes Bier bestellten, es zumindest kalt genießen können. Shankar selbst benützte den Eiskasten nur während der Touristensaison, danach ließ er ihn, um Stromgeld zu sparen, außer Betrieb im Chai-Shop stehen.

Shankar aktivierte den Eiskasten also für ein paar Monate, erfreute damit die unter der Hitze Leidenden und die Durstigen mit kalten Getränken, insoferne nicht gerade wieder einmal stundenlanger Stromausfall herrschte. Dann kam der Monsun, die Touristen reisten weiter in die Berge Nordindiens oder flogen zurück in ihre Heimat. Vor also acht Jahren, im Oktober, also nach dem Monsun, wollte Shankar den Eiskasten wieder in Betrieb nehmen. Dieser war, wie gesagt, einige Monate nicht in Verwendung gewesen, sieht man einmal davon ab, dass er gelegentlich von Kindern für Spielzwecke geöffnet und geschlossen worden war. Tür auf, Tür zu, manchmal blieb die Türe auch ein wenig länger offen stehen, später wurde sie wieder geschlossen. Shankar also öffnete den Eiskasten mit der Intention, ihn gründlich für die bevorstehende Saison zu reinigen und in Gang zu bringen, sodass wieder gekühlte Getränke durch durstige Kehlen fließen konnten.

Genau in diesem Moment fand er sich Angesicht zu Angesicht mit einer Kobra wieder, die scheinbar im

Kühlschrank eingeschlossen gewesen war und ein Nickerchen gemacht hatte. Sofort biss ihn diese in den linken Oberschenkel. Shankar wurde daraufhin ohnmächtig und von Freunden in Windeseile in ein Spital nach Kumta, das sich etwa 45 Minuten von Gokarna entfernt befindet, gebracht, wo ihm ein Anti-Schlangengift-Serum in Form von Spritzen verabreicht wurde. Nebst der guten medizinischen Betreuung in diesem Spital wurde ihm außerdem ein recht großer Teil seiner Haut transplantiert. So hatte er das Glück zu überleben.

Heutzutage ist Shankar wohlauf und guter Dinge (nicht zuletzt aufgrund des alltäglichen Whisky-Konsums). Er erklärte mir, dass Gott ihm ein neues Leben geschenkt, dass er ein sehr "glückliches" Karma gehabt habe; ja, das stimmt, diese Meinung teile ich mit ihm. Naja, ich meine, einerseits hatte er unglückliches Karma, denn wie oft wird schon jemand von einer, aus dem eigenen Kühlschrank herausspringenden Kobra attackiert?! Andererseits konnte man natürlich von großem Glück sprechen, dass er so etwas Unerwartetes und Gefährliches überlebt hatte. Man überlege sich diese unangenehme Überraschung, diesen furchtbaren Schock! Shankar jedenfalls hatte ihn gut überstanden.

Nach seiner Genesung verließ er seinen alten Platz am Main-Beach und eröffnete ein neues, kleines Restaurant am Om-Beach. Er ist nun Besitzer eines neuen Eiskastens und hat auch Angestellte, die sich um das Ein- und Ausräumen desselben kümmern. Shankar selbst öffnet ihn nur noch sporadisch. Manche Menschen lernen eben aus ihren Lektionen.

1999/2000 bin ich mit Freunden auf dem `Rainbow-gathering´ auf dem `Honey-Beach´ nahe Gokarna gewesen. Ein wunderschöner, abgelegener Platz. Überall befanden sich große Kakteenbäume. Wir lebten unter ihnen in deren Aushöhlungen. Vor uns hatten höchstens ein paar Schlangen darin gehaust. Kobras. Ansonsten befanden sich rundum Büsche und hohes Gras. Sozusagen der ideale Platz der guten Tarnung für Lebewesen, die sich nicht gerne allzu offen zeigen wollen. Ein wunderbarer Aufenthaltsort für Schlangen. Wir waren schon sehr darauf bedacht, beim Herumgehen den Blick auf die Pfade zu halten und nicht unachtsam auf etwas Folgenschweres draufzusteigen. Was nicht unbedingt sein muss, muss ja auch nicht sein. Wir Westler waren völlig alleine, unter uns, nur hin und wieder sahen wir am angrenzenden Hügel ein paar indische Frauen Holz suchen. Eine dieser indischen Frauen, die im nächsten Dorf lebte, wurde dabei von einer Kobra attackiert und starb umgehend infolge des giftigen Bisses. Wir befanden uns am selben Platz, bekamen aber erst zwei bis drei Tage später davon zu hören. Trotzdem blieben wir auf dem ´Rainbow-Festival´. Denn solche unberührte Paradiese findet man nicht mehr so oft. Die Natur dort war ein einziger Ausdruck der Schönheit und Vollkommenheit, und wir fühlten uns ungestört, sicher und behütet. Mal abgesehen von den Kobras natürlich.

Folgendes Gesetz gilt es also zu beachten: Trete niemals unabsichtlich und unaufmerksam auf eine vielleicht dahin dösende, sich auf demselben Weg wie du befindende Kobra! Und schon gar nicht absichtlich! Spiele nicht Hans-guck-in-die-Luft, sondern halte den Blick achtsam vor deine Füße gerichtet! Achte das Leben! Dein eigenes Leben! Ansonsten könnten dir verhängnisvolle Konsequenzen widerfahren. Solche mit gar tödlichem Ausgang. Es wären dies die letzten fatalen Konsequenzen einer (un)bewussten Handlung zumindest in diesem Leben! Das ist aber nur vom Blickwinkel der endlich zu Ende kommenden Konsequenzen aus der einzig positive Aspekt.

An noch etwas erinnere ich mich: Vor etwa drei Jahren saß ich am Hauptstrand von Gokarna. Da sah ich einen Eingeborenen, um die 50 Jahre alt, langsam mit einem großen Lächeln über das ganze Gesicht und laut herumschreiend näherkommen. Sein Gang war unsicher, instabil, er wankte gefährlich hin und her, war eindeutig schwer betrunken, sank tief im Sand ein, behielt aber das Gleichgewicht. Als er etwa 20 Meter von mir entfernt war, sah ich, dass er eine Kobra fest umschlossen in einer seiner Hände hielt und zwar genau an ihrem Hals, sodass sie diesen nicht bewegen und den Inder daher nicht beißen konnte. Eine LEBENDE Kobra. Er war kein `Schlangenbeschwörer´, kein professioneller Schlangenfänger und hatte der Kobra auch nicht deren Giftzähne gezogen.

Ich kannte ihn vom Dorf her. Er arbeitete auf einem der zahlreichen Felder. Wer weiß schon, wie er diese Schlange gefangen hatte?! Noch dazu in diesem Zustand! Er war betrunken, vielleicht hatte ihm Gott eine Dosis Übermut und dazu viel Glück verabreicht beziehungsweise geschenkt. Er spielte mit seinem Leben, als wäre alles bloß ein kleiner Witz und nicht möglicher, tödlicher Ernst. Dieser Mann hätte nur unabsichtlich den Griff um den Hals der Kobra lockern oder in den Sand stürzen müssen, dann wäre es um ihn geschehen gewesen. Aber der Alkohol schien ihm alle Angst und auch jede Vernunft genommen zu haben, er hatte jedenfalls das Gefühl für die Relation zwischen Spaß und Gefahr verloren. Lallend ging er am Strand von einem Sonnenanbeter zum anderen, um stolz seinen Fang zu präsentieren. Sofort wichen die Leute ein paar Schritte vor ihm, besser gesagt vor der Kobra, zurück. Ich habe keine Ahnung was danach mit diesem Mann, der weiterhin herumstolperte, und der Kobra geschah...

Zurück zu meiner Ausgangsgeschichte: Ich befinde mich also sitzend, meditierend in meiner Hütte in einer psychisch-mentalen Ausnahmesituation. All diese Erinnerungen schießen mir mit einer furchtbaren Geschwindigkeit und Intensität durch den Kopf. Überall um mich herum vermeine ich Geräusche zu vernehmen. Ich verkörpere blanke Angst, ich b i n Angst. Da ist nichts außer Angst. Jeden Augenblick erwarte ich den Angriff, den Biss der Schlange, von der ich ausgehe, dass sie sich in meiner unmittelbaren Nähe befindet. Ich frage mich, wie ich je wieder aus dieser Hütte rauskommen werde? Und überhaupt: Werde ich lebend hier herauskommen?

Plötzlich höre ich den Italiener, der nur 2 Hütten von mir entfernt wohnt, sein morgendliches `Aufwachlied´ singen. Jeden Morgen führt er dieses Ritual durch, quasi um sich mit voller Kraft für den Tag einzustimmen. Vielleicht auch aus dem Grund, um die Funktionsfähigkeit seiner Stimmbänder und seiner Lunge zu testen. Er ist ein schwerer Raucher mit einem chronischen Husten und noch jung. Ich glaube, dass er mit jedem Morgen, den er erwacht, die Tatsache freudig zelebriert, noch immer am Leben zu sein. So singt er also wieder das wohlbekannte Lied und setzt das Rauchen fort.

Irgendwie entspannt mich sein Singen ein wenig, der Griff der Angst ist nicht mehr so überwältigend. Ich komme langsam wieder zu einem mir vertrautem Zustand, sprichwörtlich zu mir selbst zurück. Ich spüre nach einer langen Meditationsstunde in der dunklen Hütte, während der ich mental von vielen Kobras gejagt und mein Leben bedroht wurde, wieder Lebensenergie durch meinen Körper fließen. Zumeist sitze ich pro Meditationseinheit eine Stunde lang. Alles fühlt sich wieder gut an. Ich bin nicht von einer Kobra gebissen worden. Das Leben ist gar nicht so übel. Alles ist gut. Immerhin kann ich stolz auf mich sein, ich habe mich meiner Angst (zitternd) gestellt und bin nicht panisch vor den Reptilien, die massenweise in meinem Hirn herumgeisterten, davongelaufen. Hätte ja auch vermutlich nichts gebracht. Das ist ja schon mal was. Cooler Junge. Ok, wirklich tapfer habe ich mich nicht gefühlt. Meine Lebensgeister, die sich zuvor in die Unterwelt verabschiedet haben, kehren nun jedenfalls frischen Mutes zurück.

Ich strecke also langsam meine Beine aus und bleibe noch kurz sitzen, dann erhebe ich mich und öffne die Türe, um ins Sonnenlicht hinauszutreten. Wieder zurück in der heilen Welt! Unter den Kokospalmen stehend, auf den schon leicht aufgeheizten Sand tretend. Den Strand, die wunderschöne Bucht Kutlees betrachtend. Keine Kobra weit und breit! Eine Einbildung hat die andere gejagt! Alles ist friedlich, nichts ist jemals geschehen.

"Marco!", ruft mich voller Überraschung der Italiener, der offensichtlich nicht wusste, dass ich mich in meiner Hütte befunden habe. Mit einem Joint in der Hand, hustend, kommt er zu mir rüber.

"Also Alter, ich wusste gar nicht, dass du dich in der Hütte aufgehalten hast! Sonst hätte ich dich sicher gerufen! Mann, da war eine sehr große, vielleicht drei Meter lange Kobra vor deiner Hütte und dann hat sie sich in sie reingeschlängelt! Hast du sie gar nicht bemerkt? Gibt´s ja kaum bei der Länge! Alles ok bei dir? Ich kann´s nicht glauben, du warst tatsächlich mit dieser Kobra in der Hütte! Unpackbar!"

Er klopft mir ein wenig erschrocken auf den Rücken. Ich sehe ihn an und weiß intuitiv sofort, dass er keine Scherze macht. Zuerst weiß ich nichts darauf zu erwidern. Um mit meinem erneut eintretenden Schock alleine fertig zu werden, antworte ich bloß: "Ja klar, alles ist in Ordnung, mach dir keine Sorgen! Du siehst ja, ich lebe! Die Kobra hatte bloß eine Verabredung hinten auf den Reisfeldern und musste mal schnell durch meine Hütte durch!"

Ja gibt´s denn das?! Ich kann´s nicht glauben; doch ich w e i ß, dass es wahr ist. Ich habe die Gegenwart der Kobra also tatsächlich gespürt. Wie? Ich kann mir das nur auf der energetischen Ebene erklären, physischen Kontakt hat es jedenfalls nicht gegeben und gehört habe ich sie auch nicht wirklich. Geräusche habe ich mir schon viele eingebildet, aber kamen sie wirklich von dieser Kobra? Ich meine, was gibt´s da schon viel zum Hören? Ich denke wieder über das Karma-Gesetz nach. Das kann doch nur karmisch bedingt sein, wie ein solches Treffen in allerkleinstem Raum zwischen Mensch und Kobra ausgeht... Hat mich etwa eine höhere Stimme, höchste Intuition `gewarnt´ davor, mich ja in keinster Weise zu bewegen? Hat mir tatsächlich meine körperliche Reglosigkeit das Leben gerettet? Oder bin ich mir subtilster Ebenen bewusst, sodass ich sie feinfühlig wahrnehmen kann? Jedenfalls nicht bewusst bewusst. Kann ich sicher davon ausgehen, dass mich die Kobra im Falle einer Bewegung gebissen hätte? Oder hätte sie eine solche gar weggescheucht? Das kann man so nicht mit Sicherheit beantworten. Und trotzdem: Ich w e i ß, dass es ein Test gewesen ist und hätte ich ihn nicht bestanden, mich also bewegt, wäre ich gebissen worden. Und vielleicht gestorben. Soviel steht für mich fest.

Später frage ich Maneshwara, den Besitzer des Landes, auf dem ich mir diese Hütte angemietet habe, ob ihm bekannt sei, dass Kobras auf seinem Grundstück hausten.

"Sicher, sicher", antwortet er, aber: "Kobras sind kein Problem, niemals, Markus, weißt du? Manchmal kommen sie und wenn ich sie sehe, bleibe ich einfach stehen, sage 'Om Namah Shivaya' (er platziert seine gefalteten Hände vor die Stirne) und dann verschwindet die Kobra wieder. Kobra ist sehr gut, weiß du? Shiva ist immer zusammen mit der Kobra, sie ist sein Tier. Eine Kobra in deiner Hütte ist auch kein Problem. Die Kobra sieht dich dort sitzen und meditieren und verspürt viel Respekt vor dir, da sie dich für Shiva hält, weil du meditierst. Sie grüßt dich und lasst dich dann in Ruhe, will dich nicht stören. Sie ist sehr intelligent. Ich fürchte mich nie vor Kobras. Ich glaube, deine Kobra war aufgrund der Länge eine Königskobra. Großer Respekt für dich! Sorge dich nicht, Markus! Vielleicht hast du Glück und nächstes Mal, wenn du in der Hütte meditierst, kommt die Kobra wieder, um dich zu besuchen! Dies bedeutet gutes Karma!"

Wie wunderbar unterschiedlich man Dinge im Leben auslegen und betrachten kann!

Ich weiß, dass Maneshwara jedes einzelne Wort, das er sagt, auch so meint. Kann man nun wirklich, weil eine Kobra in meiner Hütte war während ich meditierte und nichts Schlimmes geschehen ist, mein Karma deswegen als `gut´ bezeichnen? Solange nichts Desaströses geschieht, wird die indische `no problem´- Mentalität weiterhin gestärkt und bestätigt werden. Und letztlich, wie wir ja schon wissen, ist auch dann alles in Ordnung, wenn etwas sehr Unerwünschtes geschieht. Weil es in diesem Falle dann eben so vorbestimmt war. So ist es zu verstehen, dass auch im Falle meines Ablebens aufgrund eines Kobrabisses an sich nichts 'falsch´ gewesen wäre. Dann wäre eben nur das geschehen, was genau in diesem Moment in diesem Ausmaß unablässig gewesen wäre. Why to worry?

Ich werde mir nun dessen bewusst, dass es ein großes Glück war, dass mein italienischer Nachbar nicht gewusst hat, dass ich mich in der Hütte befunden habe; hätte er nämlich laut losgeschrien, um mich zu warnen, als die Kobra in meine Hütte reinkam, hätte ich mich dann so gut wie sicher angstbedingt instinktiv schnell bewegt. Das hätte die Kobra leicht erschrecken und zu einem Angriff, einen Biss verleiten können und dann... Na ja, alles weitere ist ja doch nur Spekulation.

Für meine weitere meditative Zukunft in Hütten wie diesen kann ich also nur hoffen, dass ich auch zukünftig für Shiva, der in tiefem Samadhi verweilt, gehalten werde. Zumindest von den Kobras. Dann ist nämlich alles gut. Denn Kobras haben Respekt vor Shiva. Sie begrüßen ihn nur. Und beißen ihn nicht.

8. RATTE IN DER LEITUNG

Es gibt eigentlich kaum etwas, das mit indischer Rationalität in Zusammenhang gebracht werden kann. Ohne beleidigend klingen zu wollen: Rationalität mit indischer Denkweise zu verbinden, ist an und für sich eine Beleidigung für den Begriff der Rationalität an sich. Macht nichts. Verschiedene Kulturen, verschiedene Denkweisen, das macht es ja so spannend. Sehr viele Konversationen und Diskussionen mit Indern lassen den westlichen Touristen oft völlig ausgelaugt, in einem Zustand der Verwunderung, der Verwirrung, der Irritation oder gar der Verärgerung zurück. In diesen Momenten wundert man sich dann oft, was zur Hölle man eigentlich schon so lange in diesem Land verloren hat und warum man sich beizeiten noch immer auf den Versuch einlässt, mit den Indern einen Dialog, von dem man sich Tiefe und Bereicherung erhofft, zu führen. Da fragt man sich auch so ganz nebenbei, wieso Gott den Indern kein `normales´, `richtig´ funktionierendes Gehirn eingepflanzt hat (ein westliches zum Beispiel!), wie die Inder es trotz ihrer absurden Denkweise und zur Perfektion hochstilisierten Irrationalität es schaffen, zu überleben und sich sogar auch noch weiterzuentwickeln (bei dieser meiner Behauptung werden wahrscheinlich nun einige Indien- Erfahrene lautstark protestieren und "Aber genau das tun sie eben nicht!" rufen). Wie dem auch sei.

Was ich persönlich über all die vielen Jahre, die ich bereits in Indien gelebt habe, ganz genau zu verstehen gelernt habe ist, dass es hier eben nichts, rein gar nichts zu verstehen gibt. Wortwörtlich. Wozu auch. Einfach nichts. Sich auf dieses Experiment des Verstehenwollens einzulassen obliegt zur Gänze dem Tätigkeitsbereich von Masochisten oder aber Menschen, die nichts mit ihrer Zeit anzufangen wissen und sie zur Gänze in dieses aussichtslose Unternehmen investieren wollen. Denn die Bereitschaft, sich die Mühe machen zu wollen, indische Gehirnströme und die sich darin tummelnden, massenhaft verwirrenden Gehirnzellen zu ergründen, birgt die latente Gefahr, sich selbst, schneller als man es für möglich hält, in einem mentalen Durcheinander, von dem man sich so rasch nicht erholen wird können, wiederzufinden. Wirklich. Das ist wahr. Und das ist es nicht wert. Also: Man frage nicht zu viel nach und wenn man das aus welchen Gründen auch immer doch tun muss, dann mache man es besser in Stille, um die Antwort für und in sich selbst herauszufinden.

Eine weitere Möglichkeit besteht darin, ein Internetcafé aufzusuchen oder den eigenen mitgebrachten Laptop zu gebrauchen, um die Antwort auf die Frage bei Google zu finden. Oder aber man frage andere westliche Traveler. Aber man versuche nicht, wenn man Zeit und Energie sparen will, man versuche unter keinen Umständen die Antwort von einem Inder, bei dem man nur die leichtesten Anzeichen dieser irrationalen Mentalität erkennen kann, zu erhalten. Sehr viele Inder denken völlig eigenartig. Das meinen sie gar nicht böse, ich meine das auch nicht böse, da steckt keine hinterhältige Absicht dahinter. Sie sind nun mal so und finden dies auch ok. Ich mittlerweile auch. Will man aber unnötigen Kopfschmerzen aus dem Weg gehen, dann vermeide man wie gesagt nutzlose Fragen den `falschen´ Leuten zu stellen, unabhängig davon, wie viele Kopfschmerzmittel man vom Westen mitgebracht hat. Oder in Indien gekauft hat. Just take it easy.

Ich befinde mich auf dem Weg zur Gemeinschaftsdusche. Wieder einmal befinde ich mich in meinem geliebten Gokarna, diesmal am Kutlee-beach. Es ist sehr heiß, das Thermometer zeigt an die 42 Grad an, wir haben erneut Stromausfall, daher hat auch der Ventilator in meinem Zimmer seinen Geist aufgegeben. Nun, das ist nichts Ungewöhnliches, ich jedenfalls bin das gewöhnt. Man gewöhnt sich an viele Dinge im Leben.

In diesem Moment nähert sich mir Michele, ein Mann um die 60 Jahre alt, Indien-erfahren seit langer Zeit. Der Franzose will mir seine neuesten Erlebnisse, die nächsten `Wundergeschichten´, Entschuldigung, die nächsten wahren, i n d i s c h e n Geschichten mitteilen. Ich mag Michele, er hat ein gutes, großes Herz und befindet sich kurz vor dem Rückflug nach Paris. Er weiß nicht, ob er zukünftig nochmals indischen Boden betreten wird, denn über all die vielen Jahre ist Michele der indischen Mentalität und Irrationalität ziemlich müde und überdrüssig geworden. Aber er hat sein Lächeln noch nicht verloren.

"Markus, Namaste! Ich muss dir was erzählen. Du kennst doch auch dieses `Rock Café´ gleich drüben beim Felsen, oder? Ja, klar kennst du es... Also, gerade vorher hatte ich einen richtigen Streit mit dem Eigentümer! Ich war schon etwa eine Woche zuvor dort und hatte Fisch gegessen. Einen sehr guten Fisch, muss ich schon sagen, eine große Portion mit Pommes Frites dazu. Nun gut, also heute bekam ich wieder Lust darauf und beschloss, erneut Fisch im `Rock-Café´ zu essen. Also bin ich rübergegangen, habe das Essen bestellt und inzwischen ein Bier getrunken. Nach einer Weile brachte mir einer der Jungen meinen Teller und stellte ihn mir auf den Tisch. Ok, es war wieder ein großer Teller, Pommes Frites waren auch drauf, aber wo war mein Fisch, fragte ich mich?! Wo war mein Fisch? Das letzte Mal war´s ein recht großer Fisch, der Preis hat auch gepasst, aber diesmal? So klein! Ich sah ihn mir nochmals genau an - eigentlich konnte man da gar nicht von einem Fisch sprechen, es gab da gar keinen Fisch, verstehst du? Sie haben mir nur einen winzigen Teil eines Fisches serviert, einen w i n z i g e n, ich sag´s dir, nicht der Rede wert! Ich rief den Jungen zurück an meinen Tisch und fragte ihn: `Wo ist bitte mein Fisch? H i e r ist kein Fisch!´ Er sah mich an und antwortete: `No English!´ Stell´ dir das vor! So typisch! Ich meine, die managen ein Restaurant, das fast ausschließlich Westler frequentieren, sie können Bestellungen und all das Drumherum aufnehmen, aber wenn´s dann um meinen Fisch geht, sprechen sie plötzlich kein Englisch mehr! Na gut, er sprach also kein Englisch, auch in Ordnung. Ich erklärte ihm, dass ich seinen Chef sprechen wollte, `Boss, Boss, Boss!´ trichterte ich ihm ein wenig lauter als gewöhnlich ein.

Dann kam der auch daher. Du weißt schon, dieser immer so wild und unfreundlich dreinblickende Typ. Klar kennst du ihn. Gut. Er kam also zu mir und ich erklärte ihm das Ganze so gut ich konnte. War ja auch nicht viel zu sagen und leicht zu verstehen. `Schau´, sagte ich, `letzte Woche habe ich dasselbe Gericht bestellt und einen Fisch, einen ganzen Fisch bekommen, aber jetzt? Schau´ dir diesen Mini-Fisch an! Das ist gar kein Fisch! Nur ein Teilchen! Ich will aber einen richtigen Fisch!´ Das sagte ich ihm ganz ruhig. Und hungrig. Er blickte mich mit diesen blutunterlaufenen Augen an, sein Mund war wie immer rot gefärbt vom Betelkauen und begann mich anzuschreien: `Aber das war letzte Woche! Letzte Woche, verstehst du? Jetzt gibt es diesen Fisch, nicht mehr den anderen! Diesen Fisch! Wenn du ihn nicht magst, dann geh´! Geh´! Der andere war letzte Woche! Jetzt dieser Fisch! Neue-Woche-Fisch! Verstehst du? Das ist auch ein guter Fisch und wenn du ihn nicht magst, dann hau´ ab und komm´ nicht mehr zurück in mein Restaurant!´

Und dann verschwand er. Kannst du dir das vorstellen? Markus! Verstehst du, was ich sagen will? Wie können sie mich bloß so behandeln? Ich bin ihr Kunde, ihr Gast! Wir Westler bringen den Indern das ganze Geld, mit dem sie sich dann ihre Fernseher, Handys und Motorräder kaufen können! Konnte er nicht sehen, dass da kein Fisch auf meinem Teller lag? Oh ja, aber er wollte es nicht sehen! Konnte sich einfach nicht dafür entschuldigen und mir eine neue Portion bringen, nein! Diese Inder sind so blöd, nur geldgeil, es ist immer dasselbe mit ihnen. So. Gut. Ich bin daher aufgestanden und habe die Rechnung beglichen (Ich: `Was, du hast das auch noch bezahlt?!´). Ja, ich habe bezahlt, mir geht´s dabei nicht ums Geld, aber in dieses Restaurant gehe ich bestimmt nicht mehr, das ist ja klar. Ich hoffe dem Chef auch. Vielleicht lernt er ja seine Lektion und wird sich das nächste Mal höflicher verhalten, wer weiß schon?" (Wir beide wissen genau, dass er das nicht wird).

Eine nicht unübliche Geschichte, so was haben wir alle schon in verschiedenen Variationen erlebt.

Dieser Michele ist im Übrigen jener Mann, der auf Bitten des Eigentümers der Absteige, in der wir uns befinden, auf dessen Computer gastfreundlichere und gastronomische Richtlinien beziehungsweise Vorschläge niederschrieb. Die Westler beschwerten sich über allerlei, und das Restaurant hatte bei sieben Angestellten kaum Kunden zu verzeichnen. Das Personal befand sich ständig in einem halb dahindämmernden Schlaf-Wachzustand, alles war dreckig, das Essen weit unter jeder Mittelmäßigkeit und man fühlte sich aufgrund der Apathie der Kellner und der schlechten hygienischen Zustände wenig willkommen. Kein sehr einladender Platz. Michele, der schon lange nicht mehr das Restaurant zum Essen aufsuchte, da er sich schon zu oft über die Zustände dort geärgert hatte, sollte nun also dem Besitzer Ideen liefern, um das gesamte Areal mit den sich darauf befindenden Zimmern und Hütten für die Westler attraktiver zu gestalten.

Vorschlag Nummer 1: Ja, hallo, wie wär´s damit, einmal den gesamten Platz von dem angesammelten Müll, der sich selbst überlassen wird, zu säubern?! Überall liegt der Dreck herum: Gebrauchtes Plastik, verwitterte Baumwolle- und Nylon-Tücher, beschmutztes Toilettenpapier, zerbrochene Sessel und Tischbänke, kaputte Metallwerkzeuge, Eisenstangen, eine Unmenge an leeren Plastikflaschen, eingetretene Plastikeimer, zerbrochene Ziegelsteine und so weiter. Uns, den werten Gästen aus dem reichen Westen wird ja ein wunderschöner Blick aufs Meer versprochen (daher der vielbezeichnende Name `Look Sea Lodge´...) und alles, was uns tatsächlich geboten wird, ist der Blick auf diesen Mist. So gewinnt man auch einen Einblick in die indische Psyche, in das Kollektiv indischer Verhaltensmuster: Auch die Inder haben Gewohnheiten, die sie nur schwer ändern (wollen). Wird zum Beispiel etwas aus einer Plastikfolie ausgepackt und das Plastik nicht mehr benötigt, dann wird es genau an diesem Platz, an dem sich der Verbraucher soeben befindet, auch entsorgt, also fallen und liegen gelassen. So einfach ist das. Solange es wenigstens einen halben Meter vom eigenen Haus entfernt ist. Das ist es, aus. Nun geht ihn der Dreck nichts mehr an, nun ist dieser Besitz und Angelegenheit von wem anderen, der sich um den Mist kümmern soll. Doch wen juckt es, wer kümmert sich schon darum? Höchstens eine allesfressende Kuh.

An und für sich fühlt es sich wie ein schlechter Scherz an, dass sich auf unserem Platz eine solche Ansammlung von Müll befindet. Das Restaurant ist, wie ich schon zuvor erwähnte, so gut wie immer nahezu leer, keine Gäste weit und breit, sieben indische Angestellte sitzen, liegen herum, vertreiben sich ihre Zeit am Internet, mit ihren Handys oder versuchen sonst wie ihre Arbeitszeit abzuspulen. Der Chef seinerseits übt ständig Druck auf die auf seinem Areal lebenden Westler aus, in seinem Restaurant zu speisen. Doch keiner der Inder kommt mal auf die glorreiche Idee, den Platz und das Restaurant auf Vordermann zu bringen, grundlegend zu säubern und einen Ansatz von Sauberkeit und eventuell sogar Ästhetik reinzubringen, um wieder potenziellen Gästen den Eintritt ins Restaurant schmackhaft zu machen. Soweit scheint der Ideenreichtum nicht zu reichen. Vielleicht aber handelt es sich auch einfach um einen schlichten Mangel an Arbeitsbereitschaft.

Als ich hier ankam, begann ich bereits am zweiten Tag, in Eigenregie das unmittelbare um mein Zimmer gelegene Umfeld und gar darüber hinaus aufzuräumen, Müll zu entsorgen und den Platz zu säubern. Erstens mag ich einen solchen Saustall nicht und zweitens fühle ich mich in einem sauberen Umfeld einfach viel wohler, vor allem wenn ich mich in meiner vor dem Zimmer aufgespannten Hängematte entspannen und lesen will. Ich bin kein Freund dieser indischen Mentalität von wegen `Nimm dir, was du brauchst und wirf es weg, wo und wann du es willst´ und will auch nicht ständig damit konfrontiert werden. Doch bereits ein paar Tage später nachdem ich das Areal gereinigt habe, befand es sich wieder in seinem Ursprungsstadium und wurde erneut als Müllhalde benutzt.

Michele hielt natürlich noch weitere Anregungen schriftlich fest, wie zum Beispiel, dass Freundlichkeit den Gästen und Kunden gegenüber ein Merkmal der Professionalität ist, dass man im Restaurant nicht mehr für die Internetbenützung verrechnen könne als in anderen Internetcafés und, das war ein ganz persönliches Anliegen Micheles, dass der Eigentümer Tischtücher kaufen und verwenden sollte, um den Tischen den Anschein einer gewissen Sauberkeit zu verleihen.

Nun, nach etwa einer Woche, nachdem also Micheles Vorschläge vom Chef überdacht worden waren, nahm er sich diese tatsächlich zu Herzen und befahl den verschlafenen Angestellten, das `Aufräum-Saubermachen´- Programm tatsächlich umzusetzen. Ich kam an diesem Tag soeben vom Strand zurück, als der ganze Müll, der sich außerhalb der vermieteten Zimmer angesammelt hatte, nicht gerade enthusiastisch, aber doch entsorgt wurde. Inwiefern man dabei allerdings von `Entsorgung´ sprechen konnte, war eine andere Frage. Die Jungs hatten zwar den gröbsten Mist beseitigt, ihn jedoch in Anbetracht fehlender Ideen einfach in das uneinsichtige Fleckchen Land hinter den Zimmern der Gäste verfrachtet. Nun stapelte sich der ganze Dreck an den Hintermauern der vermieteten Räumlichkeiten. Es hatte also bloß eine geringe örtliche Verschiebung des Problems an sich stattgefunden, aber immerhin. In Indien ist man als Westler oft schon sehr über kleine erzielte Erfolge froh. Zudem befanden sich tatsächlich Tischtücher auf den runden Tischen des Restaurants. Das war die wahre Überraschung! Kaum zu glauben.

Ich treffe auf einen recht stolzen Michele, der mir kurz augenzwinkernd zunickt und dann, als ich weitergehe, kommt der Manager vorbei. Ich möchte ihm ein kleines Kompliment für seine Anstrengungen, dem Platz das Aussehen einer riesigen Müllhalde genommen zu haben, aussprechen und frage ihn, während ich mit meiner Hand auf den Platz deute, lächelnd: "Was ist denn mit diesem schönen Platz hier geschehen? Wie schaut er denn jetzt aus?" Ich denke, es ist dem Leser klar, dass dies als leichter Scherz zu verstehen war, denn natürlich vermittelte der Platz nun einen viel gepflegteren Eindruck als noch wenige Stunden zuvor.

Ganapati, der Manager, schaut verlegen zum Boden herab und erklärt mir, sich nahezu entschuldigend, Folgendes: "Nein, nein, Sir, du weißt ja, es ist jetzt volle Touristensaison, nur deswegen haben wir die Sachen ein wenig auf die Seite geräumt, sorg´ dich nicht, alles ist noch da!" Es mutet wahrhaftig unglaublich an, doch Ganapati entschuldigte sich tatsächlich bei mir dafür, Ordnung in die gewohnte Unordnung gebracht zu haben. So als würde er wirklich annehmen, dass ich es bevorzugt hätte, den ganzen Schrott weiterhin in den Himmel wachsen zu sehen.

Noch immer mit einem Lächeln auf meinem Gesicht betrete ich eine der zwei Gemeinschaftsduschen. Diese jedenfalls sind noch immer nicht auch nur ansatzweise gesäubert worden. Vielleicht waren sie auch auf der "To-Do"-Liste von Michele weiter unten gereiht und infolgedessen von den Indern als `nicht-so-wichtig´ eingestuft worden. Ich drehe den Wasserhahn auf und beginne mich einzuseifen - da kommt der Wasserstrom plötzlich zum Erliegen. `Schon wieder!´, schießt es mir durch den

Kopf. So schnell kann es gehen und der Gemütszustand ändert sich abrupt. Nun habe ich nichts mehr zu lachen. "Gopal!, Shekhar!, Lalit!" rufe ich in der Hoffnung, dass mich einer der indischen Angestellten hören möge.

Schon kurz danach trommelt Shekhar an die Außentür und erklärt mir, dass es ein (offensichtliches) Problem mit der Wasserleitung gibt. "Besser, du kommst aus der Dusche raus, wir wissen nicht, wann das Wasser wieder fließen wird!" Na gut, was soll´s. Nichts zu ändern. Ich wische mir die am Körper glänzende Seife mit einem Lungi, den ich als Handtuch benütze, ab und trete aus der Dusche heraus. Shekhar steht davor. Er ist nun derjenige, der zu einer ausführlichen Erklärung für das Nichtfunktionieren der problematischen Wasserleitung ansetzt:

"Weißt du, der Stromgenerator ist gut, sehr gut, nie ein Problem. Fast wie neu. Maximal 15 Jahre alt. Wie neu. Beste Qualität. Die Pumpe ist auch gut, wirklich gut, pumpt immer. Nur manchmal nicht. Auch kein Problem. Alles gut. Nur die Leitung ist manchmal problematisch, ein wenig problematisch, aber ist nicht die Schuld der Leitung. Ist also nur ein kleines Problem."

"Aha. Und um was für ein kleines Problem handelt es sich denn bei der guten Leitung?"

"Du weißt, nur kleines Problem. Nur manchmal. Da ist sie dann ein wenig blockiert, aber nur ein bisschen. Ist eine gute Leitung. Manchmal blockiert, dann fließt das Wasser nicht ordentlich. Dann hast du ein Problem, wenn du duschen willst. Touristen haben ein Problem. Wir haben ein Problem. Aber es ist ein kleines Problem, kein Problem! Aber du hast dann trotzdem ein Problem. Bist völlig eingeseift. Wasser stoppt. Das magst du nicht. Wasser kommt nicht. Weil Leitung hat dann kleines Problem. Manchmal ist die Leitung auch sehr dünn, dann kommt nur dünner Wasserstrahl. Kleines Problem. Aber nun haben wir ein großes Problem!"

"Ein großes Problem? Shekhar, so was gibt´s doch gar nicht! Lasst uns alle in Zukunft eingeseift herumrennen, wozu sollen wir denn Wasser brauchen, vergiss die Leitung, wir springen einfach ins Meer, lass´ die Leitung verrosten..."

Shekhar schüttelt vehement den Kopf (er mag Meereswasser nicht), schaut mir in die Augen und zeigt dann mit seiner rechten Hand resignierend auf die Wasserleitung:

"Nein, nein, wir brauchen unsere gute Leitung! Ist auch fast neu! Da muss Wasser durchfließen! Jetzt oder morgen müssen wir die gesamte Leitung aufbrechen. Zuviel Arbeit! Nicht gut. Müssen neue machen. Markus, verstehe bitte: Eine GROSSE RATTE ist in der Leitung!"

"Was??? Eine große Ratte ist in der Leitung?! Shekhar, machst du einen Spaß oder willst du mich verarschen? Wie soll denn eine große Ratte in diese schmale Leitung reinkommen?" (Das ist genau der Moment, wo ich zu weit gegangen bin, aber es gibt kein Zurück mehr: Ich habe zu viel gefragt und schon bin ich eingespannt und gefangen im Spiel der indischen Irrationalität, ein Spiel, das ich nur verlieren kann, da die Inder völlig von ihrer Sachverhaltsdarstellung überzeugt sind und jegliche andere Sichtweisen ausblenden.)

"Vielleicht ist bloß eine winzige Mini-Maus drinnen" (ich versuche es nun scherzhaft, um Shekhar von seinem Glauben an die in der Leitung festsitzende Ratte abzubringen), "aber selbst das ist nicht möglich, verstehst du das? Die Leitung ist doch viel zu schmal, als dass eine Ratte oder eine Maus darin Platz finden könnte!"

Die Leitung hat einen Durchmesser von etwa einem

Zentimeter.

Mein Argument greift nicht, geht sogar total unter. Shekhar ist völlig absorbiert in den Gedanken um die sich in der Wasserleitung versteckende Ratte. Er schüttelt erneut bloß seinen Kopf und sagt:

"Ja, es ist eine Ratte! Sicherlich. Kein Zweifel. Ich kenne Ratten. Alle Leitungen werden wir brechen! Dann wird dumme Ratte rauslaufen! So dumm! Kein Problem. Dann machen wir neue Leitungen! Dann wird wieder Wasser fließen! Aber erst morgen. Wir sind schon müde. Heute war sehr heißer Tag, weißt du? Sehr heiß. Ein wenig Rast tut gut! Dann wieder volle Kraft! Heute gut schlafen, morgen Chai trinken, dann geht´s los! Letzte Nacht für Ratte in der Leitung! Letzte Nacht! Schleichen soll sie sich! Chalo! Morgen ist Seife auf deinem Körper kein Problem mehr! Viel Wasser wird fließen! Full power! Aber für heute gilt noch: 24 hours, no shower! Hahaha-ha!"

Dieser Vorfall erinnert mich an ein Gespräch, das ich erst kürzlich mit Monu, dem Eigentümer eines sehr bekannten Hotels in Pushkar, Rajasthan, geführt habe. Es ging um den berühmten, heiligen Pushkar-See, der ein paar Jahrtausende zuvor durch eine heruntertropfende Träne Brahmas, welcher einer der wichtigsten Hindu-Gottheiten ist, entstanden ist. Aus der Träne wurde ein See. Das nennt man Transformation. Pushkar ist übrigens auch der einzige Ort in ganz Indien, in der ganzen Welt, in dem sich ein Tempel, der Brahma geweiht ist, befindet.

Aus verschiedenen Gründen, vor allem aber, weil die Einwohner Pushkars endlich einmal diesen heiligen, aber völlig verdreckten See reinigen wollten, wurde der See komplett ausgepumpt, der am Grund angesammelte Müll entsorgt und neue Leitungen in den See gelegt, um notfalls für Wasserzufuhr zu sorgen, wenn der Monsun wieder mal ausblieb. Doch nach der Reinigung blieb dann wieder mal genau dieser Monsun aus, die Menschen stöhnten unter der Hitze und dem Wassermangel, die Tiere verreckten und die Bauern erlebten einen weiteren Totalausfall ihrer erhofften Ernte. Wasser wurde jedenfalls nicht in den See gepumpt. An einer bestimmten Stelle, am Rande des Sees, lebten zuvor einige sehr große, alte Schildkröten. Ich hatte sie in den letzten Jahren immer wieder für eine Weile, wenn ich zur Zeit des Sonnenuntergangs eine Runde um den See ging, beobachtet. Die letzten zwei Jahre führte der See aufgrund des Regenmangels kein Wasser. Doch dieses Jahr, als ich wieder nach Pushkar kam, war der See durch zugeleitetes Wasser wieder aufgefüllt worden und Pushkar hatte somit seinen alten Charme, sein Aushängeschild – den See - zurückgewonnen.

Ich freute mich darüber, dass sich Brahmas Träne erneut zu einem See verwandelt hatte und wanderte um den heiligen See herum. Schöner Spaziergang, außerdem erschafft man sich damit angeblich auch noch gutes Karma. Kann man immer brauchen. An der Stelle, wo sich früher die Schildkröten befanden, blieb ich stehen und blickte aufmerksam auf den See hinunter - doch ich konnte einfach keine einzige Schildkröte mehr ausfindig machen. Daraufhin dehnte ich meine Suche um den ganzen See herum aus, aber es war nichts zu machen, die Kröten waren wie vom Erdboden - vielleicht auch vom See - verschluckt worden. Das war dann der Grund dafür, dass ich Monu aufsuchte, nämlich in der Hoffnung darauf, dass er mir Auskunft über den Verbleib der alten Tiere mit dem dicken Panzer geben könnte.

"Hallo Monu, Namaste! Sag´ mir, mein Freund, was ist mit den Schildkröten passiert, die zuvor beim See lebten? Keine einzige ist mehr zu sehen! Hat sie jemand an einen anderen Platz gebracht, als der See gereinigt wurde? Oder wurden sie gar verkauft? Oder umgebracht? Wo sind meine Schildkröten? Ich will meine Schildkröten wieder zurückhaben!"

Monu sah mich an und überlegte.

"Nein, nein, sie wurden nicht verkauft. Auch nicht getötet. Aber was denkst du denn - wie soll man sie denn töten? Wer kann solche Schildkröten töten? Sie sind sehr stark, weißt du, NIEMAND kann sie töten! Manchmal kommen sie noch immer. Als man begann den See zu säubern und auszupumpen, sind die Schildkröten auf den Hügel hinaufgegangen (dieser befindet sich etwa 1,5 Kilometer weit vom See entfernt...), nun kommen sie manchmal runter. Ja, auf Besuch! Sie sind sehr schnell! (Mein ungläubiger und fassungsloser Gesichtsausdruck war mit Sicherheit nicht mehr zu übertreffen...). Sie lieben es, die Plätze zu wechseln! (All die Jahre zuvor waren sie immer bloß auf dem EINEN Platz beim See gewesen...). Aber natürlich, den Pushkar-See lieben sie am meisten. Ist ja auch heilig, ja. Sind große Schildkröten, ja, uralt - vielleicht 800 Jahre? Sie sind fast unsterblich!"

Nun lachte er laut und erleichtert auf. Dann fuhr er fort:

"Sehr schnell und sehr stark! Full power! Also, heute hast du sie nicht gesehen? Ok, dann werden sie wahrscheinlich morgen zurückkommen, ja, sicherlich, MORGEN kommen sie wieder vom Berg zurück, dann kannst du ein Foto von ihnen machen!"

Das war´s dann auch wieder einmal, ich wurde mir selbst überlassen, da Monu von einem Touristen gerufen

wurde, dessen Zimmer soeben von einer kleinen Über-
schwemmung, verursacht durch die defekte Wasserleitung im angrenzenden Bad, heimgesucht wurde. So blieb
mir also genügend Zeit, ganz ruhig und alleine über all
diese Neuigkeiten zu staunen.

Aha! Na klar! So wird´s wohl sein! Wieso bin ich nicht
selbst auf diese Schlussfolgerung von Schildkrö-
ten-Hügel-See-Besuch gekommen? Letztlich war ich
sogar froh darüber gewesen, dass Monu nicht noch einen
Schritt weiter gegangen war, indem er zum Beispiel einen
bestimmten Tag, wie etwa Mittwoch, für die Rückkehr der
Schildkröten prophezeit hatte... Nein, das tat er zum
Glück nicht, somit hatte er auch nicht die allerletzte zu-
gelassene Grenze überschritten...

Ich möchte an dieser Stelle nochmals meinen gut
gemeinten Rat an alle Indien-Reisenden wiederholen:
Solltet ihr wirklich mal eine wichtige Frage in diesem Land
haben und der Versuchung nicht widerstehen können,
diese auch zu artikulieren, dann bloß der Neugierde und
des Interesses wegen, die indische Denkart näher studieren zu wollen! In keinem Falle in der Hoffnung und
Erwartung, eine klare Antwort auf eine klare Frage zu
erhalten! So schützt ihr euch am besten, solcherweise
befindet ihr euch mental weiterhin auf sicherem Terrain...

Zurück nach Gokarna, zurück zu meinem Gespräch
mit Shekhar, zurück zur Ratte in der Leitung. Als mir
Shekhar ein weiteres Mal versichert, dass ihm die Hitze
des heutigen Tages die letzten Kraftreserven geraubt
habe und er sich erst am nächsten Tag um die Wasserleitung kümmern könne, verabschiede ich mich von ihm
und gehe zurück in mein Zimmer, um eine weitere Stunde
zu meditieren. Danach entschließe ich mich, Abendessen

zu gehen und auf dem Weg zu einem meiner Lieblings-
restaurants passiere ich die zwei Duschen. Beide sind
besetzt und ich höre Wasser rinnen. Wie gibt´s denn das
nun, frage ich mich? Haben die Inder doch schneller als
erwartet ihren Sonnenstich überwunden und die Wasserleitung reparieren können?! Habe ich ihnen mit meiner
Vermutung, dass sie einen weiteren Tag faulenzen wollen, Unrecht getan? Wie auch immer, das Wasser fließt
wieder! Ich treffe Shekhar im Restaurant, durch das ich
durchgehen muss, um auf den Strand zu gelangen. Ich
frage ihn, wie er es nun angestellt hat, so schnell den
Schaden zu beheben und was nun mit der großen Ratte
geschehen ist. Das interessiert mich natürlich am meisten!

Ich kann nicht wissen, dass für ihn der Grund des
neuerlichen Funktionierens der Leitung völlig klar ist und
er mich deswegen ein wenig gelangweilt anblickt. Nicht
mal ein (indisches) Kind würde jemals eine so dämliche
Frage stellen, lese ich klar aus seinem Gesichtsausdruck
heraus. Und erneut, wie zu oft, erwischt mich seine
Antwort völlig am falschen Fuß. Für diese Erklärung, die
er mir nun bietet, bin ich völlig unvorbereitet. Die Inder
sind darin, bei Überraschungseffekten punkten zu können, wirklich kaum zu übertreffen, das muss ich schon
zugeben. Das beherrschen sie verdammt gut. Das gelingt
ihnen mit einer Leichtigkeit, sie machen die großen
Punkte und lassen mich dann alleine und blöd dastehen,
zuweilen auch mit einem offenen Mund, den zu schließen
ich mich zu erinnern habe. Denn einen so blöden Eindruck möchte ich auch wieder nicht machen.

"Die Ratte", erklärt mir Shekhar, während er die Lektüre seiner Zeitung erneut aufnimmt, "hat die Leitung
wieder verlassen." Nicht mehr und auch nicht weniger

gibt es dazu zu sagen. Das ist es. Punkt. Wie kann es sein, dass ich auf diese Möglichkeit nicht selbst draufgekommen bin? Obwohl es doch so naheliegt! So einfach ist das alles. So einfach. Ich habe wohl noch immer die simplen - indischen - Lektionen des Lebens zu lernen. Ich bin weiterhin offen für sie. Und der Ratte wünsche ich alles Gute.

9. HOLI IN DELHI

Wir sind gerade aus Haridwar mit dem Zug in Old Delhi angekommen und der Zug hat nur eineinhalb Stunden Verspätung für die geplante sechseinhalbstündige Fahrtdauer gehabt, liegt damit also etwa im Durchschnitt der sich verspätenden indischen Züge. Das macht nichts, es ist erst 6.30 Uhr morgens, wir haben also noch den ganzen Tag vor uns, wir haben nichts versäumt.

Ich habe meine Mutter ein paar Wochen zuvor eingeladen, mich in Indien besuchen zu kommen; sie war hocherfreut darüber und hatte sofort eingewilligt. Vor gut zwei Wochen habe ich sie in Delhi abgeholt, der Rückflug war für fünf Wochen später gebucht. Ich habe nicht immer das entspannteste Verhältnis zu meiner Mutter gehabt. Das hat natürlich vielerlei Gründe, einer davon ist sicherlich ein ständiger Unabhängigkeits- und Freiheitsdrang meinerseits schon in frühen Jahren gewesen, der nicht wirklich mit diversen Erziehungsmethoden beziehungsweise Restriktionen in Einklang zu bringen gewesen ist. Revolution! Freiheit!

(The `WHO´: "People try to put us down, just because we get around - things they do look awful cold, hope I die before I get old" - und ich tanzte wild dazu! - `My Generation´). Das alles hat natürlich auf beiden Seiten einige Narben hinterlassen und wir bemühten uns die darauffolgenden Jahre um mehr Harmonie, aber zuweilen holte uns die Vergangenheit ein; ein nur kleiner Funke genügte und Bumm! – Ok, lassen wir das.

1995: Ich war mit meinem sehr guten Freund Mani per Anhalter nach Indien gestoppt und dort tatsächlich auch angekommen, verspürte ich die dringende, in mir nagende Notwendigkeit, meine Vipassana-Meditation zu vertiefen. Ich hatte 1989 begonnen, diese Technik zu praktizieren und viel hatte sich seither in mir und um mich herum bewegt und verändert. Doch da war etwas, womit ich endlich abschließen wollte und nun hoffte ich, dieses Muster durchbrechen zu können. Ich wusste auch aus eigener Erfahrung, dass das mit dieser Art von Meditationstechnik, die man ebenfalls als Reinigungstechnik bezeichnen kann, durchaus möglich war.

Ich machte vier Zehn-Tages-Kurse in etwa sieben Wochen. Das bedeutet, da man ja einen Tag vor dem richtigen Beginn des Kurses bereits im Zentrum, wo es abends eine Einführung gab, zu erscheinen hatte und ein Tag nach dem Zehntages-Retreat noch der Abschluss mit `metta´ (Liebende-Güte-Meditation) war, dass man nahezu zwölf Tage im Meditationszentrum verbrachte. Ich beendete also einen Kurs und begann sofort mit dem nächsten. Vier Male hintereinander am Stück.

Ich erzielte, wie sich später herausstellen sollte, den von mir erhofften Durchbruch und fühlte mich extrem in meiner Mitte, ausgeglichen und in meiner Kraft. Wie schon die Jahre zuvor setzte ich meine tägliche Praxis fort. Ich saß zumindest zwei Stunden täglich - eine nach dem Aufwachen frühmorgens und eine vor dem Schlafengehen. Ich erinnere mich, was der Lehrer Goenka diesbezüglich gesagt hat: "Once you keep and continue with the meditation practice two times, each for an hour, a day for at least one year without a break, you will not lose it anymore."

Nun, in meinem Falle bewahrheitete sich das.

Mir ging es also wirklich gut, ich war froh darüber in Indien zu sein, genoss mein Leben und aus diesem inneren, ausgeglichenen Zustand heraus rief ich meine Mutter an und fragte sie, ob sie nicht auch mal Thali essen und Chai garam trinken wollte. Die Antwort war ein erfreutes "Ja!"

Unglaublich, was fünf Wochen alles bewirken können und wie es mir nach Mutters Heimflug ging, in welch´ einem veränderten, weniger zentrierten Zustand ich mich da wieder befand - aber lassen wir das, darum geht's in dieser Geschichte nicht, nur so viel: Es ist wirklich unfassbar, wie hart die innere Arbeit ist, wie viel Anstrengung sie erfordert, um unter anderem in neue, subtile innere Bereiche vorzudringen und den Geist zu reinigen und wie extrem leicht die Früchte dieser Arbeit wieder beim kleinsten Windhauch verloren gehen können. Das geschieht genauso lange, bis man sich selbst, das Zentrum, die `Seele´, was auch immer, nicht nur berührt und gefunden, sondern auch im täglichen Leben stabilisiert und integriert hat. Sonst gilt wirklich das unselige Sprichwort: "Wie gewonnen, so zerronnen".

Wir besuchten Rishikesh, Laxmanjhula, wo wir Freunde von mir aus Österreich trafen und gemeinsam eine schöne Zeit verbrachten. Meiner Mutters individueller Unternehmungsgeist veranlasste sie, zweimal bei einem abendlichen Spaziergang hinaus aus Laxmanjhula Richtung Ganges zu gehen; jedesmal nach dem Sonnenuntergang, wovon ich ihr stark abgeraten hatte; wie gesagt, abgeraten, denn ich konnte ihr ja nicht etwas verbieten, oder? Abraten, hinweisen, empfehlen, aufmerksam machen - all das ist ok, es gibt der betreffenden Person noch immer das Gefühl, selbst entscheiden zu können, ob sie den Rat annimmt oder nicht. Ein Verbot kann sehr leicht eine genau gegenteilige Reaktion zur Folge haben, und ich möchte nicht zu erwähnen vergessen, dass meine Mutter ein Sturschädel war und noch immer einer ist.

Zweimal also ins nächtliche Abenteuer (sie ist auch nicht dumm und teilte mir das nie vor dem Spaziergang, sondern bloß hinterher mit); einmal kam sie zurückgelaufen, um von dem höchst erregten, supergeilen, ölhaarigen Inder zu erzählen, der sie von hinten kommend auf einem Felsen überraschte und sie unverzüglich in das uralte indische Wissen des Kamasutras einführen wollte ("You very beautiful! I like! You and me kiss?! I like - you like! Many things we doing - much enjoy, full experience!") und als er dann auch ein wenig körperlich zudringlich, um nicht zu sagen handgreiflich wurde, schrie meine Mutter ihn an, hüpfte wie ein junges Reh vom niedrigen, heiligen Ganges-Felsen runter und nahm in ihren 25 Rupien-Schlapfen ein unerwartet schnelles Reißaus.

Männer machen Beine. Indische Männer zuweilen Sprinter-Beine.

"Er hat schon richtig aus dem Mund gesabbert!" Ja Mama, das kommt vor.

Beim zweiten Mal wurde sie von vier oder fünf Hunden attackiert. Anscheinend wusste meine Mutter keinen anderen Ausweg aus der Situation und der Dunkelheit (Ich: "Was? Wie oft habe ich dir schon gesagt, dass du abends immer eine Taschenlampe bei dir tragen sollst?! Und einen Stock wegen den Affen und den Hunden?!" - Ich kann mich nicht erinnern, ob ich auch Männer erwähnte, aber aufgebracht war ich, ja hört sie denn nie auf mich? Muss ich mich ständig um sie sorgen und mir Gedanken um sie machen, da sie es vorzieht, ihren Kopf durchzusetzen?!... - Mutter, Mutter!), als beruhigend auf die Hunde einzureden. Leise, liebevoll und ganz ruhig. Das hörte sich dann in etwa so an: "Nananana, nonono, tschtschtsch."

Ich weiß nicht genau, ob es eher ein Reflexmechanismus ihrerseits war, sich selbst Ruhe und Vertrauen einzureden, um diese Situation unverletzt und heil zu überstehen. Ich weiß, wie es ist, wenn man in Asien von herumstreunenden Hunden, die hungrig sind und tagsüber ständig von den Menschen misshandelt werden, angefallen wird. Nicht lustig. Man braucht ein gewisses Glück, um nicht gebissen zu werden. Aber dieses gewisse Glück braucht man ja im Leben ohnehin ständig, sonst schaut's gar nicht gut aus.

Nur einmal war's so richtig lustig mit den Hunden. Muss 1991/92 gewesen sein. In Ubud, auf Bali. Ich hatte soeben den Abend mit einer Deutschen verbracht (oder war es eine Engländerin gewesen...?) und das erste Mal `Arak´ - dieses grauenhafte, billige, in Plastiksäckchen abgefüllte indonesische Whisky-Zeug getrunken, zu viel davon und zu schnell. Das Resultat war traurig. Die Deutsche (Engländerin?) wollte daraufhin nicht die Nacht mit mir verbringen, da ich ihr zu hoffnungslos besoffen war. Ja, sicher, eine Enttäuschung, aber nicht ernüchternd genug. Und auf meinem nächtlichen Heimweg gesellten sich dann einige aggressive Hunde zu mir, die nicht wirklich was mit mir überfröhlichen, laut in die Nacht hinein singenden, herumwankenden Typen anzufangen wussten, noch dazu, weil ich völlig furchtlos war (der Alkohol, der kann's zuweilen...); hinzu kam, dass ich ständig den Film in mir rennen hatte, nämlich das Leben als Absurdität zu betrachten: Nicht die schöne, anfangs auf mich so geile, blonde Deutsche (Engländerin?) begleitete mich nun zurück in mein großes Himmelbett, um mich zu erwärmen und mein Herz zu berühren, nein, das Universum schickte mir diese kläffenden Köter, die mein

Herz zerreißen und meinen warmen Körper zerfetzen wollten, es aber aufgrund meiner Angstlosigkeit nicht taten; und das mutete so lustig, komisch und tragisch an, dass ich nicht aufhören konnte zu lachen, zu lachen und zu lachen (mein Lachen hatte das Singen ersetzt - beides aber war laut gewesen).

Da willst und sehnst du dich nach Wärme, Alter, sagte ich mir wiederholt, aber anstelle der wunderschönen Brüste und feuchten Oberschenkeln der wunderschönen Frau blicken dich nun gelbe, scharfe Zähne an, die nichts Sanftes bedeuten... Fuck it baba, auch das kommt vor!

(Wenigstens hat mir die Erinnerung an diese Geschichte wieder mental auf die Sprünge geholfen: Die Schönheit war eine Holländerin gewesen und ich sah sie leider nie mehr wieder. Dabei hatten wir uns so gut verstanden. Manchmal bekommt man mit ein und derselben Person nur eine wirklich gute Chance im Leben. Zu oft nicht mal diese).

Das von meiner Mutter den Hunden gegenüber intuitiv verwendete Mantra ("Ist ja gut, ihr braucht euch nicht aufzuregen, ist ja gut") zeigte sofortige Wirkung und die Hunde begannen zu winseln, schnupperten liebevoll an ihr herum und ließen dann ganz von ihr ab. Wie schon bei dem schmachtenden Inder nahm meine Mutter Reißaus in ihren billigen indischen Schlapfen... Wieder mal alles gut gegangen. Zweieinhalb Wochen der gemeinsamen Reise in Indien lagen bereits hinter uns - oder, kritischer betrachtet, lagen noch vor uns. Was ihr wohl noch alles an Streichen einfallen würde? Im Leben kommt´s ja immer darauf an, wie man die Dinge betrachtet. Immer positiv denken und eingestellt bleiben. Wird schon alles gut gehen. Hoffentlich.

Die nächste kleine Meinungsverschiedenheit ließ nicht lange auf sich warten. Um den Zug nach Delhi zu erreichen, mussten wir zuerst mit dem Bus von Rishikesh nach Haridwar fahren, von wo aus der Nachtzug startete. Eine indische Zugstation, nichts Besonderes, überall lagen Leute herum, warteten, schliefen, aßen, bettelten und stahlen. Ein nicht unbeträchtliches, aber natürlich auch nicht ungewöhnliches Chaos in diesem Land. Lärm vor der Station, in der Halle, auf der Plattform. Der Zug verspätete sich, eine alte, ebenfalls nicht ungewöhnliche Idee kam auf, nämlich noch einen Chai zu trinken.

Der verspätete Zug, das ganze indische Zugsystem waren daran schuld. Ich muss ihnen die Schuld zusprechen, denn nur aufgrund der elendigen Verspätung hatte meine Mutter länger als sonst Zeit herumzuschauen und ihr gefiel gar nicht, was sie sah. Man kann es auch so beschreiben, nämlich dass ihr Herz eine spontane Öffnung erfuhr. Ich erinnere mich noch gut daran, als ich in Österreich meine Diplomarbeit über die Frage der Erleuchtung im Mahayana-Buddhismus und dessen verschiedene Bodhisattvas (`Erleuchtungswesen´, die aber die endgültige Erleuchtung verneinen beziehungsweise so lange aufschieben, bis sie allen Wesen auf diesem Planeten auf dem Weg zur Erleuchtung geholfen haben...) schrieb und meine Mutter wiederholt, kein bisschen selbsterhebend (...), mit dem Finger jubelnd auf sich selbst zeigte und folgendes Statement abgab: "Ich bin eine Bodhisattva!" Das alles ist recht lustig, ja, ich meine in Indien kann man sich vielleicht aufführen wie und sagen was man will, doch in Österreich? Gut, dass alle Fenster geschlossen waren, aber höchstwahrscheinlich hätte ohnehin keiner der Nachbarn irgendetwas mit diesem Begriff anfangen können. Doch was, wenn Mutter plötzlich der Einfall gekommen wäre, ihre neue Retterrolle auf Österreichs Straßen zu verkünden? Alle paar Kilometer weit haben wir ein Irrenhaus stehen und die Leute kommen schneller rein, als sie wieder rauskommen...

Vielleicht auch aus Langeweile, der Verspätung des Zuges trotzend, gebar meine Mutter nun folgende Idee: "So viel Armut! Die Leute schlafen ja am Boden, in diesem Dreck! Siehst du das, Markus?! Und du hast noch nichts gemacht? Die meisten haben nicht mal eine richtige Decke (das Unvermeidliche wurde angesprochen, wir nähern uns dem Kern ihrer Idee) und es ist kalt! Tut denn die indische Regierung gar nichts für diese armen Leute? Die können doch erfrieren!"

Noch war ich nicht auf das Schlimmste gefasst.

"Leider haben wir nicht mehr genug Zeit, und außerdem haben hier schon fast alle Geschäfte zu. Aber du musst mir versprechen, Markus, dass du das nächste Mal, wenn du wieder nach Rishikesh fährst, hier 200-300 Decken kaufst und sie dann an all die armen Leute verteilst, versprochen? Da muss man ja doch was machen!"

Gut gemeint, doch ich kenne das Spiel. Ich kann die Decken kaufen und verteilen (egal wie viele, es werden immer zu wenige sein, denn wenn die Inder von der Sache Wind bekommen, spricht sich so was in Sekundenschnelle herum und sie kommen angerannt, und zwar in Massen, von überall und nirgendwo). Einige werden sich über wärmere Nächte freuen, viele aber werden die Decken wieder um den halben Preis oder noch weniger möglicherweise sogar demselben Händler, dem ich diese zuvor abkaufte, zurückverkaufen und mit dem Geld was anderes machen; zum Beispiel eine Flasche Whisky kaufen oder Zigaretten oder Betel oder zwei Kinokarten oder ein neues T- Shirt mit dem Aufdruck des neuesten

Bollywood-Stars. Was auch immer. Aber ich hatte auf diesen ganzen indischen Movie wenig Lust, was Mutter gar nicht verstehen konnte.

Was ich wiederum verstehe. Denn es kommt ja auf die Geste an sich an.

Aber: Mutter, verbringe mal mehr Zeit in diesem Land. Then you will see...

Es gibt eine Sache, die die meisten Mütter ihren Kindern gegenüber auszeichnet und eine zweite, wenn sie das erste Mal in Indien sind.

Erstens: Sie lassen sich praktisch nie belehren (auch wenn man's gut mit ihnen meint!) und zweitens glauben sie den Sprösslingen nicht so richtig.

Aufgrund von zeitlichen Umständen kommen wir mit dem Zug in Delhi am Tag des großen, berühmt-berüchtigten Wasser- und Farbenfestivals, Holi genannt, an. Es ist wahrscheinlich das bedeutendste Festival in Indien. Ich kenne dieses so extrem verspielte, verrückte, alle (auch physischen) Schranken und viele Tabus brechende Fest schon von vorhergehenden Jahren und habe es schätzen, lieben und fürchten gelernt. Die letzten Jahre über habe ich mich während der Holi-Feier in meinem Zimmer eingeschlossen, bis der Spuk am späten Nachmittag dann langsam vorbei war; stolz und froh darüber, den Tag farbenfrei, trocken und mit intaktem Augenlicht überstanden zu haben - denn während diesem Festival verlieren die Hindus nahezu ihre letzten Hemmungen, denn ja, natürlich, es ist auch eine Menge Alkohol im Spiel...

Noch nie zuvor bin ich während Holi jedoch in Delhi gewesen und habe mich daher auch auf das Schlimmste vorbereitet. Ich meine Holi! In Delhi! Der Vorsatz ist klar, nämlich unser Hotelzimmer untertags auf keinen Fall zu verlassen und draußen die Massen feiern und herumspritzen zu lassen.

Ich bin froh darüber, frühmorgens in Delhi anzukommen und rechne mir doch eine gute Chance aus, noch unbehelligt das Hotel zu erreichen; trotzdem bin ich für alle Fälle relativ gewappnet, ich habe eine große Plastikhülle über meinen großen Rucksack gespannt, mir selbst eine Regenjacke und Kapuze übergezogen und einen unschuldigen Blick aufgesetzt. Dem Rikscha-Fahrer (Mutter wollte eine Fahrradrikscha nehmen, um während dieser langsamen Fahrt "mehr von Delhi und den Bewohnern" bis zur Hotelankunft zu sehen) habe ich klargemacht, dass er doch bitte die direkteste und schnellste Route zum Main Bazar nehmen und alle seine Beinmuskeln einsetzen möge, um dafür dann noch zwanzig Rupien extra zu kassieren.

Der Plan ist an und für sich nicht allzu schlecht. Es ist noch relativ früh, gegen 6.30 Uhr. Meiner Mutter jedoch kann ich die möglichen Gefahren an diesem besonderen Holi-Tag nicht deutlich genug vermitteln: Nämlich Wasser, das von den Dächern heruntergeschüttet wird, heranstürmende indische Männerhorden, die westliche Busen begrapschen oder Mutter zum Tanz auffordern wollen, erschreckendes Geschrei und Gejohle und enthemmte Alkoholisierte. Und die hohe Wahrscheinlichkeit, mit der ganzen Bandbreite an bunten, chemischen Farben von oben bis unten vollgeschmiert zu werden…

Aber nein. All dies flößt meiner Mutter keine Angst ein. Natürlich musste sie eine weiße Hose anziehen und oben eine grüne Bluse. Regenschutz? Wozu? „Geh´, Markus! Die schlafen doch noch alle, siehst du nicht, da liegen sie alle gleich neben der Straße! Nicht mal einen Gehsteig gibt es hier!" (Mir schwant Fürchterliches: Bitte, bitte, nur keine `Bodhisattva´ - Idee bereits am frühesten Morgen! Ich habe noch nicht einmal einen Chai getrunken! Ich bin noch gar nicht richtig wach!)...

Ok, ok, es wird schon alles gut gehen. Mutter hat schon recht, mehr als ein bisschen Wasser und ein paar Farbflecken dürften uns zu dieser Uhrzeit nicht blühen und der Rikscha-Fahrer hat wirklich Muskeln in den Beinen! (Wahrscheinlich benützt er sie auch der eigenen Sicherheit wegen so intensiv!). Nur schnell die Touristen abliefern, dann ist die Nachtschicht vorbei und nichts wie weg nach Hause, wo warme Chapatis, Dhal oder Chana warten, alles zubereitet von seiner liebevollen Frau, die intensiver Hoffnung ist, dass der müde Ehemann nach langer, körperlich anstrengender Nachtschicht nicht auch noch ihre warmen Oberschenkeln einfordern wird. Gewiss, Anrecht darauf hat er schon, er ist es schließlich auch, der das Geld nach Hause bringt und was ist sie schon als indische Frau ohne ihn? Daher wird sie bei seiner Rückkehr auch lächeln und ihm das Gefühl signalisieren, dass sie in jedem Falle bereit dazu ist, ihren ehelichen Pflichten nachzukommen, soweit er dies wünscht, geduscht hat sie jedenfalls schon. Sie weiß auch, dass im schlimmsten Falle ihr Körper für höchstens drei bis vier Minuten gebraucht wird, um ihrem persönlichen Gottesmann, ihrem Shiva, allerhöchste Lust zu bereiten. Und ja, damit kann sie leben, besser als einen furchtbaren Streit zu provozieren, den sie nicht nur verlieren, sondern in dem sie möglicherweise als Konsequenz auch noch geschlagen wird. Und zuallerletzt erst recht, und zwar ruck-zuck, ihre Beine zu spreizen hat und dann ist ihr ehelicher Gott noch dazu, weil erzürnt, erbost und erniedrigt, um einiges rücksichtsloser und brutaler als sonst. Aber sie kann sich nicht beklagen. Man gewöhnt sich an vieles und es ist auch nur so, wie es überall ist und es der guten indischen Sitte nach zu sein hat.

Inzwischen zieht mich Mutter ein wenig wegen meiner engen Regenschutzkappe, dessen Gummi sich fest in meine Stirn eingräbt und tiefe Furchen verursacht, auf: "Süß schaust aus, wie ein kleiner Hase!"

Ja, Mama. Danke. Aber nicht vergessen: Heute ist Holi!

Holi ist nicht nur ein Fest, an dem freudigste Emotionen hochschwappen und das Wesen der indischen Psyche eindeutig und unmissverständlich offenbart wird, es ist das bunteste und farbenfrohste Fest Indiens schlechthin. Es ist auch jenes Festival, an dem einige Unternehmen in Indien sehr gutes Geld verdienen. Tagelang vor dem Start des bunten und ausgelassenen Treibens werden überall in Indien Tonnen an Farbpulver an die begeisterten Teilnehmer verkauft. Diese wiederum schmieren oder wischen ihrerseits entweder unverblümt aktiven Mitspielern oder gänzlich Unschuldigen und Ahnungslosen als Zeichen der universellen Brüderschaft das Pulver ins Gesicht, auf die Haare oder aufs Gewand. Oder sie verdünnen es mit verseuchtem Wasser und füllen die Mischung in die 22 Rupien-Spritzpistolen ein, um damit wild herumzuspritzen und -zuschießen; immerhin kann der Inhalt das ausgesuchte Opfer sogar in meterweiter Entfernung erwischen.

Als weitere Alternative, in Ermangelung der 22 Rupien (oder weil's so noch lustiger ist und der Inhalt von sogar noch größere Distanz abgefeuert werden kann...), füllen die ganz Schlauen die verdünnte Farbmischung in kleine Plastiksäckchen, verschließen sie gut, und werfen sie auch aus großer Entfernung auf das völlig überraschte Opfer, denn durch den Aufprall platzt das kleines Säckchen auf und man ist voll über mit Farben befleckt. Hahaha! Das ist gemein. Auch weil die Täter praktisch, weil unerreichbar, unbestraft bleiben, sie hocken oder stehen irgendwo, wer weiß schon wo. Eine andere effektive Variante: Es kommt eine farbige Wasserbombe von einem hohen Dach heruntergezischt oder sie wird von einem vorbeifahrenden Motorradfahrer abgefeuert oder... Ich denke, der Leser hat es nun begriffen: Es herrscht totaler, unkontrollierter Farben- und Wasserkrieg, die Zahl der Opfer bleibt immer unbekannt, niemand will von ihnen wissen, niemand kommt ihnen zu Hilfe - selber schuld sind jene mit ihrem so ungünstigen Karma! Müssen Menschen ohne Glück bereits im vorigen Leben gewesen sein!

Die Zeitungen berichten schon etwa eine Woche im Voraus vom anstehenden Festival; einige versuchen sogar Bewusstseinsarbeit zu leisten: "Don´t buy chemical colors - use natural ones! Don´t put colors directly into mouth, eyes or ears! Don´t eat the colors - your stomach won´t forgive! Eye doctors on high alert!"

Naja. Man kann aber bemerken: Es ist wirklich gut gemeint.

Am meisten betroffen sind die Augen. Zu oft sind sie die Zielscheibe des chemischen Cocktails und es gibt Fälle an Erblindung. Darüber wird nicht wirklich berichtet, nur sehr peripher, schließlich ist Holi ein Fest der Freude und Ausgelassenheit, das ist nicht zu verleugnen. Dieses soll nicht von Berichten über einige unangenehme Verletzungen getrübt werden! Es ist auch wirklich schön, Zeuge dieses unendlichen Übermutes und der Spontaneität sein zu dürfen; es ist eine ungeheure Energie kollektiver Lebendigkeit. Die Inder selbst nutzen dieses Festival auch (unbewusst) oft dazu, um angestaute Hemmungen, soziale Barrieren, Frustrationen und kastenmäßige Beschränkungen abzubauen und es wird drauflos gespielt, wild gefeiert, getanzt und gefärbelt - hopp oder dropp.

Nebst den Augen ist auch das weibliche Geschlecht ein extrem begehrtes Angriffsziel; die allermeisten indischen Frauen spielen ohnehin nur zuhause Holi, innerhalb der geschützten, familiären vier Mauern. Aber für die indischen Männer gibt es da noch eine andere, äußerst beliebte Zielgruppe, der sie gerne ihre Aufmerksamkeit aufgrund deren Unerfahrenheit und naiven Unschuld zuwenden: Westliche Frauen!

Die meisten Westler, die öfters nach Indien kommen, handhaben es ähnlich wie ich und verschanzen sich mit einem guten Buch, guter Musik und - oder - einem guten Lover in ihrem Zimmer, bevorzugt mit Zimmerservice, sodass auch für Essensnachschub gesorgt wird. Dort warten sie mal das Ärgste ab, bevor sie gegen 17-18.00 Uhr mit dem gewissen Grinsen "Bin ich froh, dass der Wahnsinn wieder vorbei ist!" sauber die indische Außenwelt betreten und genüsslich farben- und sorgenfrei bei einem Straßenverkäufer guten Tee trinken. Die haben es eben gewusst, wie man ein solches Fest am besten übersteht, wenn nicht gar umgeht!

Nicht aber so jene, die das erste Mal nach Indien kommen. Sie stürzen sich mit Begeisterung in einen bis dato für sie völlig unbekannten kollektiven Rausch, in eine grenzenlose Farbenbesinnungslosigkeit, dass auch vielen von ihnen Hören (es wird auch sehr laut getrommelt, um unter anderem das Farbenspritzen anzufeuern...) und Sehen (siehe oben...) vergeht. Manchmal spielen jene

Touristen, sollten sie noch im Besitz ihrer Sehkraft sein und einen weiteren Trip in dieses verrückte Land wagen, ein zweites Mal mit, doch zumeist ist das auch schon das Limit; spätestens dann hat man, vor allem als westliche Frau, insofern sie nicht einen Hang und Drang zum Exhibitionismus hat, mehr als genug von der männlich-indischen Freude und Gier nach unerschrockener Körpernähe.

Sie kommen von vorne, hinten, seitlich, von überall. Zumeist in größeren Gruppen, darin sind die Inder gut, im Kollektiv spüren sie sich und trauen sich auch etwas; einer schmiert der noch höflich-lächelnden, ihrem Schicksal ergebenen Amerikanerin Farbe ins Gesicht, ein anderer steckt gleich den Mittelfinger (mit oder ohne Farbe, das ist in diesem Moment nicht mehr das Wesentliche...) in den überraschten, offen stehenden Mund, sodass sie nicht los brüllen kann, während von hinten ein, zwei Inder ihren sensiblen Busen fest umfassen und ein anderer Farbe über ihre Hose (ja, es gibt auch solche naive Frauen, die gar einen kurzen Rock tragen, wirklich!) schmiert, alles mehr oder weniger im Schutz der farbigen Staubwolken, sodass sich für diese Amerikanerin letztlich die Frage "Wer hat jetzt was gemacht?" schmerzlichst erübrigt; sie kapituliert und ordnet dieses Erlebnis als unumgängliche Erfahrung dieses Festivals ein. Vielleicht wird sie ihrem Freund nicht erzählen, wo sie noch überall berührt, betastet und gedrückt wurde und auch nicht, dass ihr das - zur eigenen Überraschung natürlich! - sogar gewisse Lust bereitet hat! Das muss natürlich auch nicht so sein, das will ich hier ausdrücklich anmerken, um mir nicht etwa den Unmut meiner weiblichen Leserschaft zuzuziehen! Alles, nur das nicht! Also führe ich zusätzlich gleich noch an, dass niemand die Tatsache leugnen will, dass wir Männer Schweine sind! Vielleicht aber will diese Frau ja auch nicht immer alle Details ihrem Freund verraten. Vielleicht verdient er auch gar nicht so sehr dieses Maß an Vertrauen. Vielleicht hat er sie gar schon länger gar nicht mehr berührt, betastet und gedrückt. Vielleicht beschließt sie, nach diesen unerwarteten körperlichen Begegnungen im Holi-Rausch sogar die Beziehung zu beenden. Vielleicht. Wer weiß.

Ich erzähle keinen Scheiß. Ich habe diese Situationen unzählige Male zum Beispiel von der hohen, durch Mauern geschützte Terrasse irgendeines Hotels beobachtet, mich über die Leichtsinnigkeit der westlichen Frauen gewundert (weniger über die Dreistigkeit und Unverschämtheit der männlichen, indischen Horden, die ja oft ihre sexuelle Unterdrückung nicht anders auszuleben wissen...) und auch weitere Dinge beobachtet. Und ich habe einen Film, auf CD gebrannt, von Holi in Pushkar, den ich einem Inder abgekauft habe, wo dieses ganze, letztlich auch sehr sexuell-gesteuerte Treiben festgehalten ist! Ja, also wie gesagt, ich erzähle keinen Scheiß. Ich erzähle nur wahre Geschichten. Über Holi.

Meine Mutter und ich befinden uns etwa auf halbem Weg zu unserem Hotel, ungefähr 10 Minuten Fahrzeit liegt schon hinter uns und was meine Mutter sieht, ist vor allem viel Armut. Armut, die sicherlich unter die Haut geht, wenn man vor allem erstmals in einem Land wie Indien von Angesicht zu Angesicht, also nicht nur über einen Fernsehkanal, damit konfrontiert wird. Die Details dieser erschreckenden Armut überlasse ich jemand anderem zur Beschreibung. Nur so viel, es stimmt, zum Teil muss man eine starke Fantasie besitzen, um sich ein Überleben unter solchen härtesten und absolut menschenunwürdigen Bedingungen vorstellen zu können; und als Betroffener einen ungeahnt starken Überlebenswillen, gepaart mit der Mentalität der Akzeptanz des eigenen Schicksals haben. Auch der Glaube, die Hoffnung an irgendetwas Höheres, Übermenschliches, in Indien bevorzugter Weise an irgendeine Manifestation des mannigfaltigen göttlichen Pantheons, die schon irgendwie, irgendwann, irgendwo alles wieder zum Guten richten wird - so wie es ja eigentlich von Anbeginn hätte sein sollen, wäre es nicht anders gekommen - muss vorhanden sein.

Die Hoffnung stirbt immer zuletzt; immer. Sie ist der allerletzte Strohhalm, an dem der Mensch selbst dann noch kaut, wenn es nichts mehr zu kauen gibt. Da bleibt dann nur noch - aber immerhin - die Erinnerung an eben diese Hoffnung. Auch wenn sie schon längst tot ist.

Ich schwitze unter der geschlossenen Regenjacke. Müde bin ich auch noch immer. Ich freue mich aufs Bett. Meine Mutter weist mich gerade schon wieder auf ein halb verhungertes, etwa drei Jahre altes Kind hin, das neben der Straße mit ihren Eltern und drei Hunden liegt; ohne Decke, nur mit Unterhose bekleidet, der ganze Körper übersät von Fliegen und Mücken. Es schläft, beruhige ich meine Mutter, es schläft, es ist (noch) nicht tot.

Das meine ich überhaupt nicht zynisch. Ich hoffe immer das Beste, gerade für die Ärmsten der Armen. Natürlich werde ich auch wütend ob des Zustandes dieser Welt, ob dieser eklatanten Ungerechtigkeiten, dieser unglaublichen Kluft zwischen Reich und Arm. Ich hoffe, dass auch die Ärmsten der Armen einen Weg raus aus dieser elendigen Misere finden mögen, einen Ausweg aus diesem Jahrtausende alten Kreislauf und ich hoffe, weil man ja nicht unbedingt davon ausgehen darf, dass eine Veränderung zu Gunsten der Armen von Seiten der Reichen geschaffen wird, dass eben diese von den Armen Indiens selbst ausgehen möge: Dass sie begreifen werden, dass vielleicht alles gottes-, aber sicherlich nicht kastenbedingt im Leben sein muss; dass sie sich nicht dem Diktat des elenden Kastenwesens unterzuordnen haben; dass sie sich dem also nicht weiterhin beugen mögen; dass ihnen die Einsicht kommen möge, dass `Gott´ selbst das Kastenwesen niemals erschaffen hat, dass es menschengemacht und menschenverachtend ist und zwar mit der Absicht, eben nicht (Chancen- und Menschen-) Gleichheit zu schaffen, sondern Unterdrückung und Ausbeutung - und das leider wieder einmal im Namen Gottes.

Wann werden alle Menschen aufwachen und erkennen dürfen: Gott hat nicht den Menschen erschaffen, sondern der Mensch Gott! Und nun benützt er eben diesen Gott nicht nur als Spielzeug, sondern als tödliche, unheilbringende Waffe, die auf reinstem Ego, persönlichen Interessen und purer Diskriminierung beruht.

Ich wünsche den Armen, dass sie eine Revolution starten, die das gesamte soziale, unmenschliche System Indiens zum Einsturz bringt und nicht bloß Gerechtigkeit und Gleichheit, sondern vor allem mal Menschlichkeit zur Folge haben wird.

Auch wünsche ich all diesen Menschen eine Zukunft, die offen und nicht zugemauert ist von einem System und Systemerhaltern, deren einziges Anliegen es ist, den Missbrauch in Gottes Namen weiterzuführen, um eigene Vorteile aufrecht zu erhalten.

Und ich wünsche all jenen, die dem Hungertod so

vieler Mitmenschen kalt ins Auge schauen können und ihn herzlos mit dem Karma der Betroffenen begründen, dass sie allesamt einmal zumindest einen Tag lang nichts in ihre wohlgenährten Bäuche stopfen können; eine ganze Woche lang Essensentzug beziehungsweise Fasten wäre wahrscheinlich gleich noch viel wirksamer, um erspüren zu können, wie sich Hunger anfühlt.

Und natürlich bin ich mir dessen bewusst, dass diese ganze Thematik extrem komplex ist.

Gleich haben wir es geschafft. Der Fahrer biegt in den Main Bazar ein. Es ist etwa 7 Uhr morgens, es ist schon ganz hell. Meine Mutter belächelt gerade zwei Kühe, die gemütlich und entspannt auf der Straße liegen; wohlgemerkt liegen sie nicht am Straßenrand, sondern in der Mitte der Straße, sodass der Fahrer eine seitliche Durchfahrt finden muss.

"Das kann man sich aber in Österreich nicht vorstellen", beginnt meine Mutter, "mitten auf...", - `Patsch´ macht es, und meiner Mutter soeben noch erheitertes Gesicht ist plötzlich gelb-weiß. Und nochmals: `Patsch´, `Patsch´ und wieder wird nur sie getroffen! Es sind (faule?) Eier! Die Inder werfen mit Eiern! Es sind aber keine bunten Ostereier! Sondern stinknormale, faule Eier! Das ist nicht erlaubt! Diese sind nicht unter den Spielregeln von Holi aufgelistet! Und sie stinken fürchterlich!

Sofort bin ich als mitfühlender Sohn mit einem Taschentuch zur Stelle; ich wusste es ja: Irgendwas fällt den Indern bestimmt ein, obwohl wir es ja fast unbefleckt bis zum Hotel geschafft haben...

Mutter nimmt es mit Humor, während sie sich die Eier so gut es geht abwischt, sie nimmt überhaupt das meiste in Indien ziemlich gelassen hin: "Ich dachte, sie verwenden bloß Wasser und Farben?"

Ja Mama, das dachte ich auch.

Wir erreichen unser Hotel, das damals eines der zwei berüchtigtsten im Main Bazar war: Das `Sapna´ - dem zweitberüchtigtsten gegenüber gelegen, und zwar dem `Shere Punjab´ - letzteres gibt es heute nicht mehr. Das waren die Absteigen der wahren westlichen Traveler, auch jener, die es schon verdammt dick hinter den Ohren hatten. Da kommt schon ein wenig Nostalgie auf, diese bestimmte, diesen Absteigen so eigene Atmosphäre findet man heute nicht mehr in den Hotels in Delhis Main Bazar. Dafür tauchen auch nicht mehr unerwarteter Weise und zu den unmöglichsten Zeiten zu frühen Morgenstunden Polizisten auf, die ihr spärliches Gehalt ein wenig mit Bakschees (Bestechungsgeld) aufbessern wollen... (Sie tun es natürlich noch immer, aber nicht mehr so oft, nicht mehr so dreist, so unverschämt und hinterhältig...) Egal. Wir nehmen ein Zimmer oben im dritten Stock, das auf derselben Ebene wie die Terrasse liegt; ein spartanisch eingerichtetes Zimmer mit zwei Betten, zum Schlafen aber gut genug.

Während Mutter eine Dusche nimmt und ihr ekliges, nach Eiern riechendes Gewand wäscht, erwacht das wahre Leben in Delhi - schließlich ist ja heute auch noch Holi!

Sollen sie nur, denke ich mir, ich habe damit nichts am Hut, es ist ja letztlich immer dasselbe und ich habe überhaupt keine Lust auf zusätzliche, beschwerliche Wascharbeiten; auch nicht darauf, eventuell einen indischen Augenarzt aufsuchen zu müssen.

Mutter hat sich inzwischen wieder frisch gemacht und ich zeige ihr, wo sie das nasse Gewand auf der Terrasse aufhängen kann. Überall kann man bereits lautes Geschrei und Trommeln vernehmen; Holi ist bereits in vollem Gange, man spürt förmlich die ganze kollektive Aufregung und Begeisterung. Von der Terrasse aus schauen wir runter auf den Bazar; es geht voll ab, gruppenweise stürmen die Horden aufeinander zu und pulvern und wässern einander ein; war das Gewand gerade noch bloß weiß oder blau oder rot, so ist es binnen Sekunden eine Mischung aus allen erdenklichen Farbkombinationen. Mutter kann nicht glauben, was sie da zu sehen bekommt. Ich schon und ich will wieder zurück ins Zimmer.

Da passiert leider etwas, was den Verlauf des ganzen Tages, meines Tages, völlig auf den Kopf stellt; manchmal sind es ja nur Bruchteile einer einzigen, winzigen Sekunde, die den Verlauf des ganzen Lebens in neue Bahnen bringen! Sagen wir, etwa zwölf Hundertstel einer einzigen Sekunde - und alles wird anders, man heiratet zum Beispiel Maria anstelle von Eva oder Magdalena, fährt in die Karibik anstelle zum geplanten Schlittenhunden-Trip in die Antarktis, wird vom überzeugten Revoluzzer zum fetten Bonzen oder erkennt gar in der ganzen menschlichen Sinnlosigkeit den ihr zu Grunde liegenden Sinn.

Bei mir war's nicht so tragisch. Aber meine geplante Lektüre eines der vielen Osho-Bücher war mal mit Sicherheit aufs Eis gelegt, nicht aufgehoben, aber doch verschoben. Schicksal?

Ich schaue nämlich eine Sekunde zu lange unschuldig rüber ins `Shere Punjab´. Die Balkontüre eines Zimmers ist offen und auf dem Bett sitzt der Typ, den ich vom Sehen her kenne; ein Engländer oder Australier, ich weiß es nicht mehr genau. Jedenfalls hat er sich gerade die Nadel angesetzt und schießt sich wieder mal das menschenverachtende, Leute zu Aliens machende Teufelszeug in die Venen. Dieser Typ hatte mich vor zwei bis drei

Monaten, als ich auch im `Shere Punjab´ abgestiegen war, in meinem Zimmer überrascht, als er polternd meine nicht verschlossene Türe aufriss und mich mit weit aufgerissenen Augen fragte: "Do you have a spoon?", was ich verneinen musste.

Ein zweites Mal hatte er mich, obwohl ich soeben einen Fuß in die Gemeinschaftsdusche gesetzt hatte, von dieser weggedrängt, um von drinnen, zwischen Brettern versteckt, Nachschub für seine Sucht zu holen…

Ich sehe also diesen etwa 25-jährigen jungen Mann, halte inne und denke mir, frage mich, wie lange er dies wohl noch durchstehen wird?! In Indien auf Heroin hängen zu bleiben kann schnell mal tödlich ausgehen. Zu guter Letzt verkaufen die Junkies ja noch ihren Pass und mit diesem letzten, in die Sucht investierten Geld ist auch oft der Goldene Schuss nicht mehr weit weg. Dann haben sie es sozusagen überstanden... Oder auch nicht - another round on the carussell, wenn man an Wiedergeburt glaubt, erwartet sie dann.

Diese meine Kontemplation über das Leben oder mögliche Ableben eines jungen Reisenden ist es, die meinen Tag in eine völlig neue Richtung lenkt; denn plötzlich macht es `platsch´ und ich bin waschelnass, von farbigen Wasser durchtränkt; von der erhöhten Nachbarsterrasse aus hat ein etwa zwölfjähriger Inder einen ganzen Kübel Wasser, in dem er Farbpulver aufgelöst hat, auf mich runtergeschüttet! Johlendes Gelächter, Geschrei, Klatschen, Ekstase! Sieg auf der ganzen Linie! Sie haben es wieder mal einem Westler, einem Hippie gezeigt wo´s lang geht - nämlich sich dem Spiel, der Herausforderung, der Einladung Holis zu stellen…

Ok. Das bedeutet Krieg.

Keinen zu ernsten, aber dennoch - nun muss zurückgeschüttet, zurückgeschossen, zurückgespritzt werden, ohne Rücksicht auf etwaige Verluste! Ohne Rücksicht darauf, alles nur noch bunt zu sehen! Aber doch mit totaler Aufmerksamkeit und gewisser Vorsicht, nicht beim Augenarzt landen zu müssen...

Ich reiße mir das T-Shirt vom Leibe und stürme ins Gemeinschaftsbad. Sehr gut, zwei große Kübel stehen dort zu meiner Verfügung herum. Ich habe zwar keine Farben, aber Wasser, ja, Wasser ist ausreichend verfügbar.

Ich fülle den ersten Kübel mit Wasser an und während ich den zweiten unter den laufenden Hahn stelle, sprinte ich mit dem ersten, vollen, zurück zur Terrasse und schaue - wo ist ein Feind? - und schwupp, gehen 10-15 Liter runter auf den Main Bazar mitten in eine Gruppe von sieben, acht Indern! Volltreffer! Ich johle, ich lache, bin voller kindlicher Freude! Ich habe getroffen! Bravo! Zurück in die Dusche mit dem leeren Kübel, der andere wartet bereits, bis zum Rand vollgefüllt, auf mich!

So geht's an die zwei, drei Stunden dahin. Inzwischen ist meine Mutter, die erneut völlig nassgespritzt und mit Farben vollgeschmiert ist, nachdem sie den Mund vor lauter Staunen ob des ganzen ausufernden Wahnsinns gar nicht mehr zubekommen hat, wieder ins Zimmer zurückgekehrt - und ich bin ganz auf mich alleine gestellt...

Von der anderen Seite des Main Bazars, vom `Shere Punjab´ aus, werfen die Inder ihre kleinen mit Wasserfarben angefüllten Plastikbomben - treffen sie ihr Ziel, dann sind sie aufgrund des Aufplatzens sehr effektiv und zumeist landen die Wasserspieler Volltreffer, denn Ziele gibt es derer viele. Schon nach kürzester Zeit verwandelt sich der ganze Bazar in einen einzigen Farbenmarkt.

Menschen, die sonst bloß schwarz oder grau gekleidet sind, rennen nun wie bunte Clowns die Straßen entlang; Kühe schauen aus wie rosa Schweine, Hunde und Katzen verwandeln sich in vielfärbiges Getier, die Straßen sind blutrot durchtränkt, die Häuser erinnern an buntestes, anarchistisches Eigentum.

Ich bin völlig durchnässt, muss viele Treffer einstecken, teile aber auch ordentlich aus. Das wichtigste aber ist, es macht wirklich Spaß. Überall wird Holi gespielt ("Let's play Holi!"), die Mutigen (und Angesoffenen) spielen es auf der Straße, die weniger Mutigen und etwas Hinterhältigeren, so wie ich (zu meiner Verteidigung: Ursprünglich hatte ich ja gar nicht vorgehabt, mich in irgendeiner Weise an dem Holi-Übermut zu beteiligen!) suchen die relative Sicherheit der Dächer und Terrassen Delhis auf und treiben von dort aus ihr Unwesen. Alle haben viel zu lachen, zu schreien und zu werfen, es wird (farbiges) Wasser geschossen und geschüttet.

Es sollte eines der letzten so ausufernden Holis in Delhi dieser Art sein, denn zwei bis drei Jahre später verbot die Stadtregierung, dass private wie öffentliche Gebäude aufgrund des lustigen Wasserfarbenspiels beschmutzt, beschädigt und vor allem in bunte Hundertwasser-Kopien verwandelt werden. Und natürlich wollte man mit dieser Maßnahme auch ein paar Augen retten...

Meine Mutter sollte von ihrer Indien-Reise noch jahrelang später willigen Zuhörern berichten (zumeist begann sie die Erzählung folgendermaßen: "Nein, gar kein Luxusurlaub! Mit dem Rucksack sind wir herumgereist, ja, was glaubst denn du?!"), sie ist übrigens sogar äußerst tapfer mit mir in Jaipur einen ganzen Vipassana-Kurs gesessen, der aber (leider) keine große und schon gar nicht anhaltende Wirkung auf sie gehabt hat. Aber begeistert war sie von Indien in jedem Falle. Ich muss schon sagen: Meine Mutter hat grundsätzlich die ganze Indienreise, die vielen neuen Eindrücke, das Essen, die indische Mentalität sehr locker und unkompliziert verdaut, Hut ab!

Mama: Heute (12. Jänner 2012) habe ich den `Deccan Herald´ gelesen. Keine erfreulichen Neuigkeiten werden da festgehalten: 42 % der indischen Kinder unter fünf Jahren sind unterernährt. Das ist eine Menge. Du weißt ja, wie viele Kinder hier herumlaufen. Kinder überall. Noch immer produzieren die Inder am Land oft sechs bis acht Kinder, das ist nichts Ungewöhnliches; ok, ja, ein paar von ihnen sterben gleich bei der Geburt oder etwas später, ein paar haben halt mehr Glück beziehungsweise ein paar Körner Reis mehr zu essen. Der Premierminister Manmohan Singh bezeichnet das Resultat der Studie und die dadurch aufgedeckte (und ohnehin bekannte) Realität der größten Demokratie der Welt als "national shame".
Das könnte ein Ansatz zur Veränderung sein. Zumindest von den Worten her.
Wahrscheinlich sind es aber wieder mal bloß leere Worte, die man ohnehin bald vergessen wird. Denn es wurde nicht darüber berichtet, welche Idee die Regierung zur Bewältigung dieses überall gegenwärtigen menschlichen Leidens und Sterbens vorzulegen hat. Man hat ja schließlich momentan andere Sorgen. Das Parlament muss sich nämlich damit auseinandersetzen, ob man Salman Rushdie, den ich persönlich aufgrund seines literarischen Genies extrem schätze, die Einreise zu einer Buchlesung nach Jaipur verweigern soll, da die Muslime dies einfordern. Zudem haben jene, ohne höchstwahr-

scheinlich jemals nur eine einzige Zeile von Rushdies "Die satanischen Verse" gelesen zu haben (ich schon), eine Aussendung mit dem Inhalt "Every Muslim in the world hates Salman Rushdie" gemacht, diesen in den Zeitungen veröffentlichen lassen und der Kongresspartei (Muslims wählen - wenn sie zur Urne gehen - traditionellerweise eher die Kongresspartei und nur äußerst selten die fundamentalistische Hindu-BJP) angedroht, es ersterer nie zu "verzeihen" (auf Deutsch: Sie nicht mehr wählen zu wollen), sollte der Kongress die Einreise Rushdies nicht verhindern. So schaut's aus. Leider. That's reality. Ich möchte mich an dieser Stelle aber nicht schon wieder über den menschlichen Geist, das (niedrige) menschliche Bewusstsein auslassen...

Ich sage es schon jetzt voraus: Natürlich wird es Salman Rushdie untersagt werden, an der Buchmesse, wo er Ausschnitte eines neuen Buches hätte vortragen sollen, teilzunehmen. Let's bet. Eine weitere Vermischung von Religion und Politik und Unmenschlichkeit, es ist wirklich zum Kotzen, wobei allzu oft Religion oder Politik oder Unmenschlichkeit an sich alleine genommen schon zum Kotzen sind. Zumindest das, was zu oft dabei rauskommt.

Ich lese übrigens gerade Salman Rushdies Buch "The Ground Beneath Her Feet", sehr empfehlenswert, tief und erheiternd zugleich. Vielleicht hast du ja mal Zeit, es zu lesen.

Noch was, Mama: Vielleicht sollte ich wirklich einmal Decken in Haridwar verteilen.

10. ARUNACHALA - DER BERG SHIVAS

"In the Heart,
Arunachala,
this is Shiva,
this is Shankara,
in the Heart.

In the Heart,
Arunachala,
this is Shiva,
this is Ramana,
in the Heart."

Ich bin wieder einmal in Tiruvannamalai, kurz Tiru genannt, in Tamil Nadu. Zuerst musste ich über Nacht 12 Stunden lang mit dem Bus von Gokarna nach Bangalore fahren, dort dann morgens umsteigen, bevor ich nach weiteren sechs Stunden in Tiru ankam. Jetzt bin ich da, habe ein schönes, fast ganz neues Apartment für zumindest einen Monat lang zum Spottpreis gemietet und sitze nun in einem der Chai-Shops gegenüber dem Ramana-Ashram. Hier habe ich einen guten Blick auf Arunachala, mächtig und eindrucksvoll thront er hier, wie es scheint als Zentrum inmitten des Universums. Der Berg Arunachala in Südindien. Es ranken sich viele Legenden um ihn. Die wichtigste und am weitesten verbreitete ist jene, die besagt, dass er als allererste Manifestation Shivas gilt. Vor Millionen von Jahren demonstrierte Shiva den anderen Göttern Vishnu und Brahma in einer Art Wettkampf, dass er, und nur er alleine, der mächtigste Gott war, indem er als Lichtsäule, die von unter der Erde bis zum Himmel reichte, erschien.

So. Nachdem er seinen Mitstreitern ein und für alle Male die Leviten gelesen und seine Dominanz klargestellt hatte, waren die Machtverhältnisse eindeutig ausgelegt und der Berg Arunachala, als Zeichen der Manifestation der höchsten Gottheit, bloß die allzu logische Konsequenz davon. Arunachala Shiva. In the Heart.

Noch heute, Jahr für Jahr, findet zu Vollmond im November/Dezember das jährliche `Deepam´-Festival in Tiru statt, ein Fest, das man nie vergessen wird und kann, wenn man einmal Augenzeuge davon geworden ist. Ich bin öfters zum Zeitpunkt von Deepam in Tiru gewesen. Ich liebe dieses Festival, ich liebe Tiru, den heiligen Berg, den Ashram. Für mich ist Tiru einer jener Plätze in Indien, wo sehr starke spirituelle Energie vorhanden ist. Dort geschehen noch immer wundersamste Dinge.

Deepam dauert etwa zehn Tage lang, heute haben sie am Gipfel von Arunachala das große Feuer in Erinnerung an Shivas Manifestation angezündet. Dieses Feuer wird nun die kommenden zehn Tage durchbrennen. Am interessantesten und imposantesten ist es natürlich ab Einbruch der Dunkelheit, wenn man die große, heilige Flamme am Berg klar sehen kann. Sie symbolisiert auch das ewige Licht, das ewige Wirken, die ewige Präsenz Shivas. Nicht, dass dies irgendein Inder nicht ohnehin wüsste. Mit diesem Fest jedenfalls wird die Allmacht Shivas gewürdigt und dem Zerstörer alles Alten und gleichzeitig Erneuerer gehuldigt.

Arunachala ist den Hindus dementsprechend äußerst heilig. Zu Vollmond werden etwa 500.000 Menschen von überallher aus Südindien in Bussen nach Tiru gefahren, um zu Fuß die bekannte `Pradakshina´, die Umrundung des Berges, zu gehen; fast alle gehen ausschließlich barfuß. Im Durchschnitt dauert der ganze Marsch an die fünf bis fünfeinhalb Stunden, abhängig davon, ob man jung oder alt, gesund oder krank, schnell oder langsam ist und wie viele Stopps man einlegt, um die vielen Tempel und Schreine, die sich am Wege befinden, aufzusuchen und wie viele Pausen man für einen weiteren Chai einlegt.

Es ist naturgemäß, wie fast immer in Indien, ein stark kollektives Ereignis, ganze Familien machen sich auf den Weg. Während die meisten Westler es sehr oft bevorzugen, in stiller Andacht den Gang um Arunachala anzutreten oder dabei Bhajans zu singen oder Mantren zu wiederholen, sind die Inder zumeist in aufgeregter und festlich-lauter Stimmung. Durch diesen Umstand und den vielen, vielen kleinen Verkaufsständen, die in Windeseile auf der ganzen Strecke für dieses Ereignis aufgebaut werden, hat der Pradakshina-Gang zu Vollmond, und vor allem eben zu Vollmond während Deepam, ein stark marktähnliches Flair; aber trotz allem, oder gerade deswegen, ist es ein wunderschönes Ereignis; ich möchte es nicht missen.

Zu Vollmond an Deepam umgehen praktisch 24 Stunden lang die Leute den Berg Arunachala, der ewige Strom der Menschenmassen scheint nie zu verebben. Ich sitze an der Straßenseite, die Verwunderung über so viele Menschen, die alle kommen, um dem heiligen Berg, um Shiva, ihren Respekt zu zollen, hört nicht auf. Die allermeisten gehen zu Fuß, nur ein paar Alte oder (westliche) Kinder werden von Ochsenkarren um den Berg gezogen, das macht Spaß! Eine völlig bunte, durchgemischte Menschenmenge, alle vereint in ihrem Glauben an die Macht des Berges, weltliche Belange werden hintangestellt. Der Fokus richtet sich auf das Höchste, das Göttliche, das Unbekannte, das wie immer größer als der Mensch an sich beziehungsweise die Vorstellungskraft des Menschen ist.

Die Tradition besagt, dass man während Pradakshina, wenn der Geist auf Arunachala, das Reine, das Höhere ausgerichtet ist, viel negatives Karma abbauen kann. Arunachala-Shiva erkennt die reine Motivation des Pilgers und das Wirken seiner Gnade nimmt von diesem viel Last, viel Leid, viel Schmerz weg; und zwar bei jedem Gang der Pradakshina, also nicht nur bei jener zu Vollmond, wenngleich diesem Zeitpunkt die größtmögliche Wirkung zugesprochen wird. Das hat zur Folge, dass viele Menschen so oft wie möglich die Umrundung des Berges auf sich nehmen, immer und immer wieder.

Der Glaube ist stark und Arunachala selbst noch stärker als der Glaube.

Wahrer Glaube kann bekannter Weise vieles bewirken, manchmal verleiht er sogar Flügel. Ich erinnere mich, wie ich einmal alleine (also ohne Taras Mutter) mit meiner damals etwa drei- bis vierjährigen, geliebten Tochter Tara in Tiru gewesen bin. Eines Abends beschlossen mein 'Bruder' Malik und ich, uns nachts beziehungsweise frühmorgens auf den Weg zu machen, um in der Stille Arunachala zu umrunden. Ich borgte mir einen Kinderwagen - typisch indisches Zeug, sauschwer, kaum lenkbar, die Räder drohten jeden Moment wegzubrechen - von Freunden aus und wir machten uns gegen 4 Uhr früh auf den Weg. Ich legte meine schlafende Tochter in den Kinderwagen, dann holten wir bei pechschwarzer Dunkelheit Malik von seiner Unterkunft ab und gingen los. Zum Glück sind die Straßen, die um Arunachala gebaut wurden, in akzeptablem Zustand, aber trotzdem: Es war nicht immer leicht, Tara in diesem Gefährt um den Berg zu manövrieren. Zudem fühlte ich nagende Müdigkeit in meinen Knochen, Malik ging es auch nicht viel besser. Tara schlief tief und fest, ich hatte sie gut zugedeckt, und so marschierten wir schweigsam an vielen Tempeln und schlafenden und wachen an der Straßenseite lebenden Sadhus, an Hunden und Kühen, vorbei.

Gegen sechs Uhr Früh machten wir einen Stopp bei einem alten indischen Ehepaar, das einen uralten Chai-Shop führte; zumeist hielt ich dort, wenn ich Pradakshina ging, für einen Tee an. Beste Qualität, ein richtig indischer Chai mit viel Milch, ordentlich aufgekocht, nicht so wie die meisten schalen Tees, die in Touristengegenden serviert wurden. Im Allgemeinen kann man sagen, dass man den besten Chai in den typischen lokalen Teestuben erhält.

Zu diesem Zeitpunkt hätte ich den Gang am liebsten schon hinter mich gebracht, die Versuchung, noch ein paar Stunden zu schlafen, ergriff mich und die Aussicht darauf, noch einige weitere Kilometer zu Fuß mit diesem Kinderwagen vor mir zu haben, machte meine Beine nur noch schwerer.

Wir verabschiedeten uns von dem alten Ehepaar und brachen wieder auf. Was dann geschah, kann ich mir bis heute nicht erklären. Zuvor waren Malik und ich, den Buggy vor mich hinschiebend, in Eintracht nebeneinander gegangen. Doch nun ergriff eine ungeahnte Kraft, eine unerwartete Energie mein ganzes Wesen. Schon nach kürzester Zeit war von Malik nichts mehr zu sehen. Ich ging und ging und ging, der Kinderwagen fühlte sich federleicht an und völlig fokussiert, Schritt für Schritt, spulte ich den Weg mit Arunachala in meinem Herzen ab. Ständig dieses Lied `In the Heart´ in den Ohren und auf den Lippen...

Als hätte ich gerade eine lange, erholsame Nacht mit viel Schlaf hinter mir, kam ich wieder vor den Toren des Ashrams Ramanas, dem Ausgangspunkt der Umrundung des Berges, an; in diesem Moment wachte Tara auf, die nichts von der viereinhalb stündigen Holperei mitbekommen hatte. Wir setzten uns in einen der Chai-Shops, frühstückten, spielten Karten (Uno) und warteten auf Malik; als er schließlich kam, fragte er mich nichts, blickte mich nur vielsagend an. Dann, nicht bevor er "one strong chai, please!" bestellte, nahm auch er die Karten zur Hand und an unserem Spiel teil.

Ein anderes Mal, als Tara etwa sieben Jahre alt war, gingen wir abends in den alten, urigen, mit bloß zwei Tischen und Bänken ausgestatteten, an der Ecke, nahe der Hauptstraße gelegenen Chai-Shop und aßen Chapatis, Parotha, Chutney, Sabji. Urtypisch indisch, war diese Essensbude unsere bevorzugte Lokalität für das Abendessen. Zudem war auch öfters Taras gleichaltrige Freundin Janina, die Tochter von einem Inder, Kumar und einer Deutschen dort. Sie lebten permanent in Tiru, Kumars Vater war der Eigentümer des Chai-Shops und Kumar selbst hatte ein florierendes Internetcafé inklusive Reiseagentur mit vielen zusätzlichen Leistungen im Angebot aufgebaut. Extrem nette und angenehme Leute.

Gegen 21 Uhr, am Weg zurück zum Apartment, ´juckte´ es mich plötzlich und ich verspürte den starken Wunsch Pradakshina zu gehen, wohl wissend, dass das zu dieser Zeit, zu der Tara gewohnt war, langsam schlafen zu gehen, nicht möglich war... Trotzdem - man weiß ja nie! - fragte ich meine Tochter, ob sie es sich vorstellen könnte, zu dieser späten Stunde noch die

Runde um den Berg oder zumindest einen Teil desselben anzutreten; überraschenderweise sagte sie zu und als ich sie dann eher bremsen wollte, meinte sie:

"Nein Papa, wirklich, gehen wir einfach los, ich bin noch gar nicht müde; wenn ich nicht mehr weiter gehen kann, dann nehmen wir halt eine Rikscha für den Rest des Weges!"

Meine Tochter ist ein einziges Goldstück und nicht einmal das drückt wirklich aus, was sie für mich ist und bedeutet.

So gingen wir Hand in Hand los, fast den ganzen Weg schweigsam, manchmal machte ich sie auf etwas Ungewöhnliches oder Interessantes während der Umrundung aufmerksam, zuweilen erzählte sie mir was, das ihr aufgefallen war; wozu viel reden, wenn man ohnehin so viel Innigkeit und Vertrautheit verspürt und die kleine, sanfte Hand der eigenen Tochter halten und fühlen darf?! Wir benötigten jedenfalls keine Rikscha. Es war Taras erste Pradakshina um Arunachala herum zu Fuß. Und für mich war es ein wunderschönes Erlebnis, mit meiner wundervollen Tochter diese Runde gehen zu dürfen.

Wir zwei haben schon sehr viel miteinander erlebt, sind schon durch weite Teile Indiens gemeinsam mit unseren Rucksäcken gereist, haben aufeinander aufgepasst, einander unterstützt und umsorgt; wir haben große Distanzen hinter uns gebracht, Indien mit vier Augen kennen lernen und erleben, gemeinsame Erfahrungen und Erlebnisse in uns aufsaugen und speichern dürfen und auch gelernt, eine gewisse Gelassenheit, Akzeptanz und Toleranz, unter anderem auch den Indern gegenüber, aufzubringen; jene hätten Tara mit ihren wunderbaren, leicht lockig-blonden Haaren oft am liebsten gleich gegen ein paar Kamele, Elefanten oder domestizierte (vielleicht auch wilde???) Affen eingetauscht; es war wirklich mehrmals so, dass die Inder mit mir einen regelrechten Kuhhandel (interessanterweise boten sie mir nie ihre heiligen Kühe als Gegenware für Tara an...) abgeschlossen hätten.

Diese Begeisterung für meine Tochter seitens der Inder war nicht immer leicht zu ertragen, vor allem nicht zu jenen Zeiten, als Tara noch ganz jung und stroh- beziehungsweise eben gold-blondes Haar hatte und sie die indische Ungestümtheit und höchst erfreute Spontaneität, die sich in Wangenzwicken ausdrückte, wie Fliegen und Motten anzog. Da half nur lautestes Geschrei und das Austeilen von ein paar leichten, oft nur angedeuteten Schlägen ihrerseits, um die nötige Distanz und Privatsphäre wiederherzustellen. Ich stand Tara in diesen Situationen natürlich immer zur Seite, zusammen waren wir mit unserer Verteidigung sehr effektiv und erfolgreich.

Für mich bedeuteten diese Reisejahre zusammen mit meiner Tochter – wir reisten die ersten neun Lebensjahre von Tara gemeinsam - zumeist die Höhepunkte meiner Reisen, wir waren immer ein sehr gutes Team, sehr gut aufeinander abgestimmt und miteinander im Fluss. Ich durfte immer extrem viel von Taras Liebe, Umsicht, Weitblick und ihrer Gabe, teilen zu wollen, lernen; all diese Erfahrungen haben sich sehr tief in mir eingeprägt. Ich lerne noch immer im Zusammensein von meiner Tochter, meiner großen Meisterin, aber nicht mehr auf gemeinsamen Asienreisen. Tara ist nun elfeinhalb Jahre alt und das zweite Jahr bereits im Gymnasium; es ist dies das zweite Jahr, dass sie nicht nach Indien kommt und ich alleine ohne ihr im heiligen Land bin. Dies nach neun Jahren der gemeinsamen Reiseerfahrungen, denn Taras Mutter und ich kamen mit unserer Tochter das erste Mal nach Indien, als sie gerade sechs Monate alt war.

Klar, ich vermisse sie hier, wo ich jetzt gerade in Gokarna sitze und diese Zeilen schreibe, aber ich weiß, dass es ihr gut geht, dass ihr die Schule Spaß macht und dass es ihr gerade wichtiger ist, eine Kontinuität in ihr Leben zu bringen, die von sozialen Kontakten, also vor allem Freundinnen, Freunden, Schule und ihrem kleinen Halbbruder Celio geprägt ist; das ist ihr sehr wichtig, daher passt es auch völlig für mich, da ich sie innigst liebe und mir nur wünsche, dass sie glücklich und mit ihrem Leben zufrieden ist. Aber wer weiß, vielleicht kommt ja nochmals die Zeit, in der sie für zwei bis drei Wochen zum Beispiel während der Weihnachtsferien nach Indien kommen will, um ein wenig Zeit mit ihrem Vater zu verbringen, mit ihm zu plaudern und zu schwimmen und um Thali, Palak-Paneer, Idli, Shira, Bananabuns, Kokosnüsse, Papaya und Ananas zu essen. Wer weiß?

Letzten Sommer waren wir zusammen etwa zehn Tage lang auf der wunderschönen Insel Crés in Kroatien, auch heuer haben wir vor, wieder gemeinsam nach Kroatien zu fahren; ich freue mich schon sehr darauf und noch mehr darüber, sie bereits Ende März wieder in Österreich in meine Arme nehmen zu dürfen, dann werden erneut fünf Monate des Getrenntseins vorüber sein.

Als Tara etwa zweieinhalb Jahre alt war und wir wieder mal Zeit in Tiru verbrachten, beschlossen Malik (auch ein damaliger Dauergast an diesem magischen Platz) und ich, Arunachala zu erklimmen; es ist ein teilweise ziemlich steiler Weg, die Einheimischen hüpfen zwar wie Ziegen blitzschnell den Berg hinauf, doch so einfach ist das auch nicht für jedermann. Ich glaube, im Durchschnitt braucht der ungeübte Ziegenbock wie unsereins etwa zweieinhalb Stunden lang für den Aufstieg.

Ich borgte mir wieder von Freunden ein extrem unhandliches, schweres und unangenehm zu tragendes Rückengestell aus, in dem Tara die Bergbesteigung mitmachen konnte; ich heuerte zwei junge, nette Dorfbewohner an, die Tara den Berg in diesem Gestell hinauf schleppen sollten und zwar abwechselnd, sodass es ihnen nicht zu mühsam und beschwerlich werden mochte; soweit der Plan.

Wir starteten zeitig in der Früh, um auch beim Abstieg die Mittagshitze vermeiden zu können; der eine Inder, Lalit, begann mit der ersten Trage-Schicht, der zweite, Kailash, ging an seiner Seite. Taras Kopf lugte aus dem Gestell heraus und interessiert und neugierig zeigte sie mit den Händen zuweilen da-, zuweilen dorthin; oder rief nach mir, um hin und wieder meine Hand halten zu können. Malik, den Tara übrigens über die Jahre hinweg zu ihrem absoluten Lieblingsonkel auserkoren hatte, und ich bildeten die Nachhut, hatten aber Mühe mit Lalit, der wie ein Wiesel Arunachala hinaufeilte, Schritt halten zu können; es war, als hätte er einen dringlichen Ruf von Arunachala erhalten und nun so schnell wie nur möglich diesem Ruf Folge leisten wollte.

Arunachala Shiva.

Nach zirka 25 Minuten des Aufstiegs stoppten wir kurz beim Skandha-Ashram, in dem Ramana einige Jahre lang gelebt und meditiert hatte. Es ist ein wunderschöner, ruhiger Platz, an dem Stillegebot herrscht, und die zwei niedrigen Räume eignen sich für ein paar Leute Platz zum Meditieren; die beste Zeit dafür ist zeitig in der Früh zwischen fünf und sieben Uhr, wenn man zuweilen sogar ganz alleine dort sitzen kann. Ich kam über all die Jahre öfters hierher um zu meditieren, die kleine Behausung ist ein starker, spirituell-energetisch aufgeladener Ort.

Von dort aus kann man einen kurzen Weg hinuntersteigen, wo sich eine Höhle befindet, die auch von Ramana bewohnt wurde, sie ist ein weiterer guter Ort für innere Einkehr. Auf Arunachala befinden sich übrigens noch einige weitere Höhlen. Zeitweise wohnen auch ein paar Sadhus und Westler in ihnen. Sie wollen durchgehend von Arunachalas Energie und Kraft umgeben sein und von ihr durchtränkt und durchdrungen werden. Immerhin, dies ist nicht zu vergessen, es ist Shivas Energie, die dort herrscht; und Shiva ist mächtig, er hat die Macht, Transformation zu erwirken. Wie wir schon wissen: Sab kuch milega.

Es war ein schöner Aufstieg, die Sonne zeigte sich langsam, und noch war niemand hier unterwegs; wenn, dann gingen ja die meisten ohnehin nur bis auf den am Berg gelegenen Skandha-Ashram, nicht viele nahmen den ganzen Aufstieg zur Spitze des Berges auf sich.

Ich bewunderte Lalit. Ihm schien das Tragen von Tara am Rücken gar nichts auszumachen, manchmal musste er sogar stehen bleiben, um auf uns zu warten; natürlich hatten auch wir den Ruf Shivas vernommen, doch wir hatten es nicht ganz so eilig den Berggipfel zu erreichen. It will come, it will come, we are getting closer and closer anyway!

Nun war es Zeit für einen Trägerwechsel. Lalit sollte von Kailash abgelöst werden. Ich wollte mir nicht nachsagen lassen, dass die Inder schwere Sklavenarbeit zu verrichten hätten und deswegen, um eine gewisse Ausgeglichenheit einzubringen, hatte ich gleich zwei Träger angemietet; halbe Sklavenarbeit mal zwei sozusagen. So hat man ein besseres Gewissen. Ich zumindest.

Doch ich habe die Rechnung ohne Tara gemacht.

Genau im Moment des sich ankündigenden Wechsels, nämlich als Kailash sie auf den Rücken schnallen wollte, fing sie fürchterlich zu schreien an; herzzerreißend. Sie zeigte auf Lalit, ja er, nur er, und zwar rauf und runter, sollte und durfte sie auf seinem Rücken auf Arunachala spazieren tragen! Nichts zu machen, kein Zureden half, Kailash ist klassisch, aber doch unerwartet, völlig aus-gebootet worden; er schien diesbezüglich gar nicht allzu unglücklich zu sein; alle Augen, alle Aufmerksamkeit waren dann auf Lalit gerichtet; würde er oder würde er nicht? Hatte er noch genügend Kraftreserven oder mussten wir unseren Trip nun abbrechen? Lachend schnallte er das Gestell wieder auf seinem Rücken fest und sagte zu Tara, mit der Hand auf sich selbst zeigend, "Only I, yes, I, Lalit, yes?! Lalit very good man, yes? Very strong! Lalit, Tara, Arunachala, yes!" und weiter ging es.

Das ist auch Indien. Solche Inder gibt es viele. Sie argumentieren und streiten nicht lange bezüglich ir-gendwelchen Situationen herum, sie akzeptieren, was und wie es kommt, sie gehen nicht in den Widerstand, sondern bleiben im Fluss, im ewig ungewissen Fluss des Lebens; warum etwas besser wissen zu wollen als das, was das Leben selbst gerade aufzeigt?! Da haben sie uns westlichen Menschen einiges voraus, diesbezüglich sparen sie viel Zeit und Energie und vermeiden solcherart zusätzlich Frust und Enttäuschung; it is as it is; and how can it be different, than what it is in this very moment?

Wir erreichten den Gipfel und rasteten auf einer Art Plateau. Tara warf den Affen ein paar Bananen zu. Die kreischten und hüpften wie wild herum. Die schwächeren konnten den stärkeren dabei nur zusehen, wie sie die Bananen in sich reinstopften. Da wurde gar nicht brüder-lich und schwesterlich geteilt, in keiner Weise, auch Affen können sich egoistisch verhalten. Im Gegenteil, die Weibchen und Kinder riskierten sogar einen Biss der Männchen, wenn sie sich zu waghalsig und kühn an die Bananen ranmachten. Ein Inder machte in einem Teekessel Chai, wir saßen alle um ihn herum und freuten uns auf einen kleinen Tee-In-Push.

Seit zwölf Jahren lebt hier ein Baba. Seit zwölf Jahren soll er fast ausschließlich in der Meditationshaltung, also mit überkreuzten Beinen im Lotussitz, auf einem Felsen sitzen. Seine wenigen jungen, indischen Schüler haben eine Art Wohngestell für ihn, über ihn errichtet; es gibt ein paar Pfosten, darüber sind einige Tücher und Plastikplanen gespannt. Zusätzlich sind solche auch an allen vier Seiten angebracht, sonst nichts.

Ich hatte schon einiges zuvor über diesen Baba gehört; während ausgewählter Zeiten, und wenn die Nachfrage an Menschen dementsprechend groß ist, gibt er einem seiner Schüler ein Zeichen. Daraufhin dürfen/müssen die anwesenden Pilger, Neugierigen oder schlicht Ahnungslosen dann schnell durch das Baba-Haus durchlaufen, ohne aber den Baba dabei anschauen zu dürfen - ich nehme mal an, dass dies als Vorsichtsmaßnahme von Seiten des heiligen Mannes zu verstehen ist, um nicht von der unreinen Energie der Unerleuchteten befleckt zu werden...- und empfangen dabei, insofern sie dazu bereits evolutionär entwickelt sind, seinen Segen. Es wurde auch gemunkelt, dass die Energie des heiligen Mannes mit langem grauem Bart so stark war, dass jene von Laien, die unabsichtlichen Augenkontakt mit ihm hatten, nicht unbeschadet absorbiert werden könnte.

Um kein Missverständnis aufkommen zu lassen: Den Segen bekommen alle Sprinter, die Frage ist nur, ob sie ihn auch erspüren, ergreifen, erleben können; ganz nach dem alten indischen Motto der Gurus, die, wenn sie von den nach Erleuchtung-Strebenden "Can you please give us enlightenment?" gefragt wurden, darauf folgende Antwort gaben: "Yes, I can give it to you - but can you also take it?" Soll heißen, dass nur dann, wenn der Schüler dazu innerlich bereit und das Bewusstsein sehr entwickelt war, der Guru den diesbezüglichen Wunsch erfüllen konnte.

Stimmt sicherlich, gleichzeitig ist somit wieder jeder Guru völlig aus dem Schneider, sollte seine Kraft nicht die erwünschten Resultate erzielen. Der Schüler war dann eben bewusstseinsmäßig dafür noch nicht reif genug…

Es wird behauptet, dass der Arunachala-Baba kaum was essen soll, er ist wirklich sehr dünn. Er sitzt bloß in seiner Behausung und nebst seiner Erleuchtung ist er mit einem dicken Stock bewaffnet; mit diesem drischt er öfters auf die Durchlaufenden ein, um solchermaßen in Kooperation mit seiner Gnade das schlechte Karma aus den Verunreinigten rauszuprügeln; seine Schüler sehen und empfinden dies als großen Segen. Selbst wenn einer mal mit einer Platzwunde am Kopf blutend, aber doch noch lebend, aus Babas Unterkunft rauskommt, so lacht er; das Lachen wirkt zwar nicht ekstatisch und ansteckend aber doch erfreut, denn schließlich wurde er soeben von nicht unwesentlicher karmischer Last befreit.

Seine Schüler bitten ihn seit Jahren hingebungsvoll um seine Anti-Karma-Stock-Methode und der Baba teilt ordentlich und gerne aus. Als Gegenleistung schleppen sie ein wenig Essen und vor allem Wasser den Berg hinauf und sorgen sich auch um sonstige Belange.

Ich habe Fotos von dem Baba gesehen. Fotos von dem jungen Baba, die dürften schon vor längerer Zeit gemacht worden sein. Er schaut wild aus und aus seinen

Augen funkelt viel Feuer, aber auch Ärger, Wut. Vielleicht täusche ich mich auch. Immerhin ist mir noch nie zu Ohren gekommen, dass Westler beim Wettlauf durch seine Behausung einen Schlag abbekommen hätten; bei ihnen begnügt sich der Sadhu mit seinem schlaglosen Segen; immerhin wird danach eine kleine Spende erwartet, und es ist schwer vorstellbar, dass irgendein Westler in der Laune sein würde einen Chai zu spendieren, wäre ihm gerade zuvor eine Beule geschlagen worden. Wir haben Prinzipien.

Des Sadhus Augen sollen die Schüler beziehungsweise ihr Ego `verbrennen´ können, deswegen ist es strikt untersagt, einen Blick auf ihn zu werfen, geschweige denn das auch nur zu wagen. Auch wir wurden dazu ermutigt, aufgefordert, den Nektar von Sadhus Segen zu schmecken - und was soll's -, was konnte es schon schaden, wir stellten uns in einer Reihe auf. Ich gliederte mich hinter Malik ein, denn ich dachte mir, sollte Malik der erste Westler sein, der doch mit dem Stock malträtiert werden würde, so wollte ich mir dieses Ereignis nicht entgehen lassen und es bezeugen können. Außerdem konnte ich ihm in solcher Weise sofort zu Hilfe kommen. Ich glaubte zwar nicht wirklich an einen spontanen Aggressionsschub des Babas einem Westler gegenüber, aber Tara nahm ich auf diesem Durchlauf trotzdem nicht mit. Sie wartete mit Lalit vor der Behausung des Sadhus.

We are in India. You never know.

Wir bekamen den Wink von einem Schüler des heiligen Mannes und liefen los; man konnte es auch getrost eher als `traben´ bezeichnen. Zuerst erreichte Malik unbehelligt den Ausgang, das bedeutete schon mal eine Sorge weniger. Ich schlich dahin, weil ich, entgegen dem Gebot des Babas, trotzdem einen Blick auf ihn werfen wollte;

das tat ich dann auch. Ich sah einen friedlich auf Decken sitzenden, älteren Mann, den Kopf ein wenig nach vorne geneigt, den Blick hinunter gerichtet, als würde er meditieren, vielleicht auch bloß schlummern. Er wirkte nicht unsympathisch und schon gar nicht furchterregend! Lange konnte ich ihn aber nicht bestaunen, denn meine Langsamkeit hatte Konsequenzen; nicht dass ich einem Stockschlag ob meiner spirituellen Entgleisung, den Baba anzusehen, abbekommen hätte, nein, sondern weil der hinter mir gestartete Inder in vollem Lauf in mich hineinkrachte. Und wir daraufhin beide stolpernd und gerade noch das Gleichgewicht wahrend aus Babas Wohnzimmer herauskamen. Aber immerhin: Wir hatten es geschafft. Tara umarmte mich erfreut. Man weiß ja nie was passiert, wenn Papa plötzlich in einer dubiosen Höhlenbehausung verschwindet! Aber: Ende gut, alles gut!

Danach ging es wieder den Berg runter. Es wurde gar nicht mehr diskutiert, wer der auserwählte Träger für Tara sein sollte, sein durfte, denn Lalit befestigte mit einem breiten Grinsen das Gestell auf seinem Rücken und Tara hüpfte freudig auf ihn zu.

Auf dem Gipfel herrschte eine wunderbare Stille; mit jedem Schritt abwärts kamen wir wieder dem Stadtlärm näher. Tiru ist eine extrem pulsierende, typisch indische Kleinstadt, ein Gewühl von allem, was Indien zu bieten hat. Majestätisch thront der tausende Jahre alte, magische, große Shiva-Tempel im Zentrum der Stadt. Das ständige Gehupe der zahllosen Busse, Autos, Motorräder und Lastwägen ist unüberhörbar, fast eine Beleidigung für die Ohren nach all der Gipfelstille - wir näherten uns also mit dem steilen Abstieg unweigerlich wieder dem Unausweichbaren: Indien.

Erst neulich, vor zwei Tagen (!), traf ich in Gokarna einen Amerikaner wieder, der sich als Schüler des 1973 verstorbenen Neem Karoli Babas bezeichnete und den ich zuletzt vor etwa acht, neun Jahren in Rishikesh getroffen hatte; sechs Jahre älter als ich, lebt er seit fünf Jahren in einer Höhle auf Arunachala und geht seiner inneren Praxis nach, ausgerichtet auf tiefes Samadhi. Dort lebt er also seit vielen Jahren mit dem Gelübde, nachts über nicht zu schlafen, bloß zu praktizieren. Dieser Amerikaner ist einer von den wenigen die ich kenne, die sich völlig authentisch der inneren Einkehr gewidmet haben. Auch Sven, der Deutsche, lebt seit vielen Jahren in einer Höhle am heiligen Berg Shivas und meditiert.

Dieser Berg hat auf viele Suchende eine magische Anziehung, vernimmt man erst einmal den Ruf Arunachalas, folgt sehr oft die Hingabe. Also die Aufgabe des Egos. So viele sind Arunachalas Ruf gefolgt, der wohl bekannteste unter ihnen war natürlich Sri Ramana Maharishi.

Es sind deren viele, die gekommen sind, auf oft unerklärliche Weise von Tiru angezogen wurden - und die geblieben sind. Auch sehr viele westliche Menschen. Wie ich gehört habe ist die Anzahl der ständig in Tiru lebenden Westler die zweithöchste – natürlich nach jener Goas. Arunachala als Sinnbild, als Manifestation höchster Erleuchtung, als absolutes Bewusstsein Shivas, als die manifestierte, höchste Kraft, deren Wirken die Schlafenden, die Unbewussten, die Suchenden erwecken soll, als die ewige Wahrheit: I AM THAT.

Auf den letzten Metern runter ins Tal, das Lalit mit Tara bereits erreicht hatte, sang ich leise vor mich hin; zuerst `In the Heart´, und dann:

"Arunachala Shiva,
Arunachala Shiva,
Arunachala Shiva,
A r u n a c h a l a!

Arunachala Shiva,
Arunachala Shiva,
Arunachala Shiva,
A r u n a c h a l a!"

11. BUSFAHRT IN KARNATAKA

Again on the road. Diesmal ist es eine Fahrt in einem Nachtbus, die ich verabscheue und, wann immer es mir möglich ist, umgehe. Manchmal gibt es eben keine gescheiten Alternativen und in Karnataka gibt es Gegenden, wo das Bahnnetz noch nicht ausgebaut ist. So wie überall auf der Welt. Nun sind wir in einem solchen Teil der Welt gelandet. Wir schreiben das Jahr 1998.

Wir: Ich reise mit einer in Deutschland lebenden Halb-Inderin, Halb-Deutschen; in ihrem Falle ist die indische Herkunft mütterlicherseits, denn Shinas Mutter emigrierte in jungen Jahren als Krankenschwester ins kalte Deutschland, wo sie einen Job in einem Spital bekam und im Sturm das warme Herz von Shinas zukünftigen Vater eroberte; der Mann hatte beim Anblick der exotischen, schüchtern wirkenden, aber attraktiven jungen Inderin völlig seinen Kopf verloren. Also: Das Resultat hieß Shina.

Shina ist zwar auch sehr attraktiv, nicht aber so schüchtern. Ich lernte sie in Hyderabad, in einem Vipassana-Kurs kennen, es war mein erster oder zweiter 20-Tages-Kurs, ich hatte also einiges vor mir. Parallel dazu lief ein 10-Tages-Kurs, deren Meditationen in einer anderen Halle stattfanden. Der erste Tag des Kurses hatte gerade begonnen und ich kam soeben aus meiner winzigen, eineinhalb mal ein Meter kleinen Zelle, mit noch winzigerer Luke für ein wenig Luftzufuhr, heraus, um mir ein wenig die Beine zu vertreten und frische Luft zu schnappen. Eigentlich hatte ich meinen Blick konsequent auf den Boden gerichtet, um von nichts Äußerem abgelenkt zu werden (eine gute, alte meditative Anweisung), doch plötzlich hörte ich jemanden vom anderen Ende des Weges auf mich zukommen, was an und für sich nichts Außergewöhnliches war, da jeder mal Bewegung und Luft benötigte.

Doch mich muss der Teufel oder möglicherweise auch was anderes geritten haben, vielleicht war es nur primitive menschliche Neugierde, unter Umständen auch ganz banale männliche Begierde, weil ich trotz gesenkten Blicks Frauenfüße in Sandalen und das Ende eines Rockes (war er rot?, orange?, grün?) sah. Der Weg aber, auf dem ich mich befand, war bloß männlichen Retreatteilnehmern vorbehalten, die Frauen hatten ihre Auslaufzone, die uneinsehbar für Männer war, hinter ihren Schlafräumen. Wie auch immer, jedenfalls erhob ich meinen gesenkten Blick und sah nicht nur bunte Schlapfen und eine wunderschöne, junge, indische Frau in meine Richtung kommen, nein, nicht nur das!, sondern ein auf mich gerichtetes, volles Lächeln auf ihrem Gesicht. Mit stolzem, leichten (auf mich erotisch wirkenden) Gang ging, ja, schwebte sie federnd, Sexfunken verströmend an mir vorbei. War sie etwa beim Anblick meiner keuschen, meditativen Unschuld erregt und spürte schon damals mein starkes, nach Erfüllung loderndes Feuer? In mir wurden immer gerade bei Vipassana-Retreats leider (Gottes?) eine Unzahl an sexuellen Phantasien aktiviert, die leider (Gottes?) während des Kurses keinerlei Aussicht auf Erfüllung hatten…

Das war´s. Und es saß tief. Und recht weit unten. Fuck it, man! Ich begann tief und schnell zu atmen. Ich hatte 20 Tage an anstrengendster Meditation vor mir, die mich ein für alle Male zur Erleuchtung bringen sollte, denn ich hatte den unerleuchteten Zustand satt, verdammt nochmal!; und gleich zu Beginn des Kurses erschien mir dieser indische Engel! Diese manifestierte, weibliche Versuchung! Musste das sein? Was sollte das bitte für eine gemeine, grausame Prüfung sein? Und warum? Ich wollte doch meine Aufmerksamkeit nach INNEN richten, ich musste mich schnell nochmal davon überzeugen, ja, ja stimmte schon, nach INNEN! Das war ja der einzige, alleinige Grund für meine drei Wochen lange Selbstkasteiung, auch in sexueller Hinsicht natürlich, denn Masturbation war selbstverständlich während der Dauer des Retreats strengstens untersagt. Sexuelle Gedanken an sich waren einerseits nicht wirklich verwerflich, aber andererseits doch sehr kontraproduktiv, ablenkend, behindernd, unnötig, hirnrissig und energieraubend; das Problem dabei war nur, dass sie einfach oft auftauchten, einfach so, stark präsent und sehr einladend waren!

Nein, also genug davon. Man(n) kennt das ja. It´s always the same, nothing ever has changed... Wir Männer sind einfach Getriebene. Wir können gar nichts dafür. Es liegt in unserer Natur, in unseren Genen, in unserem ganzen auf Eroberung und Besitz ausgerichteten Verhalten. What to do? (Die Inder pflegen auf diese rein rhetorische Frage völlig abwegig, der Sinnhaftigkeit ins Gesicht lachend mit "Go to Kathmandu!" zu antworten - ist doch weit her geholt, oder?!).

Ich könnte viele Beispiele dafür anführen, wie sehr wir Männer sexuell gequält werden! Nur eines will ich hier wiedergeben, anhand des Schicksals meines armen, langjährigen, spirituellen Freundes und `Bruders´ Barak aus Israel. Er saß mit mir diesen 20-Tages-Kurs durch und erzählte mir, als wir den Retreat überstanden hatten und wir miteinander für eine Nacht ein Zimmer teilten (danach teilte ich es mit wem anderen, ich verrate noch nicht mit wem! - ah, ich hoffe, ich habe mich, ich habe das

Geheimnis nicht preisgegeben...) Folgendes:

Auch Barak begann den Kurs mit hohen, letztlich unerfüllten Wünschen, Hoffnungen und Erwartungen und bereits nach der ersten Nacht im Zentrum erwachte er von einem sexuellen Traum, bei dem er sogar ejakuliert hatte! Er war völlig mit den Nerven fertig, denn eine der Intentionen ist es natürlich unter anderem auch, die sexuelle Begierde unter Kontrolle zu bringen - und nun das! Schon nach der ersten Nacht! Daraufhin fragte er sich: Was tun jetzt? Wie geht es weiter? Ständig nur noch Unterhosen waschen, anstelle zu meditieren?! Wird´s kein meditativer, sondern ein sexueller Trip?

Nach dem Kurs war Barak zum Glück wieder besserer Stimmung, und zwar einzig und alleine aus dem Grund, weil die drei Wochen überstanden waren und er keinen mentalen Schaden davongetragen hatte (but who knows? - zum Glück haben die Inder darauf noch keine weitere unzusammenhängende, geistessprengende Antwort). Nach der ersten Nacht in Freiheit jedoch weckte er mich morgens auf und deutete, schelmisch blickend, auf seine Unterhose: Flecken! Ja, schon wieder abgespritzt! Diesmal konnte Barak darüber lachen, immerhin hatte er außerhalb des Retreats kein Gelübde abgegeben, sich sexuellen Träumen zu enthalten!

Shina ist mit einem Tag Verspätung (selbst Halbinder nehmen es zuweilen nicht allzu genau mit der Zeit!…) ins Zentrum gekommen, um am 10-Tages-Kurs, ihrem ersten, teilzunehmen; ich wiederum überlegte fieberhaft (oh ja, ich meditierte auch, manchmal findet man Zeit und Raum für beides, also Meditation und Geistesakrobatik, wobei letztere ohne viel Anstrengung immer leicht von der Hand geht…), wie ich ihr eine Nachricht zukommen lassen könnte, um sie nach meinem Kurs zu treffen; diese nur sekundenlange Begegnung mit ihr hatte Spuren (noch keine Spermien zu diesem Zeitpunkt!) bei mir hinterlassen und nun war ich ein Getriebener, um dieser Sache (dieser Frau) auf den Grund zu gehen.

Again. Man(n) kennt das ja. Again. Nothing ever has changed.

Ich hatte Glück. Ich fand zwar keine Möglichkeit, um sie zu kontaktieren, weil ich Shina so gut wie nie, aufgrund ihrer Teilnahme an einem anderen Kurs, sah. Doch sie entschloss sich nach Beendigung ihres Kurses beim gleich darauffolgenden 10-Tages-Kurs Service, also `sewa´ zu leisten; mit diesem war sie einen Tag, nachdem mein 20-Tages-Kurs vorüber war, fertig. Ich hinterließ bei einem Freund von mir, der sich entschlossen hatte, noch einen Tag länger im Zentrum zu bleiben, um nicht gleich nach so viel Stille, Schweigen und Verinnerlichung zurück ins hektische, laute Alltagsleben zurück zu müssen, eine Nachricht für Shina. Und? Ja! Am nächsten Tag stand sie - wieder mit dem umwerfenden Lächeln auf ihrem Gesicht - in meinem Hotel vor meiner Zimmertüre. Man glaube mir: Auch diese Überraschung saß sehr tief.

Barak musste das Zimmer wechseln. Er gönnte es mir. Ich weiß allerdings nicht, ob er die folgende Nacht wieder von süßen Träumen heimgesucht wurde. Vermutlich schon. Vielleicht auch nicht. Was soll's.

In derselben Nacht wurde ich krank. Das Zimmer war stickig und heiß, irgendwas vertrug meine Lunge nicht, ich bekam kaum Luft, hatte Asthma-ähnliche Anfälle. Ich ging leise aus dem Zimmer, hinaus auf die Terrasse. Hyderabad ist so wie alle indischen Großstädte stark verschmutzt, sie müssen nicht einmal groß sein, um unter grauenhafter Verschmutzung zu leiden. Vielleicht arbeitete auch bereits etwas in mir, das nun aufbrach, wer konnte das schon mit Sicherheit sagen; während der ganzen Vipassana-Praxis kommen ja endlos `Sankharas´ (Konditionierungen, Muster, Blockaden, alte Gefühle usw.) hoch, möglicherweise suchte mich gerade ein solcher Schub heim. Gerade jetzt! Wo Shina da war!

Sie folgte mir nur eine Minute später. Massierte mir den Rücken, hielt mir die Hände. Das tat gut, nicht nur weil ich kränklich vor mich herumhustete und nach Atem rang, sondern auch weil Nähe, Zärtlichkeit und Zuwendung vor allem nach einem solchen Kurs immer willkommen waren; und Shina hatte Hände wie für mich geschaffen: Sie brachten Linderung. Das sollte noch öfter unter Beweis gestellt werden, denn ich brauchte eine gute Woche, bis es mit mir wieder langsam bergauf ging (in jeder Hinsicht, ha!). In dieser Woche brachten wir auch eine Busfahrt zu tibetischen Klöstern in eher abgelegenen Gebieten Karnatakas, wo wir für ein paar Tage ein Zimmer nahmen, hinter uns.

So. Und nun fahre ich also mit Shina mit einem weiteren Bus, der seine guten Tage, insofern er sie je hatte, schon lange hinter sich hat, zu den `Jog-Falls´, wo uns von vielen Seiten her ein wunderschönes Naturspektakel an Wasserfällen versprochen und angepriesen worden ist; der Ort selbst soll nicht viel zu bieten haben - aber diese Wasserfälle soll, muss man gesehen haben, so der enthusiastische Hinweis vieler Inder. Wir kommen dort an, der Ort ist tatsächlich wenig beeindruckend, doch der Berg, von dem das Wasser in gewaltigen Wassern herunterströmen soll, ist vorhanden, aber - Achtung: Wir befinden uns in Indien: Es fließt kein Wasser! Es hat während der Monsunzeit keinen Regen gegeben, das ist sehr bedauerlich. Die Einheimischen weisen uns aber doch auf ein paar Tropfen hin, die bezeugen sollen, dass das alles kein schlechter Scherz ist; aber sie haben ja recht, was können sie schon dafür, wenn es die Wettergötter, insbesondere der Regengott, so schlecht in dieser Saison mit ihnen gemeint hat; es ist wie verhext, aber man kann nicht immer zaubern.

Das erinnert mich nun an einen indischen Zeitungsartikel, den ich vor Jahren einmal gelesen habe. Ich glaube es war in Gujarat. Wieder mal war der erhoffte Regen ausgeblieben; dies ist ja leider Jahr für Jahr eine Riesen-Katastrophe für Land, Mensch und Tier. Es gibt viel Leid und Durst aufgrund des Wassermangels, zudem werden als Folge des ausbleibenden Monsuns die überlebenswichtigen Ernten vernichtet und übrig bleiben nur vertrocknete Felder.

Jahr für Jahr nehmen sich deswegen viele Farmer das Leben, da sie keinen Ausweg mehr wissen, wie sie die vielköpfige, hungrige Familie durchfüttern sollen; die Statistik spricht von jährlich etwa 30.000 Bauern, die sich in den Bundesstaaten Madhya Pradesh, Rajasthan und Gujarat umbringen. Manchmal nehmen sie dabei gleich ein paar Familienmitglieder auf diese letzte Reise ohne Rückkehr mit - es ist ein hartes, unsicheres Leben, harte indische Realität.

Dem Artikel war ein Foto beigefügt: Abgebildet waren sechs große, runde Behälter, die wie kleine Badewannen aussahen. Alle Behälter waren vollgefüllt mit Wasser und drinnen hockten sechs fette (Entschuldigung!) Brahmanen mit Blumengirlanden umhangen und beteten zum Wettergott, er möge ihrem Land doch bitte das schenken, was für uns in Europa zum Beispiel Selbstverständlichkeit ist: Regen. Dieses Bild wirkte auf mich unheimlich grotesk, so wie die Dicken mit gefalteten Händen ihre heiligen Mantren sprachen, um Gott umzustimmen; aber was mich mehr störte war, dass für mich dieses ganze Ritual eher eine an das gemeine Volk gerichtete Erinnerung symbolisierte: Hallo, vergesst das nie, ohne uns Brahmanen läuft gar nix! Es lebe das Kastenwesen! Es lebe die uneingeschränkte Macht der Priester und die nur ihnen zugestandene, zugesprochene, direkte Verbindung zu Gott! Nur wir kennen die heiligen Schriften und wir sind eure Mittelsmänner zu Gott!

Auch das ist harte, indische Realität.

Keine Ahnung, ob damals die Gottesanbetung gewirkt, Regen gebracht und die nächste Ernte gerettet hat.

Shina und ich nehmen ein Zimmer. Es ist eine ziemlich große Wohnung, die uns das hiesige Touristenbüro für ein paar Rupien zur Verfügung stellt, wohl um nicht die einzigen Wasserfallsüchtigen, die anwesend sind, auch noch zu verlieren. Wir werden dazu ermuntert, doch zumindest eine Woche lang zu bleiben, denn es gäbe so viel hier zu sehen und im unmittelbaren Umkreis zu besichtigen und zu bestaunen; ein Taxi könnten sie uns auch zum "very special price" arrangieren, wiewohl ebenso einen "guide", sodass wir uns nicht verirren mögen.

Die Wohnung ist in altem, englischem Kolonialstil eingerichtet, alle Zimmer sind mit Möbeln und vielen schweren Teppichen ausgestattet. Den Höhepunkt stellt das riesige Himmelbett mit Tüchern von der Decke herunterbaumelnd dar, einladender kann es wirklich nicht sein. Meine Phantasie beginnt zu arbeiten, stark zu arbeiten. Schließlich fühle ich mich endlich wieder körperlich fit. Und das trifft sich gut mit einer solchen liebevollen und mich begehrenden Frau an meiner Seite. Ich nehme noch eine ausgiebige Dusche und als ich in high Spirits ins Schlafzimmer zurückkehre, in sehr guter Laune wie gesagt, finde ich Shina unter Decken vergraben tief schlafend vor. Ihr hatte die Busfahrt ziemlich zugesetzt und sie hatte immer wieder versucht, mit ihrem Kopf an meine Schultern gelehnt, ein wenig Schlaf zu finden, was aber ein Ding der Unmöglichkeit war. Aber jetzt schläft sie! DAS GIBT´S DOCH NICHT! DAS DARF DOCH NICHT WAHR SEIN! Kurz überlege ich, sie zu wecken, doch sie war auch all die vergangenen Tage so rücksichtsvoll, geduldig und umsorgend zu mir und ist nun völlig erledigt von dieser leidigen Busfahrt. Ich lasse sie also schlafen. Ob das richtig so ist, kann ich jedoch nicht mit Sicherheit sagen. Meinem Gefühl nach natürlich nicht so sehr. Denn meine Begierde ist voll erwacht. Aber es ist ja noch nicht aller Tage Abend.

Ich kuschele mich neben sie, bewundere ihren selbst im Schlaf anmutigen Gesichtsausdruck, ihre Brüste heben und senken sich unter ihrem tiefen Atem und ich - ich kann mich nicht lange meinen Träumen hingeben, denn ich habe seit Jahren eine starke Stauballergie und nun schlagen die zig Millionen Milben, die sich in all diesen uralten Teppichen und Vorhängen eingenistet haben, gnadenlos zu: Ich beginne zu niesen, habe einen Niesanfall nach dem anderen, zudem bekomme ich als weitere Konsequenz kaum mehr Luft, meine Lunge keucht. Kurz darauf finde ich mich vor der Haustüre wieder, um den Milben zu entfliehen; wie schon zuvor in Hyderabad! Solch´ eine imposante Wohnung, ein solch´ einladendes Bett, eine solche Frau darin, doch irgendwie ist da wohl ein Wurm drinnen; man kann ihn auch Milben nennen. Beziehungsweise ist es einfach banale Realität, so wie sie sich oft unerwartet von ihrer nüchternen Seite zeigt.

Zwei Tage später fahren wir mit dem Nachtbus nach Gokarna weiter; dort soll uns endlich Ruhe, Meer und Romantik begrüßen; wir blicken uns an und sehen einander tief in die Augen, die Hände festhaltend und drückend; es sind Blicke des innigsten Versprechens, der größten Verheißung, des lodernden Feuers; auch Blicke der mittlerweile angenehmen Vertrautheit, der gewissen Verbundenheit. Ok, los geht´s, noch eine letzte Busfahrt über die holprigen Straßen Karnatakas. Wieso nur haben die Engländer in diesem Bundesstaat so wenige Bahnschienen gebaut? Und wieso bauen die Inder nicht endlich welche?

Der Bus hat vorne und hinten je eine Türe zum Ein- und Aussteigen, wir ergattern beim Sturm um die Plätze gerade noch einen Zweiersitz fast am Ende des Busses; hinter uns sitzt der Kontrolleur, der gute Ticketzwicker, der Schaffner, dann bleibt nur noch die letzte Reihe. Der Bus rumpelt, scheppert und poltert durch die Gegend, was tun wir uns schon wieder an? Der Kontrolleur glaubt, er kann uns ein wenig verarschen und verlangt gleich einmal den doppelten Ticketpreis - schamlos, mit unbewegtem Gesichtsausdruck versucht er sich einen für ihn luxuriösen Spaß mit uns zu machen; er ist mir von Anfang an ob seines lauten Herumschreiens, der Darstellung seiner Autorität und seiner glasigen Augen und dem üblen Mundgeruch unsympathisch. Hoffentlich, so bete ich, ist der Fahrer in einem besseren physischen und mentalen Zustand, der Alkoholkonsum ist ja auch unter den Busfahrern sehr verbreitet und das natürlich nicht nur, wenn sie außer Dienst sind.

Ich tue ihm seinen Gefallen nicht und bezahle ohne ein Wort zu verlieren den regulären Preis. Es gibt noch einen weiteren Grund, warum ich, nebst des Herumgeschüttelt-Werdens, der konstanten Bedrohung und Gefahr auf den Straßen aufgrund des verrückten Fahrstils der Inder, des Zustandes der Busse, die längst ausgemustert gehört werden müssten, und der ewigen lauten Herumhuperei, das Busfahren längerer Distanzen in Indien verabscheue und wann immer es geht vermeide: Nämlich wegen dem notorisch schlechten Magen fast aller Inder. Das ist in allererster Linie auf das oft viel zu scharf gewürzte Essen und die extrem schlechte Wasserqualität zurückzuführen; der indische Magen hält dementsprechend nicht allzu viel aus und zeigt sich oft und schnell bei der leichtesten Erschütterung irritiert; sehr rasch, doch auch oft zu langsam, werden in diesem Falle die Busfenster, insofern vorhanden und funktionstüchtig, geöffnet und es wird gekotzt, dass es zum Himmel stinkt. Und im Bus auch. Oft bekommt der dahinter Sitzende durch die geöffneten Fenster einen Teil des Mageninhaltes vom Vordermann ab, noch viel öfter jedoch der gerade am Bus vorbeifahrende Motorrad- oder Fahrradfahrer oder auch der eine oder andere Passant. Übelriechende indische Realität.

Auch während dieser Fahrt ist das Wettkotzen einiger Inder voll im Gange. Wir sind müde, der Rücken und der Hintern schmerzen uns aufgrund der harten Sitzbank und des lustigen durch Schlaglöcher-Fahrens ordentlich, unsere Nasen sind extrem beleidigt, weshalb ich mir ein Tuch über Nase und Mund gebunden habe. An Schlaf ist jedenfalls nicht zu denken. Wir sind bereits etwa drei Stunden unterwegs, läppische fünf bis sechs Stunden sollen es noch bis zu unserem Ziel sein; hinter mir habe ich das zufriedene Schnarchen des Kontrolleurs in meinem Rücken. Die Inder schaffen es einfach immer wieder, in fast jeder nahezu aussichtslosen Schlafsituation die

Augen zuzumachen, den Kopf auf die Schulter des Sitznachbarn zu platzieren und laut schnarchend (auch ein Zeichen des schlechten Magens und der aufgrund der Verschmutzung funktionseingeschränkten Lungen…) einzuschlafen. Unglaublich, aber wahr, dafür verbürge ich mich. Sie schlafen auch bei solchen Busfahrten sehr schnell ein. Insofern sie nicht mit dem Kotzen beschäftigt sind.

Was stört mich das schon? Ich spüre den warmen Oberschenkel Shinas an meinem. Dies tut gut. Ihr ganzer Körper, ihr Wesen tut gut. Ihre Nähe ist auch eine Erinnerung daran, dass es bessere und schönere Momente, die erfüllender sind, gibt, als es eine solche Busfahrt ist. Alles wird gut, Mann, alles ist gut. Halte durch. Brauchst nur ihren Oberschenkel zu spüren. Diese Verheißung. Indisches, halb-indisches Blut. Heiß. Zumindest warm.

Ständig fallen auch mir die Augen für ein paar Sekunden zu, es ist etwa halb drei Uhr morgens. Ich bin furchtbar müde, übernächtigt, ein wenig genervt, verschwitzt und fühle mich schmutzig. Der Bus rast an anderen Fahrzeugen vorüber, andere Fahrzeuge rasen an uns vorbei, es ist eine Nachtrallye und bei einer solchen ist Schlaf einfach nicht vorgesehen. Zumindest nicht bei mir. Shina hat ihren Kopf wieder mal an meine Schulter gelegt und ich spüre ihren warmen, heißen Atem. Alles scheint warm, heiß zu sein, vielleicht bin ich auch wirklich nur ein wenig überhitzt, wer weiß schon, wie sehr mir die bisherige Busfahrt zugesetzt hat, noch sind all die Auswirkungen nicht ganz klar; auch ist die Fahrt ja nicht vorüber und es ist völlig offen, erstens, was noch alles, mein System Irritierendes zusammenkommen wird und zweitens, ob wir diese Fahrt überhaupt überleben werden; you never know.

Die Freude auf Gokarna und meine Vipassana-Praxis lassen mich doch mit einem gewissen Gleichmut das Unvermeidliche - aua, schon wieder den Kopf an der Decke des Busses angeschlagen, diese verdammten Schlaglöcher! - ertragen, man soll sich ja generell nicht zu sehr von äußeren Bedingungen beeinflussen lassen, sie kommen und gehen! Nichts ist beständig, dauerhaft. Nicht vergessen!

Shina erwacht von ihrem Halbschlaf und fragt mich, wie lange wir noch die Herumschüttelei zu ertragen haben; gute Frage, denn ich weiß es auch nicht genau. Hinter mir höre ich den Kontrolleur, der die meiste Zeit über seinen Kopf nach vorne an meinen Rücksitz gelegt hat und dabei von Zeit zu Zeit mit seinen den Sitz umklammernden Händen ein paar meiner Haare ausreißt, grunzen und rülpsen: Ja, Shina, es ist eklig, aber du weißt doch, wo wir sind, und wie hätten wir denn sonst, ohne andere Alternative, weiterreisen sollen?

Shina beklagt sich über Bauchschmerzen - nein, es ist nicht die sich ankündigende Regel, sie vermutet, dass ihr das letzte Thali nicht gut bekommen ist. Auch das noch. Ich versuche weiterhin mit dem Rest meiner verbliebenen inneren Ruhe Überblick zu bewahren, die Situation zu meistern und flüstere ihr beruhigende und erfreuliche Worte ins Ohr. Es ist offensichtlich, wie ihr das gut tut, man darf einfach nie die Nerven hinschmeißen, das habe ich in Indien gelernt! Immer ruhig Blut!

In diesem Moment bremst der Fahrer abrupt und heftig, wahrscheinlich hat er damit das eine oder andere, vielleicht sogar unser Leben gerettet und dieses Bremsmanöver ist nun doch für den Ticket-Kontrolleur zu viel: Ich spüre etwas leicht und warm auf meinem Rücken landen, das langsam an mir herunterrinnt: Nein das, nein also das, NEIN! Das gibt's ja nicht, der Trottel hat mich vollgekotzt! Ich bin vollgespieben worden! Ich...

Shina hält meine Hände. Offensichtlich fand der Kontrolleur keine Zeit mehr, sich aus dem Fenster hinaus zu übergeben, da das Bremsen ihn aus dem Schlaf geweckt und den Magen aus der Ruhe gebracht hat; ist auch nicht weiter tragisch, zumindest nicht für ihn, denn das scheint business as usual zu sein. Ohne sich zumindest den Mund abzuwischen, geschweige denn eine Entschuldigung mir gegenüber auszusprechen, legt er den Kopf wieder nach vorne und schläft weiter.

Ich ringe für ein paar lange Sekunden um meine Fassung. Dann ziehe ich mir mein vollgekotztes T-Shirt aus, Shina wischt mir so gut es geht den Rücken mit Klopapier ab, und danach wickle ich mich in einen Lungi. Meine Grenzen sind überschritten, ich habe genug, ich will nicht mehr. Selbst die Aussicht auf Gokarna kann meine Laune nicht mehr heben. Ich halte mir die Nase zu und atme durch den Mund; überall stinkt es fürchterlich.

Irgendwann kommen wir dann doch bei Morgengrauen in Gokarna an; und meine gute Laune kommt tatsächlich wider Erwarten angesichts der Schönheit dieses Ortes rasant zurück. Ja, ein Glücksgefühl überflutet mich sogar! Wir nehmen eine Rikscha und fahren zum Kutlee-beach, wo wir uns auf die Suche nach einem Zimmer machen; schon bald werden wir fündig und beziehen einen großen Raum, in dem sich ein ebenfalls großes Bett befindet. Welch´ Freude nach einer solchen Busfahrt ein solches Bett auf einen ausüben kann! Auf mich in jedem Falle! Auch die Aussicht darauf, meine Zeit nicht alleine auf dieser Matratze verbringen zu müssen! Das verleiht mir gar Flügel! Mit Sicherheit jedenfalls eine Menge an Energie und Adrenalin... Doch zuallererst, während Shina noch ihren Rucksack auspackt, renne ich sogleich einmal zum Strand, springe ins Meer und bleibe eine gute Weile im Wasser, um mich von Schmutz, Dreck, Kotze und üblen Geruch zu reinigen. It´s all over now, jetzt beginnt wieder die sonnige Seite des menschlichen Daseins, dessen bin ich mir sicher! Immerhin erwartet mich hier nebst Erholung auch eine halbindische Frau und ein kurzer Sprint reicht, um mich zu ihr zurück zu bringen. Also viel besser kann man es nicht erwischen, ich gratuliere mir selbst dazu, ein Glückspilz zu sein!

Zudem sollte die überstandene Busfahrt für mich die letzte für längere Zeit gewesen sein. In Zukunft investierte ich mein Reisegeld ausschließlich in Indian Railways.

Nach dem Schwimmen gehe ich erfrischt und guten Mutes ins Zimmer zurück. Shina liegt im Bett. Keine schlechte Idee, denke ich mir, genau richtig, daher schließe ich die Türe ab und kuschele mich sofort zu ihr; die nächsten ein bis zwei Stunden soll es niemand wagen, uns zu stören! Shina hat die Augen geschlossen, während ich sie umarme. Ihr Körper glüht, sie hat hohes Fieber. Und Durchfall, schweren Durchfall, sie kann kaum was im Magen behalten, oft schafft sie es die kommenden Tage über nicht mal bis zur Toilette; wieder bin ich mit menschlichen Exkrementen in Berührung, eine gute Woche lange pflege ich sie gesund - und wasche unter anderem auch ihre (Unter)wäsche.

Ich wasche mehr und öfters, als es mir lieb ist, doch man gewöhnt sich an vielerlei.

Ich meine, die Busfahrt habe ich schließlich auch überstanden. Wie sollen da schon ein paar schmutzige Damenhöschen ins Gewicht fallen? Auch die werden mal wieder sauber. Und Shina wieder gesund. Dann sollte auch unserem Kuscheln endlich nichts mehr im Wege stehen. Aufgeschoben bedeutet ja nicht aufgehoben.

Zum Glück!

12. DER HARTE WEG NACH RISHIKESH

In einer Stunde soll uns das gebuchte Taxi nach Haridwar zur Zugstation bringen, wo wir kurz nach 18 Uhr den Shatabdi-Express zurück nach Delhi haben. Normalerweise bestelle ich für diesen Trip das Taxi zirka eineinhalb Stunden vor der Zugabfahrt und dann geht es sich immer ganz locker bis zur Zugstation in Haridwar aus. Schließlich sind es nur ungefähr 30 km von Laxmanjhula aus, für die man in der Regel etwa 40 Minuten benötigt. Also an und für sich ist diese Distanz ein Pappenstiel, aber in Indien muss man selbst für einen Pappenstiel genügend Zeit einrechnen; die Vergangenheit hat's wiederholt gezeigt, immer und immer wieder; und diesmal müssen meine Tochter Tara und ich den Zug erwischen, ganz gleich wie, denn ich habe sie nachts in Delhi ihrer Mutter zu übergeben, da sie für den nächsten Morgen einen gemeinsamen Flug nach Bangkok gebucht haben.

In Haridwar findet gerade die Maha-Kumbha-Mela, die nur alle zwölf Jahre über die Bühne geht, statt; es ist das allergrößte und wichtigste religiöse Hindu-Festival, Millionen über Millionen kommen zu diesem Anlass ins heilige Haridwar geströmt, um im Karma-reinigenden Ganges sich ein für alle Male von jeder Schuld und Sühne frei zu waschen.

Es ist März 2010. Ich war auch zwölf Jahre zuvor, also 1998, bei der damaligen Maha-Kumbha-Mela in Laxmanjhula, und ich, ja ich!, muss beichten: Während zig-Millionen an Menschen den oft langen und beschwer-

lichen Weg nach Haridwar auf sich nehmen und keine
Mühe für diesen Trip scheuen, schaffte ich es bei keiner
der zwei Kumbhas, die sich ja wochenlang dahinstrecken,
den Weg von Laxmanjhula nach Haridwar auf mich zu
nehmen. Das hat einen ganz banalen Grund: Diese unglaubliche Anzahl an Menschenmassen auf relativ engem
Raum hat mich immer schon abgeschreckt, da werde ich
richtiggehend menschenscheu; und ich habe schon genug in Indien erlebt, sodass ich es mir spielerisch ausdenken kann, was da so alles während der Mela abgeht;
Indien beflügelt meine Fantasie... Zudem habe ich natürlich einige Dokumentationen und Fernsehberichte
gesehen.

Ich könnte viele Geschichten über die Kumbha-Mela
erzählen, doch zum einen ist nicht das Festival der wirkliche Inhalt dieser Geschichte, zum anderen haben schon
viele andere darüber berichtet. Nur so viel: Immer wenn
die Gestirne Jupiter, Sonne und Mond in bestimmten
Aspekten präzise zueinander stehen, manifestiert sich im
Glauben der Menschen der Unsterblichkeitsnektar (Am-
rita) in den Wassern des Ganges an den jeweiligen
Stellen des Flusses und die Pilger nehmen dann ein Bad
in Unsterblichkeit. Generell gilt, dass das Bad im Ganges
von Sünden befreit. Und das Baden an diesen astrologisch günstigen Tagen während der Kumbha Mela gilt um
ein Millionenfaches mehr sündenbefreiend. Zu diesen
Waschungen finden an den jeweiligen Hauptbadetagen
sogenannte `Königliche Prozessionen´ (Shahi Snan) der
Sadhus statt. So badeten etwa 2007, am Hauptbadetag,
dem Mauni Amavashya (Neumondtag im Januar), in
Allahabad öffentlich geschätzte 30 Millionen Pilger am
Zusammenfluss von Ganges und Yamuna, dem sogenannten Triveni Sangham (Triveni = wo sich drei Flüsse

treffen; zu Ganges und Yamuna trifft der unterirdische mythologische Fluss Sarasvati). Die Kumbha-Mela ist nicht nur das größte religiöse Fest des Hinduismus, sondern der ganzen Welt. Es gilt auch als das größte und zahlenreichste Treffen vieler verschiedener Sadhu-Gruppen, bei denen es zum Beispiel auch eine genaue zeitliche Abfolge gibt, welche Gruppe wann und wo in den Ganges eintauchen darf; die wichtigste und bekannteste (die Naga-Babas, die auch als Kriegermönche, die den hinduistischen Glauben verteidigen, bezeichnet werden) zuerst und so fort; zuweilen gibt es Tote zu beklagen, wenn rivalisierende Gruppen aufeinander losgehen, weil sie den Rang oder Status der anderen Sekte nicht akzeptieren und das Anrecht geltend machen wollen, noch vor der anderen Gruppe das heilige Bad in Mutter Ganges zu nehmen. Alles hat seine (Rang-) Ordnung.

Dementsprechend gibt es ein riesiges Aufgebot an Polizei und Militär, denn mit Indern, die, sei es aus religiösen, politischen, sozialen, familiären oder Alkohol beeinträchtigten Gründen mal kollektiv Amok zu laufen drohen, ist nicht zu spaßen. Oft hält sich aber das Militär bei gewaltsamen Zusammenstößen unter den Sadhus zurück, schließlich will niemand von plötzlich zu tollwütigen Bestien gewordenen heiligen Männern einen eingeschlagenen Schädel davontragen. Das ist verständlich. Wie auch immer.

Es ist schon ein sehr einprägsames, unvergessliches Bild, all die zig-tausenden nackten, mit Asche beschmierten Sadhus zusammentreffen und ihre rituellen Waschungen vornehmen zu sehen; lustig auch, dass viele mit nichts bekleidet und ausgestattet sind als vielleicht mit einem Lendenschurz – und mit einem Handy! Kein Scherz, ich verarsche niemanden, das ist die sicherlich neue Realität, eine weitere neue `Schwingung´, die die Sadhus umgibt, die neue S t r a h l u n g, der sie ausgesetzt sind. Man kann diese Entwicklung nicht aufhalten. Außerdem ist es so auch weniger anstrengend für einen Sadhu, der in einer Höhle in Nordindien sitzt, mit einem Genossen, der in einer anderen Höhle auf dem nächsten Berg oder in Südindien meditiert, per Handy mal schnell Kontakt aufzunehmen. So kann man dann ebenfalls die neuesten Preise für gutes Ganja erfahren, ohne sich mit dem Glaubensbruder jedes Mal bloß auf der astralen Ebene austauschen zu dürfen.

Einer jüngeren Studie zufolge (Stand 2012) gibt es in Indien zurzeit offiziell etwa 930 Millionen abgeschlossene Handyverträge. 930 Millionen! Viele Inder besitzen natürlich zwei oder drei Handys, abhängig von den Tarifen und sonstigen etwaigen Begünstigungen. Das hat natürlich Konsequenzen. Eine neue Spezies, eine völlig neue Art an Tempeln wurde in den letzten 10 bis 15 Jahren gebaut. In den abgelegensten Gebieten sprießen sie wie Schwammerln empor, nirgendwo machen sie halt, sie sind mühelos sichtbar, überall kann man sie besuchen und anbeten ohne dafür Eintritt bezahlen zu müssen: Ich rede von den Handymasten. Wirklich überall, an jedem noch so idyllisch gelegenen Platz verschandeln und verstrahlen sie nun die ganze Atmosphäre. Es sind derer unzählige solche Masten.

Ein Beispiel: Selbst im winzigen Dorf Gokarna wurden inzwischen acht Handymasten errichtet. Acht Stück. Und einer wurde nun zwischen Om- und Kutlee-beach hingebaut. Unästhetischer und abschreckender geht es kaum mehr, er thront auf dem Hügel über den Stränden und ist von überall aus gut zu bestaunen – dieser Handymast untergräbt das wunderschöne landschaftliche

Bild. Das fällt aber sicherlich nur uns Westlern auf, die Inder selbst sind heilfroh, auch am abgelegensten Fleck Erde Empfang zur Außenwelt haben zu haben; es beruhigt, ein Handy zu besitzen und überall und immerfort erreichbar zu sein...

Also: Hunderte Millionen Handybenützer in diesem Land, unzählige Handymasten, 930 Millionen angemeldete Handys (die Inder – aber nicht nur sie - sind absolut Handy-verrückt, Handy-süchtig...), und dann gibt es noch diese, naja, nicht gerade nebensächliche und unwesentliche Auswirkung der Strahlung dieser Masten und der Handys.

Im Jahre 2007 oder 2008 kam ein deutsches Expertenteam nach Bangalore (Karnataka) geflogen, um die Strahlung der Handymasten zu messen; zwei Fragen sollten beantwortet werden: Erstens, ob die Strahlung in Bangalore höher war als jene der Masten in Europa und zweitens, wenn ja, um wie viel.

Die erste Frage wurde, wie wohl jedem klar sein wird, sogar vor der wissenschaftlichen Untersuchung bereits mit Ja beantwortet. Das war zu erwarten gewesen. Für die zweite wurde als Richtwert der Durchschnittswert der erlaubten Strahlung in Europa im Vergleich mit den indischen Strahlungsmastenbrüdern und -schwestern hergenommen. Das Ergebnis war und ist so überwältigend, so unglaublich (also schwer zu glauben, aber doch wahr!) und so furchtbar erschreckend, dass ich es kaum an den Leser dieser Zeilen weitergeben möchte; ich mache es aber trotzdem, aus reinem Eigeninteresse, da dadurch der in mir entstandene Schock unter Umständen auf viele aufgeteilt und möglicherweise für mich gemildert wird - jedenfalls hoffe ich das. Es ist aber nicht nur Eigeninteresse, denn alle, die sich dafür interessieren, sollen auch genau wissen, über welches Land, über welche Zustände ich berichte, wo ich mich befinde und wo wir dieser hohen Strahlung ausgesetzt sind. Zur Erinnerung: In Indien. Das Land, das ich liebe.

Da die erste Frage bereits beantwortet wurde, ist es also klar, dass die Strahlung zumindest einmal in Bangalore höher ist, als jene in Europa. Sogar um einiges höher.

Aber um wie viel? Jeder darf nun seinen Tipp abgeben, schnell, denn nun verrate ich es: Die Messungen ergaben, dass die Strahlungen um bis zu 9000 Mal höher waren. Nochmals: Die Strahlung der Handymasten in Bangalore ist bis zu **9000 Mal** höher als jene der Masten in Europa!!! Das muss man erst einmal verdauen. Wie? Was? Wo? Weshalb? Ist das möglich?

Ja.

Wie man sich vorstellen kann, hat die indische Regierung so viel um die Ohren (wie zum Beispiel die Armutsbekämpfung, die Geburtenkontrolle, die nicht stattfindet, die Bewältigung sozialer, politischer und religiöser Konflikte, die Bekämpfung der Korruption - die auch nicht stattfindet -, die Unterernährung (42 % aller Kinder unter fünf Jahren sind chronisch unterernährt!) und so weiter und so weiter, dass sie sich naturgemäß nicht auch noch um ein bisschen Strahlung der neuen ´Tempel´ kümmern kann; mit einem Wort, es gibt keine Kontrollen, und wenn doch, dann ist die Wahrscheinlichkeit, dass der betreffende Prüfer von einem Angestellten der jeweiligen Handyfirma erfolgreich geschmiert wird und bereitwillig die Hände für einen Bündel Geldscheine aufhält, sehr hoch. So läuft der Hase. Daher strahlen die Handymasten so stark, womit der Radius erreichbarer Dörfer weit ausgedehnt wird, und werden es aller Voraussicht auch noch in der nächsten Zukunft tun.

Ich lebe also hier in einem völlig verstrahlten Land, noch dazu ist das Problem der Verstrahlung natürlich nicht nur auf diese Masten zu reduzieren, dafür gibt es noch viele zusätzliche Verursacher. Aber dieses Beispiel sollte jetzt einmal genügen.

Wir haben das Taxi für 15 Uhr bestellt; das bedeutet also etwa drei Stunden Zeit, um das 30 Kilometer entfernte Haridwar zu erreichen. Es herrscht aber verdammt viel Verkehr aufgrund der Kumbha Mela und wenn viele Fahrzeuge auf Indiens Straßen unterwegs sind, dann kann es schon leicht mal zu einem kürzeren oder längeren, auch gewaltigen Stau kommen. Ich hoffe nur, dass wir von einem solchen generell verschont bleiben, und wenn es schon dazu kommen muss, dann bitte nur zu einem kurzen. Deswegen habe ich gleich drei Stunden für die Fahrt einkalkuliert.

Tara und ich sind kurz vor 15 Uhr beim vereinbarten Treffpunkt, nur der Taxifahrer samt dem Taxi ist noch nicht da. Unzählige Male habe ich ihn im Vorfeld auf die Dringlichkeit der Pünktlichkeit hingewiesen - und trotzdem: Weit und breit kein Taxi. Wir sind wieder mal mit diesem anderen Zeitgefühl der Inder konfrontiert. Diesmal tue ich dem Fahrer aber unrecht, denn er steckt nämlich im Stau zwischen Rishikesh und Laxmanjhula. Das weiß ich aber zu diesem Zeitpunkt noch nicht und ich werde langsam nervös.

Es ist nämlich bereits 15.23 Uhr. Also kein guter und vor allem kein pünktlicher Reisebeginn - und ich spüre den ganzen Druck, dem ich ausgesetzt bin: Wehe mir, wenn ich es nicht schaffe, Tara nicht noch diese Nacht in Delhi ihrer Mutter zu überbringen, dies würde nämlich ähnliche Konsequenzen für mich haben, wie wenn verfeindete Sadhu-Gruppen aufeinander losgehen: Womöglich mit einem Schädelbruch als Ausgang. Ja klar, ich wäre das Opfer. Mit Taras Mutter ist nicht zu spaßen. Wir hatten in der Vergangenheit zwar unseren Spaß, ja den auch. Aber nun…

Doch dazu möchte ich schon kurz etwas zu meiner Verteidigung sagen. Es war nämlich so, dass Tara und ich eigentlich bis vor drei Tagen davon ausgegangen waren, dass ihre Mutter Tara von Laxmanjhula abholen würde; doch wie auch so oft in der Vergangenheit kam mit Taras Mutter alles in letzter Sekunde ganz anders. Unsere Abmachungen wurden von ihr verworfen und neue (einseitig…) getroffen, und nun liegt es in meiner Verantwortung, das Beste aus der unter Zeitdruck stehenden Situation zu machen. Ich muss es schaffen. Auch Tara zuliebe, obwohl sie mir zwei Tage zuvor gesagt hatte, dass wir einfach hier bleiben könnten und sie eben nicht nach Thailand fliegen würde. Aber erklär´ das mal ihrer Mutter!

Tara steht gefasst neben mir. Wir hoffen beide auf einen guten, also zeitgerechten Ausgang dieser Reise und wissen ob der Umstände, der indischen Massen in Haridwar, Bescheid. Es ist gut, sie ruhig an meiner Seite zu haben.

Das Taxi erscheint auf dem verabredeten Platz! Wir starten mit einer halben Stunde Verspätung, also um halb vier am Nachmittag. Ich mache dem Fahrer Gas-Beine und bläue ihm ein: "Ok, my friend, and now you go superfast!", aber schon nach wenigen Minuten kommen wir nicht mehr weiter, stecken wir fest; auch der Gegenverkehr bewegt sich kaum; alles stockt und staut sich; auch mein Ärger über diese ganze Situation. Der gesamte

Verkehr liegt brach.

Bloß alle zwei, drei Minuten bewegen wir uns ein paar Meter vorwärts.

"Some problems, today many cars, many people in Haridwar, but no problem, railway station on time!", beruhigt uns der kettenrauchende Fahrer. Es tut gut, so etwas zu hören, nur: Woher nimmt er bloß diesen Optimismus? Woher will er wissen, dass wir aufgrund der im Verkehr feststeckenden Karre überhaupt noch nur einen Meter mehr weiterkommen werden? Woher dieser selbstsichere indische Optimismus? Handelt es sich um Zweckoptimismus?

Wir haben gerade mal Rishikesh erreicht, also etwa sieben Kilometer abgespult - und es ist bereits 16.30! Ich denke mir, wenn etwas zurzeit zum Verzweifeln ist, dann ist es das. Tara hat meine Hand fest umklammert, sie spürt meine Anspannung und spricht mir ebenfalls ermutigende Worte zu: "Papa, es wird sich schon ausgehen. Ansonsten können wir auch nichts machen. Diesen Verkehr können wir nicht ändern!" Sie hält meine Hand gedrückt. Woher hat sie nur diese Weisheit und Reife mit ihren neuneinhalb Jahren? Sie hat es auf den Punkt gebracht: Fliegen können wir nicht, wir können nur noch hoffen.

Kurz nach Rishikesh geht es plötzlich etwas zügiger voran, wir bestaunen eine schier endlose Schlange an Fahrzeugen. Aber sie bewegt sich, wir fahren! Der Taxifahrer hat aus lauter Freude die Musik auf volle Lautstärke gestellt - wir geben uns den indischen Rhythmen hin – ok, richtiger formuliert ergeben wir uns dem indischen Sing-Sang; vielleicht treibt dieser ja auch unter Umständen den ganzen Verkehr an, möge es ein gutes Omen sein (blöd nur, dass ich meine Ohrstöpsel nicht bei

Hand habe!)...

Mir tut es natürlich leid, Tara nach Delhi bringen zu müssen. Wir haben wieder eine solch´ gute und harmonische Zeit gemeinsam verbracht und ich genieße ihre Gegenwart ungebrochen. Am liebsten würde ich sie ohnehin bei mir behalten, aber natürlich gibt es eben diese gewisse Aufteilung der Zeit mit Tara zwischen ihrer Mutter und mir. Damit muss man, müssen wir alle drei leben. Das ist der Preis einer Trennung. Aber er hat auch was Gutes. Ich zum Beispiel bin mir dadurch um einiges bewusster um den Wert des Zusammenseins mit meiner Tochter geworden, und mein Fokus richtet sich, wenn sie bei mir ist, stark auf unsere gemeinsame, wertvolle Zeit. Ich erlebe die Zeit mit Tara viel erfüllender und reicher, als ich es wahrscheinlich machen würde, wäre ich ihre Gegenwart ständig gewohnt. Dennoch wünsche ich mir oft, sie immer in meinem alltäglichen Leben um mich herum zu haben; und zwar eben als gegebene, als permanente Präsenz, als ein untrennbares Element in meinem Dasein.

Immer wenn wir uns nach Wochen, Monaten des gemeinsamen Reisens trennen, erlebe ich danach für ein paar Tage ein Gefühl einer Leere in mir, in meiner Existenz; ich wache alleine, ohne sie an meiner Seite zu haben, auf, gehe alleine frühstücken, ohne mit ihr währenddessen zu plaudern, gehe alleine spazieren, ohne mit ihr die herumspringenden Affen, die den Verkehr blockierenden Kühe, die herumtollenden Hunde zu bestaunen, ich gehe alleine schwimmen, ohne mit ihr durch die Wellen zu tauchen oder sie von meinen Schultern ins Meer springen zu lassen, ich sitze allein auf den Ganges-Felsen, ohne dass sie mit Sand, Steinen, Holzstücken und Gräsern mir eine `Malai Kofta´ kocht und mir dazu ein Hot Ginger Lemon Honey aus Ganges-Wasser zubereitet, und dies bloß für fünf Rupien, ich schreibe alleine Tagebuch, ohne dass sie an meiner Seite eines ihrer vielen Bücher verschlingt (Tara ist eine absolute Leseratte...) oder malt, ich spiele nicht Uno oder Backgammon, weil es nur zu zweit geht, ich gehe nach Sonnenuntergang alleine zurück ins Zimmer, ohne dass wir uns einen gemütlichen Abend machen, denn sie ist nun nicht mehr da.

Dann blicke ich zumeist nochmals auf die Seite des Bettes beziehungsweise auf das andere Bett - es folgt die Gewissheit: Es ist leer, Tara ist nicht da, aber sie wird wiederkommen. Bestimmt. Sie ist meine einzige Tochter und wir haben zum Glück eine sehr starke Verbindung. Sie ist mein strahlender Stern. Sie ist eben Tara.

Nun sind wir also auf dem Weg nach Haridwar, von dort aus wollen, müssen wir nach Delhi weiter. Das ist auch gut so, denn sie wird bald ihre Mutter wiedersehen, die beiden freuen sich auch schon sehr aufeinander. Natürlich werden auch sie eine aufregende Zeit miteinander verbringen. Meine Ex ist eine liebevolle Mutter, was nicht immer verantwortungsbewusst bedeuten muss. Trotzdem bin ich dankbar dafür, dass sie mir eine so wunderbare Tochter geschenkt hat.

Das erste Schild mit der Bezeichnung `Haridwar´ taucht auf, der Fahrer gibt uns Bescheid, dass nun nur noch vier Kilometer bis zur Zugstation zurückzulegen sind; und wir haben noch 35 Minuten Zeit! Bevor wir wirklich darüber frohlocken können, gibt es schon wieder kein Weiterkommen und wir stecken erneut total im Verkehr fest - eine Autokolonne ohne Ende tut sich vor uns auf und alles Motorisierte steht unbeweglich.

"Now big problem", gibt unser Fahrer von sich, und das will schon was heißen, wenn solche Worte sogar von einem Inder ausgesprochen werden! Oh je. Nach 15 weiteren Minuten befinden wir uns noch immer an derselben Stelle. Mir kommt U.G. Krishnamurtis Buch "No Way Out", obwohl es in einem anderen, nämlich absoluten Kontext gemeint ist, in den Sinn. Ich rebelliere. Es muss doch irgendeinen Ausweg, eine Lösung geben, das gibt's doch nicht! Wir müssen unbedingt nach Haridwar kommen, um den Zug nach Delhi zu erreichen!

Wir rollen an die 200-300 Meter weiter. Fahrzeuge ohne Ende, wohin das Auge reicht. Die Fahrer haben ob der aussichtslosen Situation selbst das penetrante Hupen aufgegeben; auch das will was heißen, es ist so, als würde man eine indische Mahlzeit ohne scharfe Gewürze zu sich nehmen, wirklich! In etwa 200 Meter Entfernung sehe ich rechterhand, vor einer Brücke, auf der gar kein Verkehr herrscht, viel Militär stationiert.

"Why they guard the bridge? Why they don´t let any cars pass there? Where is that way going to?"

"This is shortcut to main city, also railway station. But too many people there. No cars allowed."

"Ah yes? Anyway, so when we reach the bridge, you just turn right there, ok?! Just right! We have to cross the bridge, otherwise we´ll miss the train and I have to bring my daughter to Delhi!"

Meine Lebensgeister kommen zurück, ein letzter Hoffnungsschimmer erwacht.

"No possible, Sir", meint der Fahrer, während wir im Schneckentempo Meter um Meter zurücklegen.

"No permission for bridge, military not allow!"

"You just go there!" Ich erhebe meine Stimme, schreie fast.

"You understand, you go right, all clear?! If you don´t go there, I don´t pay you one fucking single Rupee!"

Das sitzt. Der Fahrer wankt und schwankt. Er kann nicht wissen, wozu ich fähig bin, wie viel mir zuzutrauen ist, ob ich ihn wirklich ohne Bezahlung blöd dastehen lassen würde.

Wir befinden uns knapp vor der Brücke. Es bleiben noch etwa 15 Minuten bis zur Zugabfahrt. Das ist nicht viel. Nun zählt wirklich jede Minute, wollen wir den angenehmen, klimatisierten Zug noch erwischen. Jeder danach folgende Zug nach Delhi würde uns nicht mehr rechtzeitig in Indiens Hauptstadt bringen, ganz zu schweigen davon, dass wir für keinen dieser Züge noch Aussicht auf zwei Tickets haben…Wir müssen über die Brücke, es ist unsere letzte und einzige Chance.

Als wir die Brücke erreichen, packe ich den Fahrer an seiner Schulter: "You turn right now, let´s go!"

Langsam fährt er auf die Brücke zu. Überall ist Militär, das uns anstarrt. Er will die Soldaten um Erlaubnis fragen.

"No, no, just go, you go until they stop us!", schreie ich ihn an und drücke ihm fest auf die Schulter. Tara hat ihre Hand auf meinen Oberschenkel und den Kopf auf meinen Oberarm gelegt.

Ich blicke geradeaus, will Blickkontakt mit dem Militär vermeiden, selbstbewusst und selbstsicher erscheinen. Die Soldaten schauen uns alle an, einige winken Tara zu und lachen, der Fahrer fährt mit dem Druck meiner Hand auf seiner Schulter nun zielstrebig, wenn auch slalommäßig, um keinen Soldaten unter die Räder zu bringen, weiter. Plötzlich sind wir, unbehelligt von irgendwem und auch von etwaigen Schüssen, auf der Brücke. Wir haben es geschafft!

"And now you go superfast, go, go!"

Der Fahrer steigt ordentlich aufs Gaspedal, Schweiß rinnt ihm übers Gesicht.

"Sir, I can´t believe...", stammelt er, "you very lucky man, you very good Karma, how you do this?"

Dass ich gutes Karma hätte, haben mir schon viele Leute gesagt, aber ich habe jetzt keine Muße darüber nachzudenken, die Zeit erlaubt mir das einfach nicht. Ich blicke auf die Uhr, denke mir nur kurz, dass das eben Indien ist, und nun haben wir noch 12 knappe Minuten Zeit, die uns bis zur Abfahrt des Zuges bleiben.

Wir erreichen das Ende der Brücke, biegen links ab in Richtung Bahnhof; etwa 500 Meter schaffen wir noch durch das Gewirr an Menschen, Tieren und Rikschas. Autos sind keine unterwegs, hier gibt es kein Weiterkommen für sie, so erreichen auch wir das Ende unserer Taxifahrt; allerdings nicht bei der Station, sondern zirka 800 Meter davor - Schranken sind errichtet worden und es besteht daher nicht einmal mehr die Möglichkeit, Soldaten, die gar nicht überzeugt werden müssen oder wollen, mit einer weiteren Taxifahrt zu überlisten. Wir müssen aussteigen. Rasch bezahle ich den Fahrer, wir schmeißen die Rucksäcke über unsere Rücken und springen gleich hinter dem Schranken auf die erste Fahrradrikscha auf; ich brauche dem Fahrer gar nicht erst zu erklären, dass wir es eilig haben, die Art und Weise, wie schnell wir sein Fahrzeug in Beschlag genommen haben, dürfte es ihm klar gemacht haben.

"Railway station!" sage ich nur eindringlich und er strampelt los; irgendwie schafft er es, relativ zügig sein Fahrzeug wendig durch das Gewühl fortzubewegen. Wir kommen genau fünf Minuten vor der Abfahrt unseres Zuges am Bahnhof, an dem ein nicht zu beschreibendes menschliches Treiben herrscht, an und erreichen drei

Minuten später den Bahnsteig. Also genau zwei Minuten vor der Planabfahrt des Zuges.

"Danke, Papa", sagt Tara, umarmt mich und gibt mir ein Bussi auf die Wange, als wir schließlich auf unseren Sitzen im Zug Platz genommen haben.

"Ist doch selbstverständlich!", antworte ich, ganz der stolze Papa und will sie gar nicht mehr loslassen. Stolz bin ich darauf, dass meine Tochter stolz auf mich ist.

Tara strahlt mich an und kann es auch nicht glauben, wie dieses kleine indische Wunder zustande gekommen ist.

Wir erreichen Delhi ohne Zugunfall und andere Zwischenfälle; selbst in Indien kann mal was reibungslos ablaufen, registriere ich nebenbei, zufrieden und müde. Ich liefere Tara mit Wehmut im Hotel ihrer Mutter ab, bekomme nochmals eine zärtliche Umarmung von meiner Tochter und küsse sie auf die Wangen. Erstmals angekommen in Bangkok, verspricht sie mir gleich zu mailen, auch machen wir uns aus, bald zu skypen. Dann verabschiede ich mich nochmals von meiner Tochter und gehe die zwei Minuten zu meinem Hotel weiter. Ich habe bloß einen ganz kleinen Rucksack mit, habe praktisch all meine Habseligkeiten in Laxmanjhula gelassen und habe vor, gleich nächsten Tag zurück nach Haridwar zu fahren.

Denn: What to do in Delhi??!

Nur: Wie zurückkommen??!

Also nochmals: In Haridwar läuft die Maha-Kumbha-Mela; diese findet bloß alle zwölf Jahre statt. Die Inder sind aus religiösen Gründen verrückt nach diesem Festival; die Naga-Babas hauen jedem den Schädel ein, der es wagt, vor ihnen die ungewaschenen Füße in die heiligste Mutter aller Flüsse, in Gangaji, zu setzen; auf der

Straße gibt es zwischen Delhi und Haridwar für Autos, Busse von Privatorganisationen und Lastwägen seit Tagen praktisch kein Weiterkommen mehr; auch das letzte Loch, die letzte Lücke ist verstopft; nicht lustig für jene, die Opfer der Verstopfung wurden oder noch immer werden, denn es gibt weiterhin einige Unverbesserliche, ein paar Unbelehrbare, die es sich nicht nehmen lassen, in guter Hoffnung und mit indischer Realitätsverweigerungsphilosophie ("No problem!") das Gaspedal nach Haridwar zu betätigen. In Haridwar selbst gibt es seit Wochen schon keine freien Unterkünfte mehr, das ganze Umland ist von Zeltstädten für die Pilger zugepflastert und zugeschissen und staatliche Busse fahren die Strecke zurzeit aufgrund der Sinnlosigkeit des Unternehmens nicht mehr. Das heißt, dass alles, was bleibt, die einzige Option sozusagen, die noch besteht, der letzte, wirklich allerletzte Trumpf, die allerletzte Möglichkeit der Zug ist.

Um keine Missverständnisse hervorzurufen: Die Züge haben den Verkehr zwar noch nicht eingestellt, Indian Railways operiert sogar Sonderzüge für einige Strecken von verschiedenen Großstädten aus nach Haridwar, nur, na ja, das kleine Problem ist eben, dass es seit Wochen beziehungsweise Monaten keine Chance mehr auf ein vielbegehrtes Zugticket mit Reservierung Richtung Haridwar gibt; alle Plätze sind natürlich längstens ausgebucht. Jeder will zur Zeit der Kumbha-Mela nach Haridwar die Sünden abwaschen!

Jetzt gibt es aber noch immer die Möglichkeit, ein Ticket in der `general class´, also der allgemeinen Klasse, ohne Garantie (und Hoffnung beziehungsweise realistischer Chance) auf einen Sitzplatz zu kaufen; man kauft das Ticket, besteigt den Zug - und steht dann die sechs Fahrstunden (wenn es noch einen Stehplatz gibt) herum…

Genau das ist mein Plan, während ich müde in meinem Bett liege. Ich will mir morgen gleich in der Früh ein Ticket besorgen, danach ordentlich frühstücken gehen und den Zug um elf Uhr erreichen. Gut gefrühstückt hält man auch sechs Stunden anstrengenden Herumstehens in einem indischen Zug aus, so meine Kalkulation. Was sind schon sechs Stunden, motiviere ich mich selbst und spreche mir positiv und aufmunternd zu. Ich habe in den letzten Jahren schon andere, auch zeitlich viel längere Fahrten hinter mich gebracht! Es winken als Belohnung dafür wieder ruhige Stunden auf meinem auserwählten Felsen in Laxmanjhula, Gangaji unter und neben mir dahinfließend.

Ich schlafe gut und fest. Am nächsten Morgen gehe ich den kurzen Weg zum Bahnhof und es gelingt mir tatsächlich, trotz der ungeheuren Menschenmenge und der Warteschlange, ein Ticket zu ergattern, denn zum Glück bin ich schon 20 Minuten vor 8 Uhr beim Verkaufsschalter. Ich schätze mich wirklich als glücklich ein, denn erstens öffnet kurz nach acht Uhr natürlich nur ein (dabei gibt es derer 14!) Schalter und zweitens, nun, wollen auch viele andere Leute ein Zugticket kaufen. Dementsprechend hat sich hinter mir bereits eine lange Warteschlange an Indern gebildet, das soll was heißen.

Indische Warteschlange: Das schaut und fühlt sich ungefähr so an: Erst stürmen alle zum Schalter, es gibt eine Drängerei, Schubserei, Brüllerei, es ist nur noch ein einziges Menschenknäuel zu sehen. Nach ein paar Minuten gibt es noch mehr Brüllerei, zwei bis drei Angestellte von Indian Railways geben ihr Bestes, um die undisziplinierte Menschenmenge in eine lineare Schlange zu transformieren. Um dies zu erreichen brüllen sie noch lauter als die um die begehrten Tickets ringenden Kunden, um sich Gehör und Respekt zu verschaffen. Das benötigt im Normalfall ein paar Minuten, dann ist es zumeist mehr oder weniger gelungen, einen Ansatz von Ordnung festzustellen. Natürlich versuchen die Neuankömmlinge die schön brav geordnete Warteschlange quasi zu ignorieren, was übrigens ein weiterer typisch indischer Mentalitätszug ist, und hetzen direkt zum Verkaufsschalter vor; erneut sind Schreierei, Herumschubserei und kleinere Handgreiflichkeiten die Folge, alles in allem handelt es sich jedoch um ein letztlich relativ friedliches Chaos.

Nun muss ich aber doch noch kurz darauf eingehen, was innerhalb solch´ einer Warteschlange, die nahezu zu 100% aus Männern besteht, alles so abgeht; vorwegnehmen muss ich aber, damit dem Leser alles ein wenig einleuchtender und verständlicher wird, dass in Indien Sexualität noch immer stark unterdrückt, tabuisiert und daher totgeschwiegen wird; sie findet mit einem Wort sozusagen `unter dem Tisch´ statt, wie so viele Dinge in Indien, die offiziell nicht erlaubt, daher verboten sind, also praktisch alles, was den Indern aber so richtig gefällt. Geschäfte werden illegal abgewickelt, Geld wechselt schwarz den Besitzer und menschliche Urbedürfnisse werden im Geheimen, im Verborgenen ausgelebt; es gibt also das offizielle Indien, in dem die Regierung Gesetze festlegt und das inoffizielle, das dem offiziellen seinen Stempel aufdrückt. In diesem wird fleißig gesetzesumgehend gehandelt und werden zudem alle möglichen Bedürfnisse und Begierden ausgelebt. Darin sind die Inder wahre Meister.

Zurück zur Warteschlange. Eine solche ist daher das gefundene Fressen für zum Beispiel all jene, die keine erfüllte Sexualität leben können oder dürfen; und all jene (auch Nicht-Inder), die wider Erwarten doch befriedigenden Sex haben, kommen dabei ordentlich zum Handkuss. Da Privatsphäre ohnehin ein Fremdwort in Indien ist, gibt es also in solch´ einer aufgefädelten Menschenschlange unter Männern keinen Millimeter Distanz zwischen zum Beispiel meinem Hinterteil und den Genitalien des hinter mir Wartenden; kein Protestieren, kein Zurückschubsen hilft, da ja der Druck von all den weiter Hintenanstehenden nach vorne wirkt. Das hat sogar zur Folge, dass ich den vor mir in ergebener Gelassenheit Wartenden meinen Schwanz an seinem Hintern herumreibe; und das Amüsante dabei ist, sofern man bei dieser ganzen sprichwörtlichen herumdrückenden Kettenreaktion nicht den Humor verliert, dieser unfassbar unschuldige, unbeeindruckte, entpersonalisierte Gesichtsausdruck der Inder, die den Blick gelangweilt in die Ferne schweifen lassen, als ob sie das Ganze gar nichts anginge, als wäre das Eingeklemmtsein zwischen zwei anderen männlichen Körpern das Alltäglichste der Welt…

Indien. Ein weiteres Land, das sich einmal mit dem Thema Sexualität auseinandersetzen und es enttabuisieren muss (ich verspüre den starken Impuls, aber nein, ich werde das jetzt nicht tun!!, nein!, mich über dieses Thema auszulassen, denn es würde mich weit und lange von meiner noch immer nicht beendeten Geschichte wegbringen und dieser gilt schließlich meine Priorität!) Ich lasse es also für jetzt einmal gut sein… Es ist wirklich teilweise erschreckend und traurig, was in Indien alles in unmittelbarem Zusammenhang bezüglich der unterdrückten Sexualität passiert - also nein, Schluss jetzt damit!

Nach 75 Minuten habe ich mein Ticket, bin ausgelassen und ergiebig gedrückt worden, habe gleichzeitig meinerseits ungewollt gedrückt und erfreue mich der gewonnenen Freiheit wieder! I´m free! Homosexualität war für mich persönlich nie ein Thema, daher meine spontane Freude über das Befreitsein aus der dichtgedrängten männlichen Menge mit all ihren Nebeneffekten! Was man so alles für ein einfaches Zugticket in `general class´ über sich ergehen lassen muss! Aber nun halte ich es in meiner Hand, juble innerlich und mache mich auf den Weg zu einem nahe gelegenen Restaurant. Ich will schon eine Stunde vor der Zugabfahrt, also bereits um 10 Uhr wieder am Bahnhof sein, um sicherzustellen, dass ich zumindest in den Zug hineinkomme - ich kann mir nämlich gut vorstellen, mit welchen Menschenmassen ich zu rechnen haben werde. Auch viele andere Leute werden höchstwahrscheinlich auf die Idee gekommen sein, den Zug als letzte Möglichkeit, um noch ein heiliges Bad im Ganges erleben zu dürfen, in Anspruch zu nehmen.

Ich möchte nicht angeben, nein. Mir ist wirklich nicht zum Prahlen zumute, nein. Ich will nur festhalten, dass ich schon vieles in Indien erlebt habe, also wirklich eine ganze Menge; und dabei beziehe ich mich sogar bloß auf meine Erlebnisse, mein Wissen und meine Erfahrungen, was Zugfahrten, Züge, Zugstrecken und Zugunfälle in Indien betrifft, versuche also nur einen geringen Teil meines Gesamtwissens darzustellen, nicht mehr, aber auch nicht weniger.

Ich habe zum Beispiel u n z ä h l i g e Male Zugverspätungen in Indien durchgemacht; ich spreche hierbei jedoch nicht bloß von 20-30 Minuten unruhigen und ungeduldigen Wartens; ich spreche von Stunden, oft vielen, vielen Stunden absoluter Desillusionierung was mein

Vertrauen in die indische (Zug-) Pünktlichkeit betraf; Stunden, die oft meine Geduld bis zum äußersten auf die Probe gestellt haben. Ich kann nicht mehr detailliert sagen wie, jedenfalls habe ich diese Prüfungen bestanden - immer habe ich zu guter Letzt den, wann auch immer ankommenden Zug bestiegen, nie habe ich fluchend, schreiend oder spuckend irgendeinen Bahnhof verlassen, bevor der erwartete und ersehnte Zug endlich kam - das ist schon mal was.

Ich bin also auf Du und Du mit Zugverspätungen, sie können mich nicht mehr überraschen oder zum entnervten Kopfschütteln bringen. Ich muss der Fairness halber aber zugeben, dass sich diesbezüglich vieles verbessert hat, denn dieses permanente und extrem lange Warten gehört tatsächlich Indiens Vergangenheit an und bald wird nur noch in Büchern über Indiens frühere, notorische Zugverspätungen zu lesen sein.

Nach einem kleinen Frühstück gehe ich also die Treppen zu dem Bahnsteig hinunter. Ich glaube mich nicht zu sehr beeilen zu müssen, es ist sogar noch vor 10 Uhr und ich habe also eine gute Stunde Zeit. Die Ankunft des Zuges von Ahmedabad, Gujarat kommend ist für genau 10.58 Uhr in Delhi angesetzt. Ich habe also noch genügend zeitlichen Spielraum, ich will mich jedoch schon früh genug am Bahnsteig aufhalten, um einen leichteren Zugang zu einer Zugabteilstüre zu ergattern, wenn der Zug erst einmal einläuft.

Ich komme unten am Bahnsteig an. Aber nun das. Nein, das kann nicht wahr sein! Ich kann meinen Augen einfach nicht trauen, bin aber weder auf Trip, noch stoned; und mein Sehvermögen ist ein, zum Glück, Gutes. Wie gesagt, ich habe schon ausreichende Erfahrungen bezüglich Indian Railways gesammelt, aber das, was sich jetzt vor meinen Augen abspielt, das habe ich noch nie zuvor in Indien erlebt und gesehen: Der verdammte Zug ist bereits in Delhi eingelaufen! Er ist bereits da! Eine gute Stunde vor der geplanten Ankunft! Bin ich plötzlich etwa in Deutschland?

Wie geht das? Macht die Kumbha Mela plötzlich selbst Zügen solche Beine? Ist der Zug auf Mushrooms dahergeflogen? Hat der Zug einfach Stopps in anderen Stationen ignoriert und ist zügig bis Delhi durchgefahren? Hat der Zugführer irgendwo in Gujarat oder Rajasthan einen Unschuldigen oder Selbstmordsüchtigen überrollt und ist nun unter Schock, und aufgrund der Angst vor polizeilichen Repressalien und Untersuchungen, bis Delhi durchgefahren, wo er nun unter den Millionen ähnlich aussehenden Schnurrbartträgern anonymen Schutz suchen will?

Der Bahnsteig ist hoffnungslos mit Menschenmassen überfüllt (in mir steigen Verschwörungstheorien hoch: All die anderen Passagiere, die hier zusteigen wollen, haben von der früheren Zugankunft gewusst - nur von wem, wie und überhaupt: Wieso das Ganze? Wieso wusste ich nichts davon?); die Dächer des Zuges sind ebenso übersät mit Menschen wie natürlich die Abteile; überall gegenwärtig sind Polizisten, die mit Stöcken versuchen, die Freiluftpassagiere wieder auf festen Boden runterzuprügeln; kein leichtes Unterfangen für sie, denn beim Versuch des affenartigen aufs Dach-Klettern riskieren sie den einen oder anderen Fußtritt eines am Zugdachsitzenden, der höchstwahrscheinlich unwillig ist seinem Platz zu räumen, weil er das heilige Herumplantschen im Ganges nicht versäumen will. Das kann für die Polizisten ins Auge gehen, es kann auch zu der einen oder anderen gespaltenen Schädeldecke führen, ungustiös, unnötig und nicht inbegriffen im Gehalt der staatlichen Angestellten, die lieber eine ruhige Kugel schieben und nahezu beiläufig noch große Summen an `Bakshees´, Bestechungsgeld, einkassieren.

`Bakshees´ dominiert das indische - illegale - Geschäfts leben genauso, wie Reis und Linsen das indische Essen. Ersteres ist weniger geschmackvoll, jedoch - scheinbar – unausrottbare, extrem lukrative, tägliche indische Realität. Als würde Korruption durch die Adern der Inder fließen, aber das kann man genauso über sehr viele andere Asiaten, Afrikaner, Amerikaner, ja, und auch über Europäer behaupten; die Aussicht auf das schnelle Geld rückt schnell einmal etwaige moralische Bedenken in den Hintergrund. Aber wahrscheinlich gibt es diesbezüglich doch unterschiedliche Grade an Bestechlichkeit beziehungsweise an unverschämter Ausnützung irgendeiner beruflichen Stellung, eines Status oder eines Namens. Ich selbst bin damit des Öfteren in Indien konfrontiert worden und es kotzt mich an. Aber indische Realität ist nun mal indische Realität und was wäre jene, ohne all diese mannigfaltigen - erfreulichen und weniger erfreulichen – speziellen kulturellen und sozialen Charakteristika??!

India is India. Always. Never changing.

Ich schlängle mich durch die Menschenmassen hindurch. Ein zahlenmäßig nicht feststellbarer Auflauf an Menschen, unglaublich. Sie alle sind ausgestattet mit Koffern, Taschen, Decken, Stöcken, Vieh und Kindern, alle bereit und gewappnet für das große Abenteuer Kumbha Mela. Alle wollen einen Platz in diesem übervollen Zug erobern. Ich gehe am Bahnsteig entlang von Abteil zu Abteil und schaue durch die Fenster hinein. So etwas habe ich auch noch nie erlebt: Eine solche unvorstellbare, alle Grenzen sprengende Überfüllung; sie sitzen, kauern, stehen und liegen in den Abteilen herum - und dies bewegungslos, und zwar aus dem simplen Grund heraus, weil die Dichte der förmlich aneinanderklebenden Menschen keinen Bewegungsspielraum mehr zulässt!

Und nun mein nächster Schock, auch diese Erfahrung muss ich zum ersten Mal nach all meinen jahrelangen Indienreisen machen: Alle Türen des Zuges sind von innen her verriegelt! Diejenigen, die sich noch einen Platz drinnen erkämpfen konnten, haben die Türen vom Inneren des Abteils her verschlossen. Wahrscheinlich aus Angst davor, von Leuten, die sich noch auf dem Bahnsteig befanden und darauf hofften, einen Platz zu erhalten, rausgezogen zu werden und so ihren Platz wieder zu verlieren. Ich bin mit meinem Latein am Ende. Ich gehe den Zug zweimal auf und ab, es ist ein ewig langer Zug, spreche durch die offenen Fenster hindurch verschiedene Inder an und bitte sie, mir doch freundlicherweise die Türe zu öffnen. Ich erkläre ihnen, dass ich alleine mit nur einem kleinen Rucksack ausgerüstet sei und bestimmt nicht viel Platz in Anspruch nehmen würde. Also bitte, erbarmt euch doch meiner!

Doch nichts hilft. Zumeist hätten selbst mir Wohlgesinnte aufgrund der Unmöglichkeit auf freie Bewegung nicht den Weg bis zur Türe geschafft. Es ist zum Verzweifeln. Plötzlich lande ich bei einem Abteil, dem allerersten nahe einer Türe, das voll besetzt ist mit Babas und Sadhus. Alle blicken sie gleichmütig vor sich hin. Ich spüre meine Chance gekommen, sie werden mich nicht im Stich lassen, dessen bin ich mir sicher, schließlich habe auch ich lange Haare und einem Bart wie sie, bloß meine Hautfarbe ist ein wenig heller!

"Namaste Babas! You are also going to Kumbha Mela? Me too! We can go together! Very good! Me only not on train now! Somebody stupid closed the door! Can you please open the door? I´ll be sitting with you, this will be very nice, all going together!"

Der Älteste unter ihnen, der am nächsten beim Fenster Sitzende, würdigt mich keines Blickes und mit einer ruhigen Handbewegung schließt er das Fenster mit einem Ruck - ich kann´s einfach nicht glauben. Soviel Gleichgültigkeit und Herzlosigkeit! Schon gar nicht habe ich eine solche von diesem Schlag an Menschen erwartet, aber ich weiß ja, was zählt schon das Äußere, die ganze Show, wenn im Inneren noch immer hauptsächlich das Ego den Ton angibt?

Das Geschrei und Gestreite auf dem Bahnsteig ist ohrenbetäubend. Immer wieder schlagen die Polizisten wahllos in die Menge hinein, was das Geschrei noch mehr anheizt. Überall Eile, Verwirrung, Wut, Ratlosigkeit - und ein Funken Hoffnung, denn noch steht der Zug, ist der Zug im wahrsten Sinne des Wortes noch nicht abgefahren.

Vor jeder Abteilstüre stehen entweder gleich zwei Schaffner oder zwei Polizisten; auch das Stockschlagen auf den Dächern geht weiter, aber nur halbherzig, niemand hat Lust darauf, zu viel zu riskieren. Ich gehe wieder von Anfang an, den ganzen Zug entlang, weiter, noch immer auf der Suche nach einer sich plötzlich öffnenden Türe oder eines sich spontan öffnenden, mitfühlenden Herzens. Solange der Zug steht, gebe ich nicht auf.

Ich nähere mich dem einzigen Air-Condition-Abteil dieses Zuges, vor dem ebenfalls zwei Schaffner stehen.

Kurz bevor ich an ihnen vorbeigehen will, drehen sie sich kurz um und gehen ein paar Schritte zur Mitte des Bahnsteiges, um sich in einem kleinen Verkaufsstand Betel zu kaufen; zur selben Zeit geht die Türe auf und ein im Anzug bekleideter Mittvierziger schaut heraus; das ist meine Chance! Denn so schnell kann er gar nicht schauen, da habe ich die drei Stufen zum Abteil hinauf erklommen und mich an ihm vorbeigezwängt - ich bin im Inneren des Zuges! Im AC-Abteil! Dieses ist nicht überfüllt, hier wurden von Beginn an nur jene Leute mit einem reservierten Ticket reingelassen - mithilfe einiger, fest mit dem Stock zuschlagender Polizisten, um ungewünschte Passagiere abzuhalten das Abteil zu betreten, wie ich selbst später noch beobachten werde.

Ich bitte die Inder in diesem Abteil, die gleich auf den ersten Plätzen nach dem Eingang sitzen, mir seitlich oben auf der Pritsche, wo alles mit Koffern vollgestopft ist, ein wenig Platz zu machen und zu gönnen; natürlich fragen sie mich nach meinem Ticket, und ich erzähle ihnen meine ganze mühsame Geschichte und auch, dass es keinerlei Möglichkeit gegeben hat, irgendein anderes Abteil zu betreten. Ich bitte sie um Diskretion. Sie gestatten mir, nachdem ich zuvor noch die Koffer übereinander geschlichtet und ein wenig Ordnung in das Chaos gebracht habe, um überhaupt mal Raum für mich zu schaffen, mich oben mit angewinkelten Knien ins Eck zu kauern; für mehr ist nicht Platz, doch das reicht mir und ich bin heilfroh. Ich brauche keinen Komfort, ich will bloß endlich diesen klaustrophobischen Ort verlassen und wieder frische Luft am Ganges schnuppern dürfen! Alleine sein, wieder äußere und innere Ruhe genießen können!

Sicherheitshalber ziehe ich auch noch den Vorhang,

der meinen Platz vom Gang trennt, zu, denn ich bevorzuge es natürlich, so unsichtbar und so unauffällig wie nur möglich zu sein. Ich habe keine Lust auf irgendeine Konfrontation mit dem einen oder anderen ohnehin schon überreizten Schaffner, womöglich noch dazu in Begleitung von Polizei oder Militär, das mich dann in irgendeiner indischen Station in den heißen Staub setzt.

Ich weiß, dass mein Ticket der allgemeinen Klasse für AC-Klasse praktisch wertlos ist. Welche Erklärungen auch immer ich bereit hätte, sie würden mir nicht helfen, genauso gut könnte ich auch `schwarz´, also ohne Ticket reisen, und das ist auch genau das, was ich zu tun vorhabe; denn mir schwebt es nicht vor, eine Begegnung mit einem Schaffner zu riskieren und ihm mein `general class´-Ticket unter die Nase zu halten.

Ich deute den in diesem Abteil reisenden Indern nochmals mit meinem Finger auf dem Mund an, dass ich Diskretion sehr zu schätzen wüsste. Ich hoffe, dass die Botschaft ankommt, denn anyway, sie haben ja ihr reguläres Ticket und ich nehme ihnen nicht die Luft zum Atmen weg. Nur ein Gentleman kommt auf mich zu, sieht sich das Zugticket an und meint: "To travel in this compartment with this kind of ticket is against the rule!"

Against the rule. Ich habe keinen Hang zu hysterischem Gelächter und auch in dieser Situation bricht es nicht aus mir heraus. Against the rule. Ich nicke nur bejahend und denke mir, schau´ lieber auf dich selbst mein Freund, wer weiß, wieviel Dreck du selber am Stecken hast! Und ob du je in einer solchen Situation warst wie ich, noch dazu nach einer mehr als nervenaufreibenden Fahrt von Laxmanjhula nach Delhi, um meine Tochter zeitgerecht abzuliefern! Hast du überhaupt eine Tochter? Hast du je unter so viel Druck, inmitten so gewaltiger Menschen- und Automassen und unter der Gefahr hin, dass ein Soldat dir noch eine Kugel auf der Brücke nachfeuert, deine Tochter zu ihrer wartenden, auf Nadeln sitzenden Mutter bringen müssen? Einer Mutter, die manchmal noch dazu zu einer Feuerhexe, einer Schwester von Kali, mutiert, wenn nicht alles nach ihrem Willen läuft?! Hast du? Da verschlägt es dir die Sprache, stimmt's?

Derselbe Gentleman mit dem feinen Englisch ist der erste, der sich während dieser Zugfahrt gleich einige Fauxpasse erlauben sollte; er, mit dem losen, pseudo-moralischen Mundwerk bricht die Regeln, das Gesetz von Indian Railways, ja, der indischen Regierung gleich wiederholt. Ständig erhebt er sich von seinem Sitz und geht ein paar Schritte vor, wo sich die verstunkenen Toiletten (`Indian Toilet´, `Toilet in Western Seat´) zwischen den Abteilen befinden, und raucht dort - d a s ist schon seit vielen Jahren verboten, du Stinker, du Luftverschmutzer! Lebst nicht nur ungesund, sondern bringst auch noch Leiden und verdreckte Luft zu Nichtrauchern und Rauchern, die sehr wohl die Nichtraucher-Gesetze deiner Regierung befolgen, du Mistkerl! Gehst nicht einmal auf die Toilette, sondern rauchst ganz cool die uncoole Tschik in der Öffentlichkeit! Du rede noch mal!

But who cares? In Indien können Leute auf der Straße verrecken, wen kümmert das? Was zählt schon ein Menschenleben in diesem Land, das ja offiziell bereits von 1,3 Milliarden Menschen bevölkert wird? Deren Mitgefühl mittlerweile so sehr abgestumpft ist, dass es jeder Beschreibung spottet; deren Gleichgültigkeit und absoluter Mangel an Brüderlichkeit alle nur vorstellbaren Grenzen sprengt? Was soll man über Menschen sagen, die es sich leicht machen und schnell mal ihre Karma-

und Kastentheorie daherstammeln, wenn es um das Leid anderer geht, nur um ihre eigene Unmenschlichkeit und ihren Unwillen zu helfen, zu kaschieren?

Ich habe in meinen ersten Reisejahren in Indien einige Menschen zum Beispiel in Delhi im Main-Bazar sterben gesehen beziehungsweise tot vorgefunden. Doch niemals, zumindest kann ich mich nicht daran erinnern, habe ich je irgendeinen Passanten beobachtet, der an einem am Boden Dahinsiechenden vorbeigegangen ist, diesem Hilfe in Form von Essen, Trinken oder Sonstigem anbot; jeder eilte vorbei, die Augen auf blind, die Ohren auf taub gestellt; in Indien hat's ja auch jedermann plötzlich so eilig, wenn es darum geht, einem Mitbruder der gleichen Nationalität zu helfen. Vor allem dann, wenn er noch dazu womöglich einer unteren Kaste angehört oder gar, noch schlimmer, ein `Unberührbarer´ ist; ein Wort, das mit Sicherheit aus jedem Vokabular sofort verbannt gehört, denn solch´ ein menschenunwürdiger Begriff gehört verboten und derjenige, der ihn trotzdem benutzt, bestraft.

So. Dampf abgelassen. Natürlich gibt es auch die Guten und Lieben, wie überall auf diesem Planeten, sie bleiben nur jetzt gerade bei meinem Bericht ein wenig auf der Strecke, kommen diesmal zu kurz.

Indien ist das Land der extremen Gegensätze, auch was eine sogenannte spirituelle Lebensausrichtung einerseits und menschenverachtendes Benehmen andererseits betrifft. Diese drücken einander die Türklinke in die Hand. Pausenlos, ohne dass dabei irgendein Konflikt oder gar eine Anomalität empfunden werden würde. Da wird schön brav getrennt und differenziert und selbst das oft völlig unbewusst.

Der am Straßenrand Verstorbene ist früher dann so

lange am selben Fleck liegen geblieben, bis Passanten wahrscheinlich aus Angst vor Verwesungsgeruch genügend Münzen auf den toten Körper geworfen hatten, sodass ein Leichenbestatter das Holz für die Verbrennung des Toten kaufte und den Leichnam wegschaffte. Das ist jetzt schon längere Zeit her, denn vor allem in den letzten 10-15 Jahren war ja die indische Regierung extrem darum bemüht, den westlichen Touristen gegenüber den Anschein zu vermitteln, dass Indien nahezu armuts- und auch bettelfrei ist; und ließ und lässt beizeiten noch immer sporadisch Bettler und Obdachlose in den großen Städten vom Militär auf Lastwägen einsammeln und zum Rand der betreffenden Stadt bringen, wo sie sich dann mit Plastikplanen, Holz und Wellblech notdürftig neue `Behausungen´ erbauen; so entsteht wieder ein Slum mehr, der nach einer gewissen Zeit von Baggern und Bulldozern der Stadtregierung niedergewälzt wird. That´s it. That´s India. That´s life in India for the poor people. Nothing to be proud of. But who complains?

Der Zug rollt los! Endlich! Ich kann mein Glück nicht fassen. Zurzeit habe ich gutes Karma, was Züge betrifft! Es geht zurück nach Haridwar, das ich erst gestern vor nicht einmal 24 Stunden, buchstäblich in letzter Sekunde vor der Zugabfahrt, verlassen habe - so schnell ändern sich die Reiserichtungen! Alles im Leben führt zurück zum Ausgangspunkt…

Es ist recht angenehm mit Klimaanlage zu reisen angesichts der völlig überfüllten Abteile, der Hitze und der stickigen Luft. Ich habe noch einen Liter Wasser bei mir und stelle mich auf eine innerlich recht ruhige, eher meditative, sechsstündige Reise ein, zumal in meinem Abteil nicht so viel Geschrei herrscht, wie in den nicht klimatisierten Waggons, natürlich auch aufgrund der geringeren Anzahl an Reisenden hier.

Nach etwa einer halben Stunde sehe ich durch den Spalt der Vorhänge das erste Mal den Schaffner herbeieilen, hinter ihm trotten zwei Polizisten mit Stock daher. Kurz halte ich den Atem an - er wird doch nicht etwa Verdacht geschöpft haben? Er hat mich doch nicht das Abteil betreten gesehen, oder? Es hat mich doch kein Mitreisender verpfiffen, oder? Doch ich bin nicht seine Zielscheibe, auch nicht die anderen Abteilsreisenden, die, wie ich später erfahren sollte, alle aus Gujarat stammen. Es besteht daher keine Notwendigkeit für den Schaffner mehr, zum x-ten Male ihre gültigen, bereits kontrollierten Tickets zu begutachten. Erledigt ist erledigt.

Es gibt einen anderen Grund des Herbeieilens. Der Zug läuft soeben in eine neue Station ein. Nun heißt es für den Schaffner, den Türeingang mithilfe der zwei Polizisten für drei Passagiere, die aussteigen wollen, frei- und willige Neuzusteigende vom unerlaubten Eintritt abzuhalten. Der Zug hält an, die drei Reisemüden (vielleicht sind sie tatsächlich auch nur an ihrem Ziel angekommen, wenngleich ich das bezweifle, denn zur Zeit der Kumbha Mela gibt es nur ein einziges Ziel, und dieses heißt Haridwar! Alles andere ist sinn-, ziel- und bedeutungslos, jede Reise kann nur bei der Kumbha Mela enden!) steigen aus, und nun sind die Polizisten mit ihren Stöcken am Werk; es gibt den verzweifelten und energischen Versuch einiger Inder, die draußen auf den Zug warteten, einen Platz im Abteil für die verbleibende Fahrt zu erobern.

Es wird wieder, wie bereits in Delhi, geknüppelt und geschrien. Man gewöhnt sich an solche Situationen. Ich verfolge das alles von meinem Sitzplatz aus, gut abgedeckt von den elendig stinkenden (wann sind denn die bitte das letzte Mal gewaschen worden?!) Vorhängen. Trotzdem gelingt es einem jungen Inder mit Tasche, der mit seiner Brille und dem weiß-blau gestreiften Hemd wie ein Student aussieht, die drei Stufen ins Abteil zwischen den Körpern der Ordnungshüter hindurch zu erklimmen; lange dauert sein Aufenthalt hier oben jedoch nicht an. Die Schmerzen, die durch die auf ihn niederprasselnden Stöcke verursacht werden, veranlassen ihn unter Schreckens- und Schmerzensausrufen von selbst wieder auf den polizei- und gefahrenfreien Bahnsteig hinunterzuspringen…

Ich weiß nicht mehr, wie viele unzählige Male der Schaffner samt Polizisten unter meinem Versteck vorbeilief, zuweilen genau darunter stehen blieb, um ein paar Sätze mit den Passagieren zu wechseln; ich weiß nur eines, dass es nämlich nach etwa der Hälfte der Distanz im Abteil plötzlich spürbar wärmer wurde, bis es schließlich furchtbar heiß war. Nicht nur, dass es also unangenehm heiß wurde, langsam begann ich auch immer mehr unter meiner unveränderten Sitzhaltung auf engstem Raume und unter einer vollen Blase zu leiden. Wann, denke ich mir, werde ich endlich aus dieser nicht einladenden, bedrückenden Sitz-Situation befreit werden?

Die Klimaanlage ist aufgrund der Überlastung ausgefallen; als Folge dessen auch die Ventilatoren. In einem indischen Zugabteil mit Klimaanlage besteht keine Möglichkeit die dunklen Fenster zu öffnen, da die Glasscheiben im Rahmen eingefasst sind. Das ist im Falle eines Ausfalls der luftspendenden Maschinen und der Zusammenkunft vieler Menschen, die, so wie in unserem Falle, schwitzen, etwas blöd, ja sogar ziemlich unangenehm. Es kann aufgrund der Hitze auch leicht fatale körperliche Auswirkungen geben, wie zum Beispiel

Ohnmachtsanfälle, tiefes Atmen der Lungen aufgrund der Sauerstoffknappheit, erhöhte Blutdruckwerte oder auch starke Kopfschmerzen. All dies ist auf die furchtbar schlechte, total abgestandene Luft zurückzuführen. Eine Frau, die mir unten gegenüber sitzt, erwischt es, zack, da liegt sie in ihrem wunderschönen Sari ausgestreckt über den Oberschenkeln einer anderen Dame, die ebenfalls in einem sehr schönen, farbenfrohen Sari gekleidet ist. Leider sind es nicht meine Oberschenkel; hey, wie können mir nur solche Gedanken kommen, meine Oberschenkel haben ohnehin schon genug unter der angewinkelten Haltung zu leiden! Sachlich bleiben!

Die verbleibenden Stunden in diesem Zug, verschwitzt, durstig und nahezu ohne Luft überspringe ich lieber. Ich möchte den Lesern ja nicht den Eindruck vermitteln, dass sehr vieles in Indien sehr anstrengend sein kann. Immerhin wird es ja in den Werbeprospekten noch immer als das reine Märchenland angepriesen. Na ja, wie dem auch sei. Vielleicht handelt es sich dabei auch nur um ein Märchen. Das Gute jedenfalls ist, dass wir tatsächlich irgendwann in Haridwar ankommen, ist es zu glauben?! Nun bin ich aber an der Reihe. Weiterhin überall unvorstellbare Menschenmassen. Egal, was kümmert mich das jetzt noch?! Zwischen ihnen befinden sich natürlich auch die auf dieser Station lebenden, zuweilen aggressiven Affen. Natürlich auch Diebe, Bettler, kleine, nackte Kinder, Hunde, Katzen und Ratten. Die Kühe haben es noch nicht bis zum Bahnsteig hier geschafft; oder vielleicht waren sie auch schon da und sind ob des gewaltigen Andranges der Spezies Mensch wieder nach draußen geflüchtet. Wer weiß. Und es interessiert mich auch nicht.

Ich schreie vor Freude. Ich singe. Ich schreie laut aus:

"Ich paaaacke es einfach niiiicht! Ich hab's geschaaaaafft! Dieses verrückte Indien! Ich bin im Irrenhaus! Ich bin auch irre, ha!! Yeah, - ich bin wieder zurück am Ganges, ja!"

Niemand beachtet mich, solche Ausbrüche, deren Ausdrücke ohnehin niemand versteht, interessiert hier keine Menschenseele; verrückt oder nicht - wo liegt da die Grenze, wo genau beginnt der feine Unterschied? Gegenüber eher absonderlichem Verhalten sind die Inder immun und haben einen sehr hohen Grad an Toleranz, das freut mich. Hat mich immer schon gefreut.

Ich laufe durch die Menschenmengen hindurch zur nahegelegenen Busstation und erreiche den Bus, der gerade nach Rishikesh fährt. Ich setze mich überaus glücklich neben einen älteren Inder und dessen Ehefrau. Der Inder spricht sehr gutes Englisch, fragt mich die üblichen Höflichkeiten (Und wieder, wie immer: "Ah, from Australia! Very nice!") und bietet mir Kardamom an, "Very good for the stomach!", das ist wahr. Ob ich wisse, dass gerade die Maha Kumbha Mela stattfinde..., dass Haridwar eine sehr heilige Stadt sei, dass der Ganges durch sie fließe und so weiter.

Dann neigt er den Kopf zur Seite und fragt mich, zugegebenermaßen doch etwas überraschend für mich, Folgendes:

"Have you also been to China?"

"No!"

"Very good!"

"Why?"

"No good there. People no good..."

Er verzieht das Gesicht.

"Ok, but why, what do you mean? Because of Tibet?"

"No, - but I´m vegetarian!"

"Sorry? So what this has to do with China?"

"People eating rats there, you know? Not good. Rats! And dogs! Dogs! Very impure! Me vegetarian. China no good, no good country, no good customs!"

Nach diesem Thema kommt unsere interessante Unterhaltung zu einem plötzlichen Ende. Furchtbare Müdigkeit erfasst mich, gleichzeitig auch eine innere Stille, eine unendliche Freude. Auch darüber, in Indien zu sein, in diesem verrückten Land, das ich so liebe, das mich im wahrsten Sinne des Wortes (ein)gefangen hat; dem ich so unglaublich viel verdanke, unbezahlbar viel.

Nach etwa eineinhalb Stunden Busfahrt kommen wir, ohne in einen überaus langen Stau geraten zu sein, in Rishikesh an, wo ich dann noch für die verbleibenden Kilometer eine Gemeinschafts-Rikscha hinauf nach Laxmanjhula besteige; nach ein paar Minuten ist auch das geschafft und bei Sonnenuntergang befinde ich mich zu Fuß auf dem Weg zu meinem Hotel.

Ich passiere den älteren Inder, der diese Plastikhubschrauber - die man, indem man die angezogene, angespannte Schnur loslässt, in die Luft schießen kann -, verkauft; gerade, als ich vorbeigehe, schießt er wieder einen Hubschrauber ab und schreit laut aus:

"One, two, three - all India free!" und nochmals: "One, two, three - all India free!"

Mich anblickend, fragt er: "Want to buy one? - Ten Rupees only!"

Also, dass Indien frei ist, kaufe ich ihm so nicht ab. Nein. Dafür gibt es noch zu viel Ungelöstes. Aber den Hubschrauber kaufe ich und schenke ihn dem nächstbesten, mir sogleich entgegenkommenden, etwa siebenjährigen Jungen. Denn ich fühle mich wieder frei, befreit. Endlich wieder in Freiheit.

"One, two, three - all India free!", schreit der Verkäufer wieder. Nur weiter so.

13. DER INDISCHE MANN UND SEINE TRÄUME

Seit 1989 habe ich nun viele, viele Jahre in einem Land verbracht, in dem ich mit den unterschiedlichsten Dingen konfrontiert wurde: Mit einer funktionierenden Anarchie, einer völlig neuen Lebens- und Denkweise, schönen Landschaftsbildern, einer alten Kultur und Weisheit, extrem viel Dreck, Staub und Verschmutzung, innerem und äußerem Reichtum, extremer Armut, lebenden Skeletten, verkrüppelten, deformierten Lebenden (have a look on `Slumdog Millionaire´!), heiligen Kühen, Malaria und Dengue übertragenden Moskitos, Flöhen, Läusen, gemeinen Wanzen, sehr vielen Menschen auf engstem Raum, zu viel Verkehr, zu wenigen Plätzen in öffentlichen Verkehrsmitteln, Magenproblemen wie Verstopfung, Durchfall, Würmern, Bakterien und Parasiten, technologischem Fortschritt, dem Herantasten an westliche Werte und Glaubenssysteme, mit einer Jugend, die nun vorwiegend das Neue kennen lernen und das Alte endlich hinter sich lassen will, und aber, vor allem, einem Herzensgefühl, das für dieses verrückte Land schlägt...

Es tut mir leid, wenn ich diese Liste so radikal gekürzt habe. Ich könnte noch vieles mehr hinzufügen.

Eines jedenfalls muss ich aber noch erwähnen: Natürlich habe und hatte ich auch ständig mit indischen Männern zu tun (mit indischen Frauen leider nur ganz vereinzelt, dafür darf ich ständig ihre wunderschönen Saris bewundern und mich gewissen Vorstellungen hingeben, welch´ wunderbare Reize sich darunter befinden mögen) und deren – sexuelle - Sicht der Dinge.

Präziser: Ich habe Kontakt mit indischen Männern, die

mich noch immer mit ihren so unreifen, oft infantilen, machomäßigen, Möchte-Gern-Phantasien, die wahrlich ein Teil der männlichen Gesellschaft (Indiens) sind, überraschen.

Sehr, sehr oft finde ich mich als Zuhörer männlicher Indern wieder, die mir ihre Vorstellungen von Sexualität und vor allem von westlichen Frauen erläutern. Das Zuhören, das natürlich schon mit automatisch einsetzendem Kopfschütteln meinerseits, das sich völlig meiner Kontrolle entzieht, einhergeht, ist dabei noch der eher lustigere Teil; der härtere Teil, die größere Übung, besteht vielmehr im Verkraften und Verarbeiten des Vernommenen…

Was? Wirklich? Wie? So denken die?! Aber woher kommt das eigentlich? Wieso glauben sie das? Wer hat ihnen das in den Kopf gesetzt? Glauben sie das wirklich? Oder sind diese Sex-Phantasien und -Annahmen bloß ein Ersatz für nicht gelebten Sex? Wieso sind die Inder überhaupt so sexgesteuert und dabei so sexuell unterdrückt? Oder sind sie es gerade deswegen? Aber wieso wird so viel auf die westliche Frau projiziert? Glauben die indischen Männer tatsächlich all das, was sie großmäulig rausposaunen?

Und: Wieso halten sie sich für die einzigen wahren Sex-Götter (ohne Praxis), ohne die eine Frau, welchen Breitengrades auch immer, keine wahre Sexualität kennengelernt haben kann?! Aufgrund des Kamasutras? Darauf berufen sie sich manchmal, die ahnungslosen Abkömmlinge der körperverrenkenden Ahnen. Once upon a time… Alles vorbei, davon ist sicherlich wenig übrig geblieben. Also, was ist es dann? Ich fühle mich so befreit: Ich muss und will gar keine Antwort auf diese Fragen finden, sollen doch die Köpfe irgendwelcher

Psychotherapeuten rauchen. Die Gefahr besteht nur, dass sie aufgrund der unlösbaren, irrationalen Gedankengänge indischer Männer ihren Berufsstand an den Nagel hängen und sich stattdessen zum Beispiel ein angenehmes Leben in Goa, oder sonst wo, gönnen werden. Die Wahrscheinlichkeit ist nämlich sehr hoch, dass sie nichts mehr mit der Psyche, den sexuellen Irrwegen und Gedanken indischer Männer zu tun haben wollen, weil unheilbar. Ja, das kann passieren. Ich könnte das den Psychotherapeuten wirklich nicht verübeln.

Der indische Mann - der klassische, ich spreche nicht von eventuellen Ausnahmen, tickt in etwa so:

Sehr oft sexuell unbefriedigt, unerfahren, mit völlig ungestillten sexuellen Gelüsten, verheiratet oder nicht verheiratet - wenn verheiratet, dann macht er mit seiner Frau, deren Unterdrückung sich auch im Sexualakt widerspiegelt, einen 30 Sekunden-Job, zu Beginn vielleicht sogar dreimal täglich, und fühlt sich trotzdem sexuell unbefriedigt (ich bitte um keinen Aufschrei der Feministinnen: Ich gehe jetzt bewusst gar nicht auf die Situation der indischen Frauen ein, nein, denn mein Thema ist jetzt der Mann, der Möchte-Gern-Mann, der es der Frau ordentlich besorgt, ok,?!). Er ist durch das Internet einer Flut an pornographischen Eindrücken ausgesetzt, denen er sich täglich hingibt, wodurch seine Unzufriedenheit noch mehr zunimmt, weil sich seine Frau nicht mal ganz ausziehen mag, er noch nicht mal ihre Muschi gesehen hat, bloß nur reinsteckt, was er reinstecken muss, weil er ja ein Mann ist, und wiederum nicht die emotionalen Fähigkeiten besitzt, auf seine Frau einzugehen!

Nach dem dritten Kind ist es dann ohnehin aus und vorbei mit den Quickies (außer es wurden ihm drei

Mädchen geboren...), die zunehmende Fettleibigkeit der Ehefrau, bedingt durch die bloß ans Haus gebundenen Pflichten und das seltene Verlassen des Heimes, keiner wirklichen Bewegung also, bringt den Pornoproduzenten noch größere Einschaltquoten - doch das Grundproblem bleibt weiterhin bestehen, wurde damit nicht gelöst:

Wie eine gesunde, zufriedenstellende Sexualität leben?

Daher der Ausweg: Alles wird auf den `freien´ Westen projiziert, im speziellen auf die westlichen Frauen, die ausschließlich nach Indien kommen, um..., oh, ich spreche es nun zwar nicht verbal aus, schreibe es lieber nieder, es sind dies die Aussagen ungezählter indischer Männer, die zutiefst verankert in ihrem felsenfesten Glauben, in ihrer gedanklichen Verwirrung sind, es sind also nicht meine: Also nochmals, die westlichen Frauen kommen laut Überzeugung sehr vieler indischer Männer nach Indien, um indische Männer zu ficken, vielleicht geil geworden durch den nicht wegzudenkenden, indischen Schnurrbart, zudem kommen sie auch, um indische Männer zu heiraten (wiederum nur weil sie mit ihnen ficken wollen!) und um die größtmögliche, himmlisch-sexuelle Beglückung durch den Geschlechtsverkehr mit wahren Göttern, die sich als indische Männer manifestiert haben, zu erlangen. Punkt. Aus. Als ob wir das nicht alle schon längst gewusst hätten!

Die Inder argumentieren folgendermaßen:

"Why you think she´s coming alone to India - without husband, without boyfriend? Why you think she came to my shop?" (Ich: "Um die Jacke zu kaufen, weil´s kalt ist! Sie ist doch gleich danach wieder gegangen!")

"Why she came again to India, what do you think?" ("Ähhh... ")

"Didn´t you see, how she liked me?" (Nein, das ist mir leider verborgen geblieben...)

"They want to enjoy with us - we are Indians!" (Ich würge das Keks hinunter...)

"She really likes my eyes, I know, she will never forget me!" (Ich frage mich, ob er nicht zuvor ständig die Sonnenbrille aufgesetzt hatte...)

"I fucked her all the time, she really liked it, the other one I also fucked..." (Ich verstehe: Die Welt der sexuellen Bilder, die während der Masturbation ablaufen, haben Ebenen, Realitäten gewechselt...!)

Zuweilen muss man sich als normalsterblicher, westlicher Mann wirklich denken, wie ungerecht es das Leben mit einem gemeint hat, nämlich nicht als indischer Mann geboren worden zu sein – denn die leben ja - zumindest gedanklich - im sexuellen Paradies! Ständig umgeben von westlichen Nymphen und Nymphomaninnen, begehrt rund um die Uhr von allen Seiten, das Glück auf ihrer Seite, immer aus dem überreichen Angebot der reifen Weiblichkeit wählen zu dürfen, entspannt weil befriedigt, zufrieden weil bestätigt in der Männlichkeit.

Was für ein Leben! Welch´ Zurückgebliebener mag dann noch etwa vom sexuell aufgeklärten Westen zu sprechen, zu träumen wagen?! Der Osten ist es doch, wo die sexuelle Erfüllung gelebt und erlebt wird!

Kein Gegenargument, keine Gegendarstellung, Relativierung der festgefahrenen, unbegründeten Annahmen hilft. Die indischen Männer bleiben dabei: Westliche Frauen sind sexhungrig, nur ein indischer Schwanz kann ihre unendliche Sehnsucht stillen; womöglich auch ihr Schnurrbart, nennen wir ihn zärtlich Schnauzer. Hey Mann, ich habe ein Thema mit diesem Haargestrüpp oberhalb der Oberlippe - wahrscheinlich einfach zu viele davon gesehen -, und alle sehen sie gleich aus; diese kollektive Dämlichkeit, ah, sorry, ich meinte Ähnlichkeit! Apropos: Wer zwingt einen eigentlich im Kollektiv mitzuplantschen, wo es ohnehin nur lauwarme, vollgepinkelte Kinderbecken gibt und keine weiten, großen Flüsse, die zwar wild sind, aber wenigstens zum Abenteuer einladen?! Doch wer weiß - na ja, vielleicht ist dieser Schnauzer ein guter Kitzler...

Also, meine männlichen, indischen Freunde, schaut mal, versucht zu begreifen: `Unsere´ Frauen sind sehr oft individuell ausgerichtet und unabhängig, auch sie genießen zuweilen das Alleinsein, denn nicht jede wartet auf eine Beziehung, bis sie sich in euer heiliges Land wagt. Viele fahren vielleicht gerade aufgrund der Tatsache, in einer Beziehung zu stecken, alleine fort, um etwas Abstand zu gewinnen und den Kopf frei und klar zu bekommen und so weiter, und so weiter. Capito?

Zudem bietet euer wunderbares Land ein großes Angebot an unglaublichster Vielfalt, das viele westliche Frauen UND Männer hierher lockt:

Unzählige Tempel, Götter, entstanden aus den unglaublichsten Tiefen menschlicher Vorstellungskraft (in den unfassbarsten, verschiedensten Formen und Farben), eure Kultur und Lebensweise, euer Hindi, einige wollen gar Sanskrit und Pali studieren, andere wieder in Kalkutta und Umgebung im Sinne Mutter Theresas helfen, und dann habt ihr auch noch zusätzlich, neben euren Bergen, Meeren und Wüsten, das ganze spirituelle Programm zu bieten:

Yoga aller Richtungen und Schulen, vielzählige Meditationstechniken, Ayurveda, tibetische Medizin, verschiedenste Massagetechniken und Workshops; nicht zu vergessen eure zahlreichen Sadhus und Babas, die halbnackten mit ihrem guten Rauchzeug! Also bitte! Überzeugen jetzt endlich nun all diese, von euren Schwänzen unabhängigen Gründe für einen Indienaufenthalt?!

Heftiges Kopfschütteln, überlegenes Lächeln (dieses: "Wir wissen es besser, denn wir haben sie ja alle schon gefickt"), sie bleiben dabei: Es ist der Sex, der indische Sex, mit dem die indischen Männer die westlichen Frauen betören, durch den sie, magnetisch angezogen, ins Land der Erleuchtung gelockt werden.

Dem Himmel sei Dank. Die Erfüllung erfahren die westlichen Frauen durch das ursprünglichste Werkzeug der indischen Männer. Auf Gotteserden; beziehungsweise auf indischem Boden. Er soll sehr fruchtbar sein. Man muss also gar nicht auf ein Paradies im Jenseits hoffen und warten.

Natürlich gibt es immer wieder mal ein paar Westlerinnen, die sich tatsächlich auf indische Männer, auf ihr Drängen, auf das Versprechen ewiger Liebe, erfüllter Sexualität, auf die nicht ernst und ehrlich gemeinten Verheißungen, einlassen; den indischen Männern geht's neben ihrer Fickstory vor allem um die Aussicht, eventuell über das Vehikel der allzu beglückten westlichen Frau, in den goldenen Westen zu kommen und einen westlichen Pass zu erhalten. Der reisenden Frau wiederum genügt in den meisten Fällen ein kurzes Abenteuer, vielleicht hatte sie auch nur einen schwachen Moment. Wir alle kennen das. Auffällig dabei ist nur, dass es zu 90% jene Westlerinnen, die zum ersten Mal das Heilige Land betreten, sind, die sich auf einen Inder einlassen: Zufall?

Inder sind gute Märchenerzähler - im Zusammenhang mit geschäftlichen Belangen würde man sie zuweilen eher als Lügner bezeichnen, doch ich will nicht alle in einen Topf schmeißen! Nein, aber...

Anfang der frühen Neunzigerjahre besuche ich das erste Mal (und es sollte bei diesem einen Mal bleiben) den Kovalam-Strand in Kerala; zu viele Touristen für mich, zu viele Amerikaner, ich mag die Atmosphäre nicht; spanne mich aber dort ein paar Tage nach anstrengender Reise aus.

Dort sitze ich manchmal mit dem Besitzer eines schön am Strand gelegenen Lokals zusammen, dessen Zunge sich immer abends, nach dem Genuss einiger Gläser Whisky, löst. Ein völlig unscheinbarer Typ, ein kleines, schmächtiges Männchen, Öl in den gescheitelten Haaren, Schnurrbartträger (was sonst?), also wieder unser Schnauzi-Typ, gestreiftes Hemd (was sonst?), graue Hose (was sonst?). Nichts Atemberaubendes; traurige, trostlose Augen.

Aber.

Aber er ist ein Held. Zumindest seinen eigenen Ausführungen zufolge. Ein Frauenheld!! Er schleppt sie, wann immer er will, ab. Wen? Die Westlerinnen natürlich! Die Inder-geilen Touristinnen, die hier am Kovalam-Strand insbesondere ein Auge auf ihn geworfen haben, ganz kann er sich das auch nicht logisch erklären, wieso er sie wie Moskitos, ja wie Motten anzieht, er versucht mich nach längerem Nachsinnen mit "It´s just magic!" zu überzeugen.

Er überzeugt mich nicht. Ich glaube zwar an Magie, aber... Bin froh, zumindest nicht ein "I AM just magic!" von ihm hören zu müssen.

Ich gehe in etwa so auf ihn ein:

"You are very lucky my friend, but how come, that they ALL want to have sex with YOU only?"

"You know, it´s my eyes - you see?!, - they are very DEEP!"

"Ah... What...? And...?!"

"That´s it!"

Er strahlt mich an. Ich versuche zurückzulächeln, er ist ja nicht unsympathisch. Ich denke mir aber - ja sag mal, gibt´s das? Glaubt er selbst ein einziges Wort von dem, das er von sich gibt?

"And you like it? I mean the sex with them?" (Blöde Frage, ok, gebe ich zu).

"Yes, THEY like it!"

Das gibt´s doch wirklich nicht! Ob ER es mag, fragte ich ihn doch!

"I also enjoy, you know?!"

Er zwinkert mir mit seinen tiefen Augen zu.

"They do things, Indian women don´t do...", und wieder zwinkert er mir zu. Hat er etwa ein Augenleiden? Er schmunzelt. Ich verstehe diese Andeutung natürlich sofort.

"Are you actually married with an Indian woman?"

"No, I don´t want to! I never had an Indian woman, you know, this is very difficult! Of course I could have, but I don´t want to marry, her family would kill me, if they knew my lifestyle! Kill ME, understand?!"

Er erhebt seine Stimme und sein Glas; dann nimmt er einen großen Schluck, und die glasklare Flüssigkeit scheint ihn wieder zu beruhigen.

"Indian women don´t like sex, they only like money; MY money! Too much responsibility and expenses - they want this sari, that sari, a new television, a new furniture, new shoes, all NEW! But NO sex! So I just choose between Western women... I prefer the blond ones - they do special things, you know?"

Nicht wirklich.

"Ah, yes? Hmh... what do you mean?"

"You KNOW!"

Er lächelt wieder glücklich in sein drittelvolles Glas hinein. Ich stehe kurz vor der Kapitulation. Der Inder ist völlig in seinem Film drinnen, ich denke mir, wahrscheinlich vögelt er darin gerade den ganzen Strand, blond oder nicht dürfte dabei keine allzu große Rolle spielen. Wahrscheinlich machen ja auch die braun-, schwarz-, rot- und brünett-Haarigen spezielle Sachen.

"They also wanted to marry me – to live in London, Los Angeles, everything, everywhere possible! But I want my freedom, my joy, you understand? And one woman alone can never give you all the freedom, all the joy, right?"

Er klopft mir gerade in diesem Augenblick, als ich einen Schluck von meinem Chai mache, auf die Schulter, woraufhin ich mich verschlucke; er lächelt mich verschwörerisch an und fährt fort:

"A man needs adventure! One woman is only ONE adventure! But so many adventures waiting! And so little time! Too much busy with the restaurant, you understand, almost no time, the last few weeks I was fully busy because of full season-time now, you know, that´s why I´m drinking a little bit to relax!"

Nun ist das Glas leer. Die am Tisch stehende Flasche jedoch noch nicht.

Ich begebe mich zur Nachtruhe, seine Nachtgeschichte hat mich müde gemacht. Ich blicke die um uns herumsitzenden Frauen nicht an, wozu denn auch, wenn sie alle ohnehin schon an ihn vergeben sind! Eine knappe Woche verbringe ich an diesem Strand, doch nicht ein einziges Mal sehe ich den Lokalbesitzer auch nur ansatzweise mit unseren supergeilen, westlichen Hasen, abseits der Aufnahme von Bestellungen, kommunizieren.

Aber wie kann ich wissen, was alles in seinem Kopf geschieht? Und wie er dies erlebt? Denn darüber, welche Realität die realste ist, will ich mich nicht streiten.

Ort- und Zeitwechsel.

Ich treffe eine sehr gute Freundin aus Deutschland von mir in Pushkar; wir schreiben das Jahr 2009. Die Sonne scheint, es ist heiß, doch meiner Freundins Gemüt wird von dunklen Wolken getrübt; es geht um einen westlichen Mann, den sie begehrt, aber nicht bekommt beziehungsweise der ihre tiefen Gefühle nicht erwidert, so wie sie es gerne hätte; so was führt zum Frust, verständlicherweise auch zum sexuellen.

Sie kennt Indien, seine Geschichten und Abläufe bereits seit einigen Jahren, natürlich auch die indischen Männer mit ihren seichten Anmache-Tricks mitsamt der Hohlheit der blumigen, leeren Liebeserklärungen und Versprechungen und schüttelt zumeist, in Anbetracht all der weitausholenden Floskeln bloß den Kopf: "Die Inder...!"

Doch weibliche Frustration gepaart mit weiblicher Emotion macht vor roten Ampeln oder klar sichtbaren `Stopp´-Schildern zuweilen nicht halt. Frauen in dieser Gemütslage entwickeln ihre eigene Logik (Logik?!), ihre ihnen ganz eigenen Verhaltensmuster, da hilft auch kein Dagegengerede, kein Einspruch, keine Argumentation, kein mit dem Finger auf das Dunkelrot der Ampel zeigen.

Meine sehr gute Bekannte ist zu diesem Zeitpunkt Ende der Dreißig, attraktiv, die Hormone liegen blank, ihr fehlt was zwischen den Oberschenkeln, sie fühlt sich nicht erfüllt, auch das ist verständlich, ist nicht außergewöhnlich, vermutlich ein Allgemeinzustand, der weit verbreiteter ist, als angenommen.

Oft geht sie in eines der größeren Geschäfte, dessen Eigentümer ein paar ältere Brüder sind, die einige Söhne in die Welt gesetzt haben. Nun führen diese jenen und noch weitere Läden, sie arbeiten schon sehr lange mit Westlern zusammen und haben eine vielfältige Kollektion. Dementsprechend auch eine große Auswahl an Textilien. Ich persönlich kaufe in diesem Geschäft schon seit vielen Jahren nicht mehr ein, die dort oftmals unehrliche, verlogene Energie stoßt mich ab und ich habe keine Lust, mir den Schwachsinn und das blöde Gerede zu geben; vor allem nicht dort, wo ich bereits mit Sicherheit im Vorhinein zu wissen glaube, wie der Hase läuft.

Auch ein Cousin der Brüder arbeitet mit ihnen zusammen, sein Name ist Kamal. Ein Schleimscheißi der besonders eigenen Art den westlichen Frauen gegenüber. Bei ihm habe ich immer das Gefühl Gefahr zu laufen, auf seinem den Boden glattmachenden, triefenden, glitschigen Schleim auszurutschen; ein Typ, der nur Blödsinn und Unwahrheiten erzählt, ohne dabei mit den Augen zu zucken. Zudem stellt er Rekorde im Dauerlügen auf und vertritt die Meinung, westliche Frauen würden alle auf ihn (und seinen leicht schwammigen Körper) abfahren.

Da wären wir also wieder beim Thema. Kamal ist etwa 24 Jahre jung.

Meine besagte Freundin, nennen wir sie Maria, verbringt Tag für Tag einige Stunden in dem besagten Shop, vergleicht verschiedene Designs an Kleidern, ändert Schnitte ab, sucht Stoffe aus und gibt Bestellungen ab; ja, das dauert lange, ich weiß, das kenne ich.

Ihr zur Seite gestellt wird Kamal beziehungsweise hat er ihr seine Hilfe quasi aufgedrängt. Sie erzählt mir davon, ich warne sie (kann man eine knapp 40-jährige vor etwas warnen, was sie in Wirklichkeit - unbewusst?! - anzieht und heranlockt mit ihren subtilen Handlungsweisen? - Nein!), irgendwann, sage ich ihr, wird dir der Kerl noch zwischen die Beine greifen!

"Ach Markus, hör´ doch auf - sei nicht immer so misstrauisch! Er versucht mir einfach nur bei der Auswahl zu helfen, weißt du eigentlich, wie viele unterschiedliche Stoffe es gibt?! Das kannst du dir gar nicht vorstellen - und Farbdrucke über Farbdrucke! Außerdem kommt für mich kein indischer Mann infrage, das weißt du doch, so gut solltest du mich doch kennen!"

Das ist eine Ansage: Ein Mann sollte eine Frau gut kennen…

"Na, also sicher bin ich mir da nicht! Was glaubst du denn - der Typ ist doch eh der Meinung, dass du nur wegen ihm in den Shop kommst und dass du das business bloß als Vorwand benutzt, um ihn zu sehen und natürlich durchzuficken!"

"Geh´ Markus, bitte! Nie werde ich das machen, wie kommst du denn auf diese Idee? So was denkst du von mir? Glaubst du etwa, ich kann Sachen nicht trennen? Ich habe überhaupt kein Interesse an Kamal. Bin schon froh darüber, wenn ich aus Pushkar rauskomme und das business beendet ist, es ist so verdammt heiß hier!"

Ja, die Hitze. Mitunter fährt sie den Frauen auch zwischen die Beine und setzt sich dann dort fest. Von den Männern rede ich erst gar nicht. Die dadurch entstandenen Wallungen verursachen gewisse Entschlüsse, Kurzschlüsse, was auch immer. Ich erwähne das nur, weil ja der Volksglaube weit verbreitet ist, dass bloß wir Männer lendengesteuert sind! Falsch! So ein Schwachsinn, solch´ eine Unterstellung, solch´ eine maßlose

Unterschätzung den Frauen gegenüber! Soviel also nur zur Richtigstellung, um der Wahrheit näher zu kommen. Sozusagen um ein Gleichgewicht zu schaffen.

Wir wohnen im selben Hotel, Maria bewohnt, drei Zimmer von mir entfernt, ebenfalls ein kleines Doppelzimmer. Am ungefähr fünften Abend unseres Aufenthaltes in Pushkar mache ich mich auf zu ihrem Zimmer, um sie zum Abendessen abzuholen. Sie ist nicht da, das Schloss hängt an ihrer Türe. Das ist nicht besorgniserregend, nur ein wenig verwunderlich, da Maria extrem verlässlich (ich rede nicht von der emotionalen Ebene!) und pünktlich ist. Im Normalfall. Wenn ihr die Hitze nicht von den Lenden zum Kopf und wieder runter steigt. Die Hitze.

Ich beobachte ein paar Affen, die überall, auch bei uns im Garten, herumturnen, und frage mich, wann sie sich das nächste unschuldige Opfer aussuchen werden, das mal für ein paar Minuten das Zimmer verlässt und die Zimmertüre in der Zwischenzeit offen lässt… Was werden die Affen dann wohl entwenden? Die traditionelle, gut verdauliche Banane, eine für den nächsten Morgen zum Frühstück eingekaufte Ananas oder gar eine Sonnenbrille, eine Kamera?

Ich habe meine Türe verschlossen.

Ich warte noch 20 Minuten, dann beginnt mein Magen zu knurren, und ich mache mich auf zum Abendessen.

Nach etwa eineinhalb Stunden komme ich zurück, aber sie - Maria - ist noch immer nicht da.

Oje! Das gibt es doch nicht! Hat der Typ sie wirklich rumgekriegt? Will sie etwa zum Gespräch beziehungsweise zum Gespött des ganzen Dorfes werden? Hat sie das notwendig? Eine `reife´ Frau mit solch´ einem jungen Schleimi? Hallo! - Aber ich kann mich ja irren. Letztlich ist ja auch jeder selbst für den eigenen Hitzestau, den möglichen eigenen Orgasmus verantwortlich, jeder geht damit ein wenig anders um, was soll's. Maria wird schon wissen was sie tut, sie ist ja kein Kind mehr. Und mich geht's ja letztlich nichts an. Not my story, sozusagen. Not my business.

Die Affen haben mir vor die Türe geschissen. Am nächsten Morgen esse ich meine Ananas. Sie ist genau richtig reif und ich verzehre sie mit Genuss. Am späten Vormittag laufe ich Maria über den Weg. Sie schaut ein wenig erschöpft, ermüdet aus. Ach du Scheiße.

"Na, wie war dein Stoffe-Aussuchen gestern? Überstunden gemacht?"

Zwei Affen halten sich auffällig unauffällig nahe ihrer Zimmertüre auf.

"Ja, es hat ein wenig länger gedauert."

Maria versucht meinem Blick auszuweichen, starrt auf den Boden. Doch da gibt's gar nichts zu sehen. Bloß Affenscheiße.

"Sehr lange, scheint's - du hast ja schwarze Ringe unter den Augen!"

Ich gebe zu, ich ziehe sie ein wenig auf, mache es ihr nicht leicht. Manchmal bin ich so gemein. Noch immer ihr unsicherer Blick auf den Boden geheftet. Lächerlich. Schau´ mich an, Mausi! Was ist denn? Wir kennen uns doch schon seit Ewigkeiten! Spuck´ es schon aus, was ist geschehen? Welche Masche hat er denn gehabt? Rückenschmerzen? Hat er eine Massage notwendig gehabt? Oder hat er dir eine angeboten, bei deinem gekrümmten Rücken nach all dem Tragen und Heben von Stoffballen?

"Ach, Markus. Ja, ich bin nach Geschäftsschluss noch dort geblieben. War schon gegen 21 Uhr, recht spät, und wir haben noch die Schnitte für die Kleider besprochen. Dann hat Kamal gemeint, er würde mir gerne noch etwas oben im Zimmer zeigen und mit mir einen Chai trinken; ich war schon müde und dachte ein Chai wäre genau das Richtige (ich rolle die Augen - sind die Frauen wirklich so unschuldig oder tun sie alle bloß nur so??!!), so ging ich schon mal rauf und er zur Straße, um von dort Chai zu bringen."

"Ja, hat er denn den je gebracht? Du weißt doch, dass die Strassenchaiverkäufer um diese Zeit längst dicht gemacht haben?!"

Maria wird rot. Richtig süß. Anyway, meine Fragen sind rein rhetorischer Natur. Ich will sie nur ein klein wenig provozieren, denn ihre Aktion scheint mir einfach zu kindisch zu sein. Aber wie gesagt, ich gebe es ja zu, es geht mich in Wahrheit nichts an, not my business. Trotzdem…

"Nein... Na ja, jedenfalls gehe ich jetzt eh nicht mehr hin. Oben im Zimmer war´s ziemlich dunkel, ich setzte mich auf die Matratze, Mann, war´s dort schwül und heiß!"

Ich frage nicht, ob nur im Zimmer – ich will Maria nicht noch weiter zusetzen...

"Dann fragte er mich, ob er eine Kerze anzünden sollte, doch bevor ich antworten konnte, meinte er, na, wir bräuchten nun eh keine, würden uns schon im Dunkeln auch zurechtfinden! Da wurde es mir klar..."

"Wirklich? Du Unschuldslamm!"

Ich beginne laut loszulachen.

"Das gibt´s doch nicht, sag´ mal! Und du hast dich darauf eingelassen, tatsächlich?! Sag´, kannst du´s dir nicht selbst machen, wenn du einen Hitzestau hast? Oder einen anderen Mann finden? Ich meine, da rennen doch eh genügend Westler herum, die sicherlich eine nette Nacht mit dir verbringen würden! Bist ja trotz deines Alters noch immer gut in Schuss!"

"Ja wo denn? Ich hab keinen Interessanten gesehen! Und die wenigen, die interessant sind, haben eine Freundin! Na, egal... Und bitte unterbrich´ mich nicht dauernd! Jeder kann mal einen Fehler machen, oder?"

"Fehler nennst du das? This is a `no-go´! Weißt du doch genau! Hat er schon einen Heiratstermin vorgeschlagen? Wie viele Kinder will er? Wie viele Stunden Hausarbeit sollst du machen?"

"Bitte Markus, hör´ auf damit! Gar nichts. Ich meine, er hat mich schon gefragt, ob ich ihn nach Deutschland mitnehmen könnte... Außerdem kam es gar nicht dazu, was du wohl annimmst..."

"Was? Erzähl´ mir keinen Scheiß! Hast du vielleicht im letzten Moment die Oberschenkel übereinandergelegt? Oder die Regel gehabt, und er ist angesichts von so viel Blut kurz vor dem Ohnmachtsanfall hilfeschreiend zu seiner Mami gerannt?"

Jetzt muss Maria auch lächeln. Gott sei Dank.

"Ne... Na ja, er bekam keinen hoch."

"Was?"

Schon wieder erfasst mich ein spontaner Lachanfall.

"In diesem Alter? Bei solch´ einer feurigen Frau, die sogar auf ihren Chai verzichtet für diese abenteuerliche Nacht? Das gibt´s ja nicht! Wieso? Hast nicht ein wenig nachhelfen können, ich meine..."

"Ja schon, hat aber nicht geholfen. Wurde mir dann echt auch zu blöd. Kamal meinte, er hätte wohl zu viel business-Stress die letzten Wochen über gehabt, sei übermüdet, all der Schwachsinn. Und ich habe mich dann gefragt, was ich da eigentlich tue...!"

Wieso holt mich bloß ein Lachanfall nach dem anderen ein?

"Wirklich?! Na bravo! - Bist also auch noch draufgekommen! Sehr früh! Und d a s hat´s gebracht? Jetzt zerreißen sie sich alle die Goschen hier in dem Dorf, und du bist die Supergeile und Blöde, die´s mit allen treibt!"

"Ach, Markus, bitte! Nichts wird Kamal erzählen, das hat er mir versprochen. Und ich werde ihn nicht mehr treffen, egal, wie gerne ich einen Chai trinken würde! Mein Gott, ich wollte halt auch wieder mal Sex haben, ist doch schon ein Weilchen für mich her, und wie du ja weißt, hat ja der, mit dem ich will, keine Augen für mich..."

Ja, ich weiß.

Ich umarme Maria und hoffe das Beste für sie. Ich denke mir, dass sie ihre Lektion gelernt haben wird. Außerdem geht´s mich ja, wie schon wiederholt gesagt, auch nichts an, was Maria so treibt. Eine moderne, aufgeschlossene, unabhängige, westliche Frau des 21. Jahrhunderts. Da kann ja nichts schiefgehen, sollte man annehmen. Sie sollte schon wissen, was sie tut - und mit wem. Sie wird es schon wissen.

Ich habe eine Verabredung mit einem meiner indischen Freunde, verabschiede mich vorläufig von Maria und mache mich auf den Weg durch die Hauptbazarstraße hin zu Ashok. Da ich fast alle Geschäfte hier recht gut kenne, bedeutet das für mich, dass ich viele Leute zu begrüßen beziehungsweise mit meinem Kopf seitlich zu wackeln habe (indische Begrüßungsform!); eine ständige Prozedur, doch man gewöhnt sich an (fast) alles.

Keine 20 Meter weiter, nachdem ich das Hotel verlassen habe, spricht mich Raju an; er ist ein recht netter Kerl, in einem Kleidergeschäft tätig, wo er mit seinem Vater zusammenarbeitet.

"Namaste Markus! How are you? How is your friend Maria?" Er lacht vielwisserisch.

"Did she tell you already? She has new boyfriend now – Kamal - you know him, no? Fully in love she´s now, I know, he told me that! Full on! Full power, 24 hours, no shower!"

Er lacht lauthals los, das ist ein älterer, saublöder Spruch. Die Inder haben ihn irgendwann von den Israelis, die oft auf die Frage "How are you?" mit "Full power!" antworteten, übernommen und weiter mit "24 hours no shower full power!" ausgeführt, das Ganze also schlüpfrig gemacht und der Aussage eine gewisse sexuelle Note verpasst; wieder in der Annahme, dass es die Westler treiben wie…? - Ja wie denn, wer treibt´s denn pausenlos 24 Stunden lang?!

Aha. Da sind wir also. Es hat sich bereits herumge-sprochen. Selbst ich bin jetzt überrascht darüber, wie schnell das gegangen ist. Kamal hat also gleich sein loses Mundwerk aufgerissen und, seinen Schlapp-schwanz verleugnend, überall seine bloß im Kopf statt-gefundenen, sexuellen Aktivitäten mit Maria ausposaunt. Gemeiner Kerl, der! Und: Arme Maria.

Aber, genau das habe ich ja befürchtet, erwartet. Der sexuellen Phantasie indischer Männer sind keine Gren-zen gesetzt. Sie katapultieren sich einfach mit ihren Vor-stellungen auf eine andere Ebene und machen diese zur Realität im Kopf. Bingo. Überhaupt kann man sich in Indien zuweilen des Eindrucks nicht erwehren, sich in einem Märchenland zu befinden: Bitte, bereist mal dieses Land, lebt dort eine Zeit lang und betrachtet zum Beispiel nur einmal all die verschiedenen indischen Gottheiten - solche phantasievollen Götter zu kreieren hat, außer Indien, kein anderes Land bisher geschafft… Ich übertreibe nicht. Was das betrifft, neige ich nicht zum Scherzen...

"Don´t believe everything Raju, you know, it´s..."

"Yes, yes, I know! Every day Maria comes to Kamal´s shop - e v e r y day, understand? First he really tried to resist, to say `no´, but you know - Maria is very active! Ha, ha, ha!"

Raju wird durch seinen eigenen Lachanfall unterbrochen.

"I think she really likes him too much, too much crazy after him! Too much full sex! Good sex! All night long sex! Sex only! Kamal sleeping now, not working, understand?! Ha, ha, ha!"

"Maria really enjoys Indian men, for sure, I think - what you say, Markus?"

Oje. Nicht nur all die Lügen muss ich mir nun anhören, jetzt bin ich auch noch dem alten Film, der alten Litanei der indischen Männer, ausgesetzt: Ihrer bodenlosen sexuellen Selbstüberschätzung, basierend auf nichts anderem, als ein paar selbst zusammengestückelten Hirngespinsten. Langweilig.

Ich wimmle Raju ab - "I have some business to do" - und frage mich, wer hier wohl in diesem winzigen Pushkar, wo sich jede Geschichte, jedes Gerücht schnellstens verbreitet, noch nicht von Marias Ausrutscher erfahren hat. Es ist wahrlich ein Paradoxon, nun wissen alle indischen Männer etwas, was gar nicht stattgefunden hat! Und ihr Vorurteil darüber, dass unsere süßen westlichen Frauen sexuelle Bestien sind, die den indischen Männern den letzten Spermatropfen absaugen wollen im kamasutrischen Verrenkungsspiel, wird so wieder bestätigt und weiter genährt.

Gähn, gähn - but what to do?

Maria hat den Shop von Kamal nie wieder betreten; sie hat ihn zwar drei Male angerufen, nachdem sich die Neuigkeiten des nie stattgefundenen Sexualaktes, sorry, der vielen in einer Nacht nicht stattgefundenen Sexualakte, wie ein Lauffeuer durch Pushkar verbreitet haben und jeder indische Mann nun darauf hoffte, das nächste sexuelle Opfer meiner fickgeilen Freundin werden zu dürfen. Doch Kamal, in guter traditioneller, indischer Manier, leugnete unverdrossen auch nur ein einziges, winziges Detail ausgeplaudert zu haben (vor allem sicherlich nicht, dass er keinen hochbekommen hat, das glaube ich ihm!). Die Telefonate zwischen Maria und ihm liefen in etwa so ab:

"What? Believe me, Maria, believe me! I´m only telling the truth, you know me!!! I told nobody that we had sex! No one!"

"But we didn´t have any sex, are you crazy?!"

"Yes, and I would never tell anybody about our love - believe me! It´s so sacred!"

"What?"

"Yes, maybe someone is jealous, and made a video of us and..."

"WHAT ARE YOU SAYING??? A VIDEO??? You mean there was a camera in the room? Are you joking? You are such a stupid idiot! Never again I will come to your stupid shop, not to talk about this stupid hot room! You are a stupid liar! Why you tell all this stupid nonsense to your friends? Why..."

"No, no Maria, I tell you! Someone is wanting to sabotage our beautiful love! Our life! Wants to kill it! They know how much you love me, and now they also want to enjoy such a big love, this incredible beautiful thing between us! Also I love you, I promised this to you, remember, and that´s why I will come with you to Germany..."

Und so fort, und so weiter. Ja, ja, eigentlich natürlich zum Lachen, doch Maria trieb es die Wut nur so in ihren erhitzten Kopf. Gegen die Realität der Inder gibt es kein Ankommen, da rennt man mit dem Kopf gegen eine Betonwand an, zu schade ums eigene Gebiss. Und die Nase. Den Schädel nicht zu vergessen.

Ich glaubte fortan, dass Maria nach einer solch´ unglücklichen story mit Kamal ein für alle Male von Ausflügen in die indische Männerwelt geheilt war; dessen war ich mir eigentlich sicher. Wie war das noch einmal? Ein Mann soll eine Frau wirklich kennen? Und verstehen können?...

Doch ich sollte mich irren. Ich meine, welcher Mann kann von sich behaupten, sich noch nie in einer Frau geirrt zu haben? Gibt es so einen Mann überhaupt? Dazu mehr aber vielleicht an anderer Stelle. Ich sag's nochmals: Kein Mensch auf dieser Welt kann vorhersagen, was abgehen wird, wenn es einer Frau mal so richtig heiß – zwischen den Schenkeln - wird. Ich habe den Versuch, Prognosen dieser Art zu stellen, schon lange zuvor aufgegeben.

Die indischen Männer geben auch gerne Massage beziehungsweise bieten sie diese - außer sie sind sexuell anders gepolt – vor allem unseren körperlich (aber auch emotional!) verspannten, westlichen Frauen an; nicht, dass sie alle Massagetechniken auch tatsächlich unbedingt beherrschen oder gar mal selbst einen Massage-Kurs absolviert hätten, nein - wozu auch? Ein dementsprechendes `Zertifikat´ ist für ein paar Rupien mal schnell ausgestellt, wiewohl es zugegebenermaßen heutzutage ein paar Rupien mehr kostet, als noch vor ein paar Jahren.

`Meister der ayurvedischen Massage´ bieten ihre Künste an, jene der ganzheitlichen Massage, der Thai-Massage, der schwedischen, der Fuß-Massage (nicht so weit verbreitet - wahrscheinlich weil diese auf einen zu ausschließlich kleinen, nicht allzu erotischen Bereich begrenzt ist), der Yoni-Massage (zwar auch ein begrenzter Bereich, aber ja, dieser ist ein höchst willkommener!) und so weiter. Das Spektrum des Angebots ist vielfältig.

Überall wird mit Plakaten Werbung gemacht; aber auch an verbalen Zurufen der am Straßenrand wartenden Indern mangelt es nicht:

"Hey - want massage? Full body-massage! - Very good one! Come, come, try - and fully enjoy!"

Verbreitet ist auch die Angewohnheit, zum Beispiel einfach an den Schultern unschuldiger Touristinnen die Hände anzulegen und mal fest reinzudrücken, woraufhin der erwartete Aufschrei erfolgt – und danach verbal nachzulegen:

"You see? Big problem in your shoulder-muscles, probably all over in your body now! Not good! Relax! Welcome to my `Relaxed Massage Studio´! All good there! No problems after! Pain-free! Full enjoy, full body feeling! After again full camel-riding, no pain for sure!"

Ein paar naive, gutgläubige Frauen tappen natürlich in diese verlockende und finanziell – relativ - billige Falle (ja, nicht nur, dass die Inder an den Körpern unserer weiblichen Schönheiten herumgrapschen wollen - sie lassen sich dafür auch noch bezahlen!); so manche ergreift spätestens dann die Flucht, wenn der Heilmasseur plötzlich und unvermittelt damit anfängt, den sensiblen, völlig überraschten Brüsten manuelle Druckgefühle zukommen zu lassen und an den Brustwarzen herumzuziehen; bevor dort auch noch Zungenmassage eingesetzt wird, haben die meisten Versuchsobjekte doch bereits das professionelle Studio verlassen, vielleicht desillusionierter denn je, was ihre Vorstellung von männlicher Integrität, Sensibilität und letztlich auch Professionalität betrifft. Jedoch mit Sicherheit um eine nicht unwesentliche indische Erfahrung reicher.

Der wirklich große Schock tritt manchmal spätestens erst am nächsten Tag ein, dann nämlich, wenn der Frau irgendwie über Umwege zu Ohren kommt, wie oft sie doch vom Masseur während der Massage von hinten gefickt worden ist! Da treibt's ihr dann die Röte ins Gesicht - nicht vor Scham, sondern vor Wut -, denn wie kann der Idiot es nur wagen, so etwas zu behaupten und zu verbreiten?!

Um mich kurz zu fassen: Indische Massage hat nicht den allerbesten Ruf; ich schließe dabei (vorsichtig) die wirklich professionellen Massage-Zentren aus – denn auch die gibt es.

Da gibt es Ram aus Rishikesh zum Beispiel. Ich fragte ihn nie, wo und wie lange er denn sein Fach der Massage gelernt hatte, da ich den möglichen blöden Antworten ("I just looked at my brother when he practised it, and learned it that way very fast - very simple, you know?!") aus dem Weg gehen wollte, ich will Ruhe, I want shanti time, Frieden also, es gibt schon genug Trubel und Verwirrung in der Welt. Nun gut, also Ram erzählte mir:

"She really liked it, man! When I massaged her legs - all her body shivering - no joke, full on! Then she asking me, if possible to take off her underware and bra - bra is the right word, yes?! So I say sure, it´s a full body massage, right?! So nicely I massage her breasts, I tell you, she fully enjoys, does not want me to stop! Very free Western woman, I tell you! Surely she will come again, too much she likes my touch, likes me; but many women like me, they all like me! Too much good breasts-massage I give for too little money!"

Da kann man ja wirklich die Jungs um ihren Job nur beneiden. Ich meine, es kommt ganz darauf an, wie sehr man ihnen glauben will, doch um die Glaubensfrage geht es mir dabei gar nicht (der Sachverhalt ist mir ohnehin völlig klar, die männliche indische Seele hat sich mir schon zu oft offenbart); ich betrachte es eher als Kommunikation zwischen einem indischen und westlichen Mann, zwischen Männern also, diese Art von Verbrüderung, die in etwa wie "Hey, wir sind ja doch die Besten, können sie alle haben, wir lassen die Puppen tanzen!" abläuft, woran man beizeiten schon seinen Spaß haben kann... Zumindest ein wenig.

Da ist dann noch Bharat aus Pushkar. Ich fahre mit ihm auf dem Motorrad zur Fabrik seines Chefs, um ein paar Modelle der neuen Textilienkollektion für den Sommer zu begutachten; es ist früher Nachmittag, nicht zu heiß, der Wind bläst uns angenehm ins Gesicht; Bharat hat vor, im nächsten Monat für ein ganzes Jahr nach Bangkok zu übersiedeln, um dort ein weiteres Geschäft seines Chefs, der gleichzeitig sein Cousin ist, zu leiten.

Bharat, ein ganz feiner Kerl, ist 18 Jahre jung und voller Energie und Lebensfreude. Selten ist er bisher mal aus Pushkar, seinem Heimatort, rausgekommen - und nun wartet bald ein ganz neues Abenteuer in einem ihm gänzlich fremden Land auf ihn; Indien und Thailand gleichen einander viel weniger, als man annehmen könnte.

Bharat, ich mag ihn wirklich sehr gerne, ist ein sehr offener junger Mann, bei dem ich die Hoffnung habe, dass er eine neue Generation in Indien repräsentieren wird, die Veränderungen in vielen, vor allem sozialen und ge-schlechtsspezifischen Bereichen in die Wege leiten wird, sucht das Gespräch mit mir. Wir haben immerhin 15 Minuten Motorradfahrt vor uns, es geht sich schon noch ein kurzer Talk aus. Er will aber nicht mit mir über das Geschäft reden; er hat etwas anderes im Sinn.

"You know, there are many girls in Thailand, yes?!", beginnt er mit jenem Thema, das die Hormone vieler Männer in Wallung bringt.

"Yes, sure, but I mean, there are a lot of girls in India too, don´t you think?!", schiebe ich ihm den Ball zurück; ich weiß: Nun kommt die Begründung, warum in prakti-scher Hinsicht `dort´ mehr Frauen für ihn in Reichweite sind als `hier´ in seinem Indien, seinem Pushkar, wo selbst nachts der einsamst gelegene Tempel Augen und Ohren hat.

"No, yes, but you know, here not so easy! Indian women very difficult, you know! They only want money! And immediately marriage! I don´t want marriage now - maybe later - I like y o u r way of life, Western style, you know?! Also problem coming, if Indian women falling in love with me, my parents maybe angry then. Not good."

"So start to change it - if not your generation, who will do it then? Try to make it more open, and explain your parents, that you want to decide for your life on your own, and which partner you choose to live with."

"But they no understand - they will only allow arranged marriage; I can refuse, but after six, seven times they show me new girl, I have to give in and say yes... Also I´m their only son... But (er kommt nun auf sein Hauptanliegen zurück) in Bangkok good life, no? All day me full working and night time full enjoy, full party, yes?!"

Er lacht lauthals vor Freude auf. Ich bitte ihn, nicht ständig zu mir zurückzublicken, denn es herrscht viel Verkehr, wir tragen keine Helme, es folgt das obligate "No problem!", da ja der indische Verkehr seinen eigenen Gesetzmäßigkeiten folgt, sicherlich aber nicht den gesetzlichen.

"Yes, yes, probably you will enjoy, there´s a lot of nightlife there, many bars and discos."

"And girls, yes?!"

"Yes, yes, don´t worry, also girls. Do you like Thai-women?"

Bharat verzieht das Gesicht. Ich kann es kaum glauben. Ich meine, ich glaube, er hat noch nie eine Thai-Frau in natura gesehen, aber sogleich klingelt es bei mir: Ja, natürlich, eine Thai-Frau wird ihm keine Türe zum goldenen Westen aufstoßen können...

"No, no, Marco! Thai-women I don´t like!"

Er beschleunigt die Geschwindigkeit. Thai-Frauen hin oder her, wenn nicht die Hormone, dann ist jedenfalls bei ihm der Adrenalinspiegel soeben nochmals gestiegen. Wir rasen an Kühen, Hunden, Ziegen, Schweinen, Affen und Menschen vorbei, er versucht dabei, so gut es geht, die tiefen Schlaglöcher zu vermeiden; ein eher sinnloses Unterfangen angesichts ihrer Menge.

"I´m thinking about London-girls!"

"London-girls?"

"Yes!"

Er strahlt mich übers ganze Gesicht an, behutsam aber bestimmt drücke ich seine Wange, sein Gesicht, wieder in Fahrtrichtung.

"Ah, ok. They are very special or what?"

Denn vielleicht habe ich irgendetwas einfach irgendwie nicht ganz durchschaut.

"Yes, I think so! What you think? London girls from England, you know? They are beautiful, no? I like beautiful women, then much fun coming!"

"Ok, but what about other beautiful women? From Italy, Israel, Spain,...?"

"Ah - all beautiful? Ok! I take Italian one, yes?! - Yes!! Italian one!"

Er lacht wie ein kleines Kind voller Freude, es wirkt so, als hätte er soeben mit einer heißblütigen Italienerin Bekanntschaft gemacht und würde ihre Nähe genießen.

"Italian women also white skin? I like white skin - like your skin!"

"I understand - so then it´s maybe better to take an English woman! But Italian women also have many good qualities, and maybe only a little bit more dark skin - but many of them are very beautiful!"

"But England, you understand?! Italian women not from England, no?"

Bharat lacht und schreit mir diese Frage um die Ohren.

Es ist zumeist immer dasselbe. Zuweilen steige ich auf diese Art der Kommunikation ein, doch immer kommt ein Punkt, wo mich die indische Logik einfach schachmatt setzt, wo es mir die Sprache verschlägt, wo bei mir nur noch ein einziges Fragezeichen übrigbleibt; und auch das Gefühl, wie sinnlos es ist, mit indischen Männern über Frauen zu reden. Sie haben diesbezüglich viel zu viele Vorstellungen, Phantasien und auch Vorurteile, die sie einfach nicht aus ihrem System rauskriegen (wollen), wer weiß schon, warum; und wer weiß auch schon, woher sie all diese Konditionierungen haben - ich will es gar nicht wissen.

Wir fahren in die sandige, staubige Straße zur Fabrik ein, wir sind heil angekommen, trotz der von Bharat ständig beschleunigten Geschwindigkeit.

"And also Italian women not so sexy like London ones, you know?! They don´t like too much sex, but me want fully enjoy!"

Lautes, kindliches, total ehrliches Gelächter. Bharat strahlt. Ein grundlegend netter Kerl. Ich glaube, es wirklich verstanden zu haben.

"Ah, ok, I see..."

Nun geht es ans Geschäftliche; eine (gute?) Abwechslung.

Ich hoffe mit ihm, eventuell ein bis zwei Jahre später, nochmals den Faden dieses Gesprächs aufnehmen zu können, sollte er wirklich nach Bangkok gegangen sein. Was wird er bis dahin erlebt haben? Und wie sehr werden sich seine Wünsche, Hoffnungen und Vorstellungen bestätigt haben beziehungsweise widerlegt worden sein?

Ich bin gespannt. Und wünsche Bharat vom Herzen her nur das Allerbeste.

Interessant ist vielleicht auch diese unheimlich starke Vernetzung von `Liebe´ und Geld bei den Indern; je größer die Aussicht auf Geld, desto wahrscheinlicher die `Liebe´ beziehungsweise die arrangierte Heirat. Liebe an sich wird sicherlich noch immer in den meisten indischen Gesellschaftsschichten völlig anders definiert, als bei uns im Westen; da ein indischer Normalbürger davon auszugehen hat, dass er `nur´ einmal heiraten wird, ist die ganze zukünftige Liaison in den meisten Fällen vor allem auch eine wirtschaftliche Zwecksgemeinschaft. Schließlich gilt es, zukünftig viele hungrige Mäuler ernähren zu können. Viele indische Frauen lieben ihren Ehemann schon alleine aus dem einfachen Grund, sich von ihm materiell versorgt und abgesichert zu wissen; man darf auch nicht vergessen, dass sich kaum eine indische Frau der Jahrtausende alten Konditionierung, die besagt, dass sie einem Mann gegenüber, wenn überhaupt, dann nur zweitrangig einzustufen ist, entziehen kann. Es stimmt zwar, dass vor allem in den Großstädten auch gesellschaftliche Rollen stark im Wandel sind, aber das absolute Gros der indischen Gesellschaft ist davon noch immer völlig unberührt.

Die indischen Männer haben einen sehr guten Riecher dafür, wo das Geld liegt beziehungsweise wo es zu holen ist; oft ist es ihr großer Traum, im Westen Geld zu machen, wobei dieser Traum zumeist nahtlos mit jenem der im Westen frei gelebten Sexualität verbunden wird. Oft hoffen sie darauf, eine westliche Frau heiraten und ein geregeltes Leben im Westen aufbauen zu können. Manchmal wollen sie aber auch, nach einigen Jahren der Arbeit und des Lohnerwerbes in harter Währung, während denen sie erfolgreich Geld sparen konnten, ins Heimatland zurückkehren, um unter anderem auch die passende, moralisch einwandfreie - indische - Frau fürs Leben zu finden.

Es ist auch öfters so, dass der im Westen arbeitende Mann zum Zeitpunkt der von seinen Eltern arrangierten Heirat für zwei bis drei Wochen ins altbekannte menschliche Getümmel zurückfliegt, um danach schließlich mit Frau und mehr Gepäck wieder das Leben im goldenen Westen aufzunehmen. Manchmal wird in weiterer Folge dann die ganze oder zumindest ein Teil der ausständigen Familie väterlichseits nachgeholt, wenn es die finanziellen Mittel erlauben und die bürokratischen Hürden bewältigt werden. Ja, ja, der goldene Westen.

Doch zuallererst wird zumeist ein Brückenschlag benötigt. Entweder gelingt es den Ausreisewilligen, mittels genügend vorhandener finanzieller Mittel oder Geschäftsbeziehungen die Reise in den Westen anzutreten oder aber - und das ist für den männlichen Durchschnittsinder die Regel - die Türe, das mögliche Tor hin zur Verwirklichung des Traums vom westlichen Geldes und Lebensstil ist in Form einer westlichen Frau zu finden; wobei es den Indern gar nicht so sehr darauf ankommt, welche es ist (ein Sorry allen westlichen Frauen gegenüber, die einer Illusion aufgesessen sein sollten!), sondern bloß, dass sie bereit ist, dem indischen Mann mittels Heirat das Leben im Westen zu ermöglichen.

Einmal bei uns angekommen, werden die indischen Männer alles daransetzen, hier Fuß zu fassen und dass ihr guter Geschäftssinn Früchte tragen wird; oft sind sie erfolgreich. Zusätzlich werden sie alles geben, um der westlichen Gefährtin das Gefühl von `Liebe´ zu vermitteln, indem sie ihren sexuellen Phantasien freien, praktisch-orientierten Lauf lassen. Doch Achtung, um nicht dem alten Irrtum zu verfallen: Sex ist nicht gleich Liebe! (Diese Weisheit gilt auch für uns Westler!)

Oder doch?

Zum Abschluss noch eine letzte kurze Anekdote westliche Frauen und indische Männer betreffend; ein weiteres Beispiel sozusagen für den "clash of cultures", den unterschiedlichen Zugang auf das andere, von fremden Kontinenten stammende Geschlecht, für die Faszination des `Fremden´, der anderen Hautfarbe, der leeren Versprechungen, des ausgeträumten Traums - und der (vermeintlich) fortschrittlichen Haltung der jungen indischen Männer in Bezug auf das sexuelle Terrain.

Wieder - es ist dies nicht meine Absicht eine gute Freundin zur Hauptdarstellerin dieser Geschichte werden zu lassen, doch sie liefert einfach zu gute, überraschende stories - steht Maria im Mittelpunkt des Geschehens. Natürlich nicht alleine, erneut ist dabei ein indischer Mann involviert, also sozusagen mit von der Partie.

Maria ist wieder in Pushkar, etwa 2 Jahre seit der Geschichte mit Kamal sind vergangen. Sie macht weiterhin einen großen Bogen um sein Geschäft. Ist ihr ja auch nicht zu verdenken. Ich will nicht auf ihren psychischen Zustand zu diesem Zeitpunkt eingehen, nur so viel: Erneut ist sie sexuell frustriert. Ich befinde mich zu jener Zeit im Norden Indiens; als ihre Story über die Bühne geht, habe ich dort noch etwa eine Woche, bis ich in Pushkar auftauchen werde; zu diesem Zeitpunkt sollte Maria dann allerdings diesen heiligen Ort schon wieder verlassen haben. Ich werde die Neuigkeiten später von ihr über Skype erfahren.

Ein junger Nordinder arbeitet zu dieser Zeit im Restaurant, das sich im `Hotel Amar´ befindet. Mit `jung´ meine ich wirklich jung; er ist gerade mal 18 Jahre alt, nicht auf den Mund gefallen, schaut nicht so übel aus, ist aber halt doch eben sehr jung, spindeldürr und einen Kopf kleiner als Maria. Aber er weiß genau, was er will: Richtig, eine westliche Frau, ein Leben im Westen, die Zukunft für ihn liegt also bei uns, wo die Sonne zwar später auf-, dafür aber auch später untergeht; dort kann er Gewicht zulegen, das Geld mit Leichtigkeit verdienen und, neben der ihn nach Europa bringenden Frau, auch gleich noch ein paar Liebhaberinnen quasi auf der Seite haben. Zudem lockt die Möglichkeit, den Wohlstand und die Sauberkeit zu genießen und, das auch noch inklusive, seiner

Frau beizubringen, gutes indisches Essen zu kochen, vorausgesetzt sie kann es noch nicht, denn: Ohne Dhal, Reis und Gewürze läuft gar nix, ganz zu schweigen von den Chapatis.

Der junge Mann lebt also durch und durch den indischen Traum - zumindest mal im Kopf. Dann lernt er Maria kennen.

Zugutezuhalten ist ihm jedenfalls, dass er keinen Schnurrbart trägt, keinen Schnauzi also, sich in coolen Jeans kleidet, ein nettes Lächeln aufsetzt und sympathisch wirkt. Maria jedenfalls, der etwa 40-jährigen, aber noch immer attraktiven Frau, macht er unverblümt den Hof.

"What? You are alone? No boyfriend? You very beautiful! You eat here in restaurant? Very good food! You will like, I promise! After food you and me talking, enjoying, when all dinner finished, me free! I can come to your room, want to play very good music for you on MP3! Outside too cold, inside more warm! You very beautiful, really, I fully like! What? You 40 years old? No possible, you look like 20, really, like me! No possible! Your skin very soft, can I touch? I have good touching fingers! My food also good, you try, ok?! Tonight at dinner, I fully cook for you full good taste, after full enjoy, full good music, full on!"

Und nun der Höhepunkt dieser Geschichte, das doch Unerwartete - Maria scheint von all den Komplimenten hingerissen zu sein! Ein solch´ charmanter, junger Mann! So galant, so ehrlich; in seiner Gegenwart, bei seinen Sprüchen, fühlt sich Maria tatsächlich sogleich wieder 20! Wer weiß, vielleicht hat er ja wirklich recht, und in Wirklichkeit hat sie den Alterungsprozess schon zwei Jahrzehnte zuvor gestoppt. Die Jahre sind zwar irgendwie weitergelaufen, doch sie hat das Wunder - the wonder of no-aging-anymore, scheiß auf die Geburtsurkunde! -, vollbracht! Noch dazu kann ja Sunil, so nennt sich der junge Mann, ohnehin kein Deutsch. Er interessiert sich auch in keiner Weise für die Geburtsurkunde!

Ok, auch mit dem Englisch kommen sie, naja, mehr schlecht als recht zurecht, doch Gott schaut darauf, dass zwischen den beiden nicht viel gesprochen werden muss. Abends isst Maria im Restaurant, Sunil schwänzelt um sie herum, er bringt ihr Mango-Lassi, dann einen Chai, dann noch einen special juice; nein, ja, sie muss ihn trinken, er persönlich hat ihr das Spezialgetränk in der Küche zusammengemischt, selbst der Koch soll beeindruckt gewesen sein angesichts dieses innovativen Cocktails. Maria lenkt ein, doch danach rebelliert ihr Magen, ihr ist speiübel. Sunil versucht Maria zu beschwichtigen, "No problem my dear, I also know how to do Reiki, I´m one with the universal energy, let´s go to your room, I will solve all your problems, your stomach soon will be fine, you fully in bliss, all will be alright, don´t worry, you are in good hands, I will heal all your wounds, my touch will make you cry..."

Kaum in Marias Zimmer angekommen, setzt sich Sunil in die Mitte des Bettes und macht sich an Marias MP3 zu schaffen; sie fühlt sich ein wenig unsicher, wackelig auf den Beinen und ist verwirrt – was ist das, was soll das alles werden? -, der Junge geht´s ja schnell an!, und überlässt die Antwort Gott; keinem speziellen, nein, einfach Gott an sich. Sie will nicht denken, die Gedanken werden sowohl vom blubbernden Magen, als auch von einer Körperzone ein wenig weiter unten in Anspruch genommen, immerhin gab's dort schon länger keine wahre Erfüllung, Befriedigung mehr, fast schon trostlos trocken fühlt sich das alles an.

Aber jetzt - wer weiß, vielleicht wird sich das nun alles ändern mit diesem jungen, dynamischen Mann in ihrem Zimmer, der es sich schon ganz bequem auf ihrem Bett gemacht hat und sie auffordert, ihm doch dort Gesellschaft zu leisten, um gemeinsam die Musik genießen zu können!

Wer Indien kennt, weiß: Es ist nicht nur das Land des spirituellen Reichtums, der Göttervielfalt, der absoluten Gegensätze, der sich durch den Smog der Verschmutzung durchkämpfenden Sonne, des technologischen Fortschritts, und der noch immer zahlenmäßig viel zu wenigen, existenten Toiletten (bitte, Mahatma Gandhi, ruhe weiter und drehe dich nicht vor Wut im Grabe um!), sondern es ist auch das Land der unzähligen Stromausfälle. Gründe gibt es derer zahlreiche, wie etwa jene der Überlastung der Stromnetze (es gibt verschiedene Wege sich zum Beispiel an öffentlichen Leitungen `anzuhängen´ und in solcher, genialer – aber illegaler - Weise gratis Strom zu beziehen) oder auch den Einfall der regionalen Regierungen, Strom sparen zu wollen.

Ein Beispiel dazu: Das letzte Mal, als ich in Rajasthan war, herrschte täglich zwischen 8 bis 10.30 Uhr morgens und nachmittags zwischen 15 bis 18 Uhr Stromausfall. Staatlich verordnet. So spart der Staat viel Geld, das Geschäft der Händler mit teuren Strom-Generatoren boomt, und zu diesen Zeiten lärmt und dröhnt es überall "tatatatata". Über dieses unglückselige Geräusch der Generatoren und den furchtbaren Geruch der Abgase will ich gar nicht reden.

Ok, daran gewöhnt man sich, woran gewöhnt man sich denn als Mensch, als das berühmteste Gewohnheitstier aller Tiere, denn auch nicht?! Alles bloß eine Frage der

Zeit, der Zermürbung, der Gewohnheit eben, der Kapitulation. Das Leben läuft so oder so mit dem ihm eigenen Gesetzen, denen wir besser folgen, weiter, da wir somit nicht unsere Energie mit inneren und äußeren Widerständen verschwenden. Energie ist alles. Lasst uns damit nicht herumspielen! Nein!

Doch manchmal – öfters - gibt's auch Stromausfall zu unangekündigten, ungeplanten und ungewollten Zeiten, zum Beispiel in der größten Mittagshitze, wenn man sich ins Zimmer zurückgezogen hat, um ein wenig Erfrischung unter dem in voller Stärke laufenden Ventilator zu finden. Der Stromausfall kann aber jeden von uns zu jeder Tages- und Nachtzeit treffen. Wir hoffen zwar immer das Beste, aber wissen tun wir nichts und es wird uns keine Garantie auf irgendetwas im Leben ausgestellt oder gar geschenkt. Auch kein Strom.

Nun: Maria ist also mit Sunil im Zimmer. Maria gehen plötzlich einige Gedanken durch den Kopf, solche zum Beispiel:

Eigentlich könnte ich ja seine Mutter vom Alter her sein; was mache ich denn mit diesem Jüngling? Allerdings schätzt er mich ja für zwanzig ein - ja, so fühle ich mich auch! Es wird schon seine Richtigkeit haben, was gibt es schon `Falsches´ im Leben, wo doch ohnehin alles nach einem höheren Plan abläuft? Einfach mal die Gedanken abstellen, die machen mir ohnehin zu viele Kopfzerbrechen, unter Magenverstimmung leide ich auch bereits, ich lasse das Leben fließen, ich gebe mich dem Moment hin!

Wird es zum Sex kommen? Täte schon mal wieder gut! Wieso ist das alles so mühsam? Naja, ein junger Lover ist möglicherweise gar nicht so übel, er scheint ziemlich aufgeladen zu sein. Diese Inder! Aber er ist schon sehr süß! Wie er sich ständig um mich bemüht, das ist richtig - drollig! Mal sehen - huch, mein Magen rumort, dieser Juice hat's in sich gehabt! Wahrscheinlich wäre es besser, mich ein wenig auszuruhen, um den Magen zu beruhigen, mich hinzulegen, eventuell zur Toilette und danach schlafen zu gehen, aber...

Marias Gedankenkette wird abrupt unterbrochen. Stromausfall! Haha! Nicht schon wieder! Verdammt, wo sind die Kerzen, die Zündhölzer, wo...

Doch Maria wird daran gehindert, weiter nachzudenken. Sie spürt plötzlich Druck gegen ihren Körper, feuchte Lippen suchen die ihren, und ehe sie es sich versieht, hat Sunil bereits das Zungenspiel und das Grapschen in Gang gesetzt, schon liegt er auf ihr drauf. Viel ist an Gewand nicht auszuziehen zu Zeiten wie diesen, wo die Hitze überwiegt, denn da ist man nur mit dem Nötigsten bekleidet. Ruckzuck, Sunil ist aktiv und agil und aus der Dunkelheit heraus vernimmt Maria auf einmal seine stolz verkündende Stimme:

"I have condom, I know you like, NOW no babies, too early for us...!"

- Ah, was? Was redet er? Wovon? In welchem Film ist Sunil unterwegs?

Alles geht vorüber, auch dieser Quickie, doch dabei sollte es nicht bleiben, wie gesagt, er ist noch jung, hat viel Energie, und der Enthusiasmus, gerade eine Westlerin herumgekriegt zu haben, verleiht vielleicht keine Flügel, aber genügend Kraft für eine weitere Runde. Für einen weiteren Quickie.

Von dieser Nacht an ist Sunil auf Beziehungstrip mit Maria, und man möge es glauben oder nicht, sie spielt dabei mit, ist sich zwar noch völlig unklar darüber, wohin das ganze Geschehen führen soll, doch das Bedürfnis

nach Nähe, netten Worten, Komplimenten, ständiger
Berührung und dem so ersehnten (wenn auch nicht er-
füllenden) Sex kostet selbst einer Vierzigjährigen, die sich
plötzlich um die zwanzig fühlt (fühlen will), ihren Kopf;
what to do, es sind ja nur noch fünf Tage, die sie in
Pushkar verbringen wird und dann...

Doch Sunil hat schon die Zukunft fest im Kopf, sie
genau anvisiert, sie spielt sich praktisch glasklar vor
seinem dritten Auge ab: Europa, genauer gesagt
Deutschland winkt ihm bereits zu! Maria winkt ihm zu, sie
liebt ihn! Er wird sie auch ´lieben´, allein schon aus
Dankbarkeit heraus dafür, es schon mit 18 Jahren ´ge-
schafft´ zu haben: Nämlich die Auswanderung nach
Europa, wo ihm auch andere Frauen zu Füßen liegen
werden und ihm das Geld auf den Kopf regnen wird! Was
für ein Leben! Was für ein Traum! Ein indischer Traum
indischer Männer!

Ein indischer, ok, aber er fühlt sich für Sunil so greifbar,
so nahe an; und außerdem, ja, es läuft ja prächtig mit
Maria, sie hat die Verbindung zu ihm nach dem ersten
Mal Sex nicht abgestellt; es dürfte um sie geschehen
sein, die Liebe zu ihm muss sie unweigerlich, Pore für
Pore, Zelle für Zelle, Hormon für Hormon gepackt haben,
sie ist ihm sicherlich verfallen!

Auch fünf Tage gehen einmal vorüber, nach einer
solchen Zeit folgt zuweilen eine Neuorientierung; während Maria noch einen Abstecher in den Norden Indiens
macht und danach zurück nach Europa fliegt und Sunil in
Pushkar weiterhin als Kellner sein Geld verdient, betrete
ich, wie geplant, letztendlich die Szene des großen
Abenteuers: Das ´Hotel Amar´ in Pushkar.

Da ich die Jungs, die dort im Hotel arbeiten, schon
lange kenne und ein Zimmer reserviert habe, ist es ihnen

bekannt, wann ich ankomme; auch Sunil, der obendrein noch von Maria davon informiert wurde, weiß Bescheid.

So dauert es nach meiner Ankunft nur ein paar Stunden, dass ich mich auf den Weg zum Bazar machen will, mein Zimmer verlasse und am Restaurant vorbeigehe, das sich im Garten vom `Amar´ befindet. Als ich die Küche passieren will, kommt in diesem Augenblick ein Junge in schlabbernden Jeanshosen und einem freundlichen Lächeln heraus, fixiert mich kurz mit seinen großen Augen und meint dann selbstbewusst:

"You must be Markus, no? Maria told me! I´m Sunil, boyfriend of Maria, you know?! Now she´s in the North, then Europe, but we will see each other soon again! Sorry, me busy now (er hat eine Cola in der Hand - irgendwer ist also aufgrund der Affenhitze am Verdursten oder braucht mal schnell einen Koffein-Kick), you come evening for dinner, ok?!"

Wirklich ein netter Kerl, ich meine, da gibt's überhaupt nichts Gegenteiliges zu sagen, aber: Na ja, mich geht's ja nicht wirklich was an (wieder mal nicht!), aber sind die beiden kompatibel? Ich habe diesbezüglich nicht nur meine Zweifel, sondern schließe die Möglichkeit einer Beziehungschance für sie eigentlich kategorisch aus. But who knows? Die Fortsetzung der Story erfahre ich ebenfalls von Maria, als sie zurück in Deutschland ist; wiederum über dieses phantastische Skype, wo man die Emotionen des Gegenübers noch besser mitbekommen kann, wenn das Video dazu angeschaltet ist! Ich liebe das, bin generell ein Bewunderer all dieser Technologien, wahrscheinlich noch mehr deswegen, da ich selbst ein absoluter technischer Banause bin.

Also, Kurzfassung: Maria und Sunil telefonieren praktisch täglich und zwar für die nächsten eineinhalb Monate lang - natürlich zumeist über Skype. Es geht um das alte Lied derer, die sich kennen und, unter Umständen, `lieben´ gelernt, zumindest aber eine gute Zeit miteinander verbracht haben. Doch danach werden sie durch unterschiedliche Lebenspläne und Alltagspflichten wieder getrennt. Nun versuchen sie, einen Übergang der Vergangenheit in die Gegenwart zu finden, sie beteuern einander, wie sehr sie sich lieben, vermissen und die Trennung bereuen und beginnen Ideen zu schmieden, wann, wie und wo (also das `ob´ lasse ich nun mal ganz bewusst aus) sie sich wiedersehen und -treffen werden; in diesem spezifischen Fall kommt der jugendliche Enthusiasmus von Sunil hinzu, denn für ihn ist das alles kein Problem:

"Maria, I love you, you love me, so we two be together! I miss you! I love you! I dream about you! I can´t be without you! I want to see you! Me no sleep without you! You and me no separation! Me always be nice to you, you to me also! You too far away now, if you don´t come to me, I will come to you!"

Maria ist verunsichert, im sogenannten wienerischen Wickel-Wackel, was soll sie tun? Ja, sie mag Sunil, sie kann das natürlich nur auf der emotionalen, nicht auf der rationalen Ebene erklären, eigentlich ist sie die ganze Spätfrühlings- und Sommersaison über beruflich völlig beschäftigt und hat praktisch keine Zeit für private Dinge. Und trotzdem überlegt sie hin und her, wie und ob (da ist es also doch, dieses `ob´!) sie Sunil wiedersehen kann, geht das überhaupt, hat das Ganze Zukunftspotenzial (schnell schaltet sie den Schalter der Vernunft und Klarheit wieder ab), kann das überhaupt gut laufen?

Doch er ist ja so süß! Endlich wieder mal ein Mann, mit dem sie Sex haben kann! Der sie begehrt! Der ihr alle

Wünsche von den Augen abliest! Sie mit Komplimenten überhäuft! In dessen Gegenwart sie sich recht wohl, als richtige Frau fühlt, wenngleich der Horizont der kommunikativen Ebene kein sehr weiter ist...

Sechs Wochen lang Telefonate über Telefonate. Doch dann macht es bei Maria `Klick´; vielleicht hätte es noch weitere sechs Wochen benötigt, doch Sunil selbst führt eigentlich den `Wach-auf-Mechanismus´ bei Maria herbei; was ist geschehen?

Ein weiteres Mal klingelt es also auf Skype; und diesmal (ok, ich meine sechs Wochen Blabla um den heißen Brei herum ist eine lange Zeit, ich kann das verstehen…) kommt Sunil auf den Punkt, spricht (indischen) Klartext:

"Hi Maria, darling, how are you? Me very good! Full enjoy with you, full ecstasy in my dreams! You and me - wow! - you know what I mean, yes?! So now all clear for me, I found solution for us, for you, for me! Listen, very simple: Me talking to a friend, he also advising me, he´s right: Real love only has one future - marriage!!! I´m going to marry you, darling! I´m MARRYING you!! Understand? You happy now? Fully happy? So you also marrying me, all no problem, we arrange passport for me, then me no problem to come to Germany, to YOU! So don´t worry, soon you no longer alone anymore! Soon you no longer will miss sweet Sunil! Soon me on your side, then all your problems finished, only love will be there! Only ONE marriage - and ALL problems solved, never existed!"

Ich bin mir nicht sicher, doch ich kann mir gut vorstellen, dass es während dieses Monologs sogar mehrere Male `Klick´ bei Maria gemacht hat, vielleicht gab es bei ihr auch eine ganze Abfolge von aneinandergereihten

`Klicks´. Jedenfalls war sie, zumindest das ist sicher, einer Reihe von kurzen Schockzuständen ausgesetzt, denn nun brannte der Hut! Plötzlich fand sie abrupt ihre Klarheit wieder: Am nächsten Tag rief sie Sunil vom Handy (Abwechslung!) aus an und beendete mit den ihr am besten zugänglichen Argumenten und mit dem Hinweis der Zukunftslosigkeit dieser Affäre, die `Beziehung´; der anvisierte Traum Sunils löste sich innerhalb von Sekunden in Luft auf.

Maria kam ziemlich schnell darüber hinweg. Danach redete sie auch nicht mehr viel über diese Geschichte mit ihrem verflossenen, jungen Ex-Lover; ich weiß nicht, ob es ihr peinlich ist, es ist auch egal. Vielleicht hat sie diese auch gänzlich aus ihrem Bewusstsein gestrichen.

Und Sunil? Der hatte kurz danach etwas mit einer Spanierin, ebenfalls einer Maria, die sowohl meine deutsche Freundin Maria als auch ich kennen, laufen, doch bis Spanien hat er es bisher auch noch nicht geschafft.

Was soll's. Vielleicht geht's ja auch nicht darum. Indien ist ein riesiges, fabelhaftes, undurchschaubares Märchenland; wie ich es liebe! Und in solch´ einem Land lässt es sich gut, leicht und beständig träumen; das kann man niemandem verübeln; auch nicht dem indischen Mann, dessen Phantasien und Hoffnungen gegenüber westlichen Frauen unendlich sind.

Manchmal lebt es sich im Traum eben aussichtsreicher als in der sogenannten Realität.

Wobei man nicht mit Sicherheit sagen kann, was besser ist.

Übrigens, Detail am Rande: Auslöser von Marias schon länger anhaltender sexueller Frustration bin - ich gewesen. Warum ich, kann ich nicht genau sagen. Auch nicht, warum ich mich ihrem Werben entzog. Jedenfalls war ich eine Zeit lang der Mann ihrer Träume. Unerreicht und doch so nah.

14. FLIEGENDE KOBRA UND INDISCHER GLEICHMUT

Shanti öffnet mir mit ihrem scharfen, großen, gebogenen Messer eine Kokosnuss; ja, "A sweet one with water, please!" Shanti ist um die 30 Jahre alt, eine sehr hübsche indische Frau, die gegenüber vom Ramana-Ashram in Tiruvannamalai ihre Kokosnüsse verkauft; sie sitzt ganz schlicht am Boden, auf dem Dreck, die Lastwagen brausen ihr um die Ohren, die Luft ist sehr verschmutzt und das nicht nur von den Abgasen. Einmal wöchentlich kommt ein Lastwagen, macht kurz Stopp bei ihr und lädt eine neue Fuhre an Kokosnüssen ab; das ist ihr Geschäft, und sie betreibt dieses bereits seit zirka 13 Jahren; nämlich seit 1994, der Hochzeit mit einem jungen Mann, der aus einem Nebendorf stammte.

"Five Rupees only!" sagt sie leise und lächelt mir zu. Ich glaube sie mag mich, ich behandle sie immer sehr respektvoll und wir plaudern öfters ein wenig. Ich kann sie in jedem Fall gut leiden, bewundere ihre Ausdauer, ihre Fähigkeit das Leben so zu nehmen und zu akzeptieren, wie es ist, ihre Integrität und ihr nettes Lächeln; nur heute, was soll ich sagen, wird dieses getrübt durch eine Lücke zwischen ihren blitzblanken weißen Zähnen: Ein oberer Schneidezahn fehlt. Ich frage nicht nach, zu gut kann ich mir vorstellen, was und wie es dazu gekommen ist; wahrscheinlich hat wieder mal ihr Ehemann, der, wenn dessen Zustand es zulässt, Obst auf einem fahrbaren Holzwagen verkauft, im Rausch zugeschlagen. Er ist einer von den vielen indischen Männern, die zu gerne und zu oft den schwarz gebrauten, ganz billigen Whisky konsumieren und dann die Kontrolle über sich selbst verlieren; im Normalzustand ist er ein sehr netter Mann, doch wenn er mal sauft, dann...

Shanti hat mir von der Aggressivität ihres regelmäßig berauschten Ehemannes schon einige Male erzählt. Doch da kann ich ihr nicht helfen; sich in indische familiäre Belange als Ausländer einzumischen, bewirkt rein gar nichts und ist bestenfalls kontraproduktiv. Ihren Mann darauf anzusprechen würde nur einige Schläge mehr für Shanti zur Folge haben und das ist das Allerletzte, was ich will.

"Twenty Rupees" verrechnet sie den zwei englischen Frauen, die soeben ihre Kokosnüsse aufgegessen haben; ich bin einer derjenigen, die aufgrund ihrer langjährigen Präsenz in Indien und in Tiru einen `special price´, in diesem Falle den halben erhalten...

Ich mache es mir im ein paar Meter entfernten Chai-Shop bequem, ein paar Freunde und Bekannte sitzen auch herum; der Chai-Shop ist vom Gesichtspunkt der Ästhetik her überhaupt nichts Besonderes, er liegt auch an dieser verflixten Straße, auf der pausenlos LKWs, Busse, Taxis, Autos und Motorradfahrer mit völlig überhöhter Geschwindigkeit vorbeibrausen; der Chai-Koch hat eine Plastikplane als Sonnenschutz über seinen kleinen Shop gespannt und zaubert seinen schwarzen Tee in einem großen Topf zusammen; ein paar Plastiksessel (aufpassen!: Manche haben bloß drei bis dreieinhalb Beine!) und zwei Plastiktische, die so gut wie noch nie gesäubert wurden (und wenn, dann oje, der dazu verwendete Fetzen hat Wasser - ein Fremdwort - und Reinigung, ein weiteres, anno dazumal zuletzt gesehen...) stehen herum, der Grund ist uneben, erdig, staubig.

Beliebt ist der Chai-Shop jedoch wegen der Qualität

des Chais, dem Preis (er kostet nur drei Rupien!) und vor allem wegen dem Ausblick auf Arunachala, den wahrscheinlich heiligsten Berg Südindiens; dort sitzt und plaudert man oder man schaut bloß, staunt, genießt den Chai, beobachtet das rege Treiben beim Eingang zum Ramana-Ashram, wünscht den Erleuchtungssuchenden viel Glück und ist Zeuge des typischen indischen Straßenlebens - und nochmals, vor allem starrt man Arunachala an, kontempliert und verliert sich bei seinem Anblick.

Insgesamt befinden sich vier Chai-Shops nebeneinander, derjenige zur rechten Seite von jenem, in dem ich gerade Chai trinke (Kokosnuss und Chai - das ist der letzte Schrei!), verkauft auch Kokosnüsse.

Ich habe mein Rad abgestellt, auf dem Gepäcksträger befindet sich mein Meditationspolster; dieser begleitet mich seit vielen, vielen Jahren auf meinen Reisen, für ihn finde ich immer noch Platz in meinem Rucksack; er ist mein einziger beständiger Zeuge und Gefährte auf all meinen inneren Reisen. Auf ihm sitzend habe ich schon sehr tiefe Meditationen erlebt, wir ergänzen einander wirklich gut. Ihn unter Umständen zu verlieren wäre doch ein ziemlicher Verlust für mich, da extrem viel meiner Energie in diesem Meditationspolster gespeichert ist... Ich lasse es auch nicht zu, dass sich jemand anderer meinen Gefährten für eine Meditationsstunde zum Sitzen ausborgt, nein! Hey man, take another ride on another cushion! Ich glaube, ich habe in Österreich schon öfters folgenden Spruch vernommen: "A Moped, a Auto und a Madl borgt man net her" (oder so ähnlich); dieser Liste möchte ich noch mein Meditationskissen hinzufügen...

Indien, das Land der ständigen Überraschungen, des

mystischen Daseins, der höchsten Offenbarung: Dieses Land braust vor meinen Augen hin und her, ohne Unterlass, ohne Verschnaufpause, ohne Rücksicht auf den Nächsten: Was hier gilt, ist das Recht des Stärkeren, und wer Glück hat, überlebt; gerade im Verkehr braucht man eine Menge Glück; erst gestern wurde wieder ein Mann von einem hemmungslos daherdonnernden LKW-Fahrer, der danach natürlich Fahrerflucht beging (eh klar - ich meine, soll er sich etwa steinigen lassen?), überfahren. Nun ist er tot. Hier gilt das Gesetz der Straße, es gibt in diesem Land viele verschiedene Gesetze, nur die von der Regierung verabschiedeten finden in der Realität wenig Anwendung beziehungsweise werden kaum befolgt; als Begründung dafür wird zumeist angegeben, dass gerade wieder mal die ´falsche´ Partei das Ruder in der Hand hält und ohnehin nur korrupt sei; und bitte, wer lässt sich schon gerne von korrupten Politikern die Gesetze vorschreiben, wo diese doch bloß fürs gemeine Volk gelten, während sich die Politiker selbst davon ausnehmen? Wieso sollte sie dann der einfache Mann befolgen? Recht und Gesetz hin und her - ich kann die Denkweise der Leute verstehen…

Die Politiker bescheißen ihr Volk, die Brahmanen wiederum geben den Gläubigen gegen gute Spenden Versprechen ab, die sie zumeist natürlich nicht einhalten können, und jeder macht gute Miene zum Spiel und niemand hält sich daran. Die Spielregeln des Lebens werden täglich neu und spontan gelebt, und ich genieße, trotz all der Abgase, dem Lärm und dem geschäftigen Treiben meinen Chai und den Anblick Arunachalas… Oh, Arunachala! Diese Mythen, die sich um dich ranken, du Manifestation Shivas! Du Zerstörer unseres Karmas! Du Aufrüttler zu Wachheit, Bewusstsein und Klarheit! Du

Verbrenner unserer Negativität, unserer destruktiven Gedanken! Du Lichtsäule inmitten all der Dunkelheit dieses Kali-Yugas! Du, der uns alle erlösen wird... - wenn (hoffentlich bald schon) die Zeit dazu reif sein wird!

Es tut gut, sich an Arunachala-Shiva `anhalten´ zu können.

Überall um mich herum brennen kleine Feuer; nicht jene Shivas, sondern von Menschenhand erschaffene. Plastik und anderer Müll wird verbrannt und dies pausenlos. Ich presse mir schon wieder das Taschentuch mit der (rechten) Hand vor den Mund; es stinkt einfach widerlich und dessen bin ich wirklich schon müde; das Verbrennen des ganzen Drecks beginnt schon sehr zeitig in der Früh auf den Straßen und währt den ganzen Tag, den ganzen Abend über an; zu viel Müll, zu viel Plastik, zu viel Gestank - das ist der große Minuspunkt an diesem so faszinierenden Platz, die Schattenseite sozusagen. Und das, obwohl die Ashram-Gegend ohnehin etwa zwei bis drei Kilometer von der kleinen Stadt Tiruvannamalai entfernt gelegen ist! Was dort jedoch an indischer Intensität abgeht, kann sich wer anderer Zeit und Mühe nehmen zu beschreiben: Ein Wahnsinn jedenfalls. Typisches, chaotisches, überbevölkertes indisches Leben eben.

Shanti sitzt unverdrossen am Boden, ist wie immer guter Dinge und verkauft ihre Kokosnüsse; das Geschäft scheint recht gut zu laufen, es ist heiß, alle sind durstig und der Saft der Kokosnüsse schmeckt gut; doch reich wird sie damit sicherlich nicht. Ein paar Meter entfernt von ihr ist nun auch ihr Mann mit dem Obstwagen aufgetaucht, er sieht ein wenig mitgenommen aus, seine Tochter, um die zwölf Jahre jung und extrem süß, hilft dem Vater. Sie befindet sich mit Sicherheit auf dem Weg dazu, sich zu einer indischen Schönheitsgöttin zu entwickeln (Shanti fragte mich schon ein paar Male, ob ich sie nicht mit mir nach Österreich mitnehmen und ihr eine gute Zukunft bieten könnte...!) Der Vater ist ungeduldig und herrscht sie an, sie lässt sich trotzdem nicht ihr zuckersüßes Lächeln nehmen; ganz die Mutter, zudem hat sie zum Glück noch alle Schneidezähne...

Zwei Touristen kaufen ihrem Vater eine Ananas und eine Menge Bananen ab; so, wie Shantis Mann plötzlich freundlich ist und sich gar zu einem kurzen Lächeln hinreißen lässt, schließe ich daraus, dass er ihnen soeben den mindestens dreifachen Preis verrechnet hat. Was soll's, die meisten kommen aufgrund ihrer Suche nach Erleuchtung nach Tiru, da spielen ein paar Rupien mehr oder weniger auch keine Rolle mehr, das Materielle ist sekundär (sollte man zumindest glauben...!) und man lässt sich die innere Erfüllung auch gerne was kosten.

Gut für Shanti, gut für ihren Mann - und auch viele andere...

Ein Freund nimmt neben mir Platz; er ist einer von jenen zahlreichen Suchenden, der etwa die Hälfte des Jahres in Tiru verbringt und vorwiegend innere Einkehr hält; er strahlt mich mit seinen tiefblauen Augen an und gibt einen Insider-Tipp an mich weiter: Wo man in einer der schmalen Seitenstraßen lokale Papayas von einer Einheimischen erstehen kann; solche Art von `Geheimnissen´ sind immer willkommen, denn der Geschmack der hiesigen Papayas im Gegensatz zu den kommerziell gezüchteten ist 100:1.

Doch lange können wir unsere Unterhaltung nicht fortsetzen; denn nun betreten die Ringer die Bühne und für die nächsten Minuten gelten ihnen unsere Aufmerksamkeit und auch jene aller Anwesenden.

Plötzlich gibt es Geschrei und Entsetzen verkünden-
des Rufen im fünf Meter entfernt gelegenen Chai-Shop;
ich sehe gerade noch, wie zwei indische Kunden von
ihren Plastiksesseln aufspringen, jene umkippen, ein paar
Leute wegstoben und der Eigentümer, ein Mann um die
50, sehr sympathisch, immer zufrieden mit sich und seinem Leben, blitzschnell zu einem etwa zwei Meter langen
Holzstock greift; noch bevor ich mich fragen kann, was
denn da zum Teufel los ist und was er denn mit dem
Stock machen will, sehe ich sie: Die Kobra, die offenbar
aus dem Chai-Shop, wo sie wahrscheinlich unter aufge-
schichtetem Holz geruht hat, herausgeschlängelt ist, um
mal frische Luft zu schnappen.

Alle weichen im Sicherheitsabstand auf die Seite: Man
weiß, mit einer Kobra ist nicht unbedingt zu spaßen;
bevorzugt wird im Allgemeinen natürlich, ihr gar nicht erst
unverhofft zu begegnen…

Die Kobra schlängelt sich herum, richtet sich lässig auf,
lässt ihren länglichen Körper wieder zu Boden fallen - und
macht keine Anstalten `ihren´ Shop zu verlassen. Man
kann es ihr ja nicht verübeln, wahrscheinlich fühlt sie sich
unter dem nahegelegenen Holz beschützt und geborgen
und hat sich ein gemütliches Wohnplätzchen eingerichtet;
aber auch nicht den Menschen, die sie dort nicht haben
wollen. Ein unschuldiger Handgriff ins Holz hinein, um
einen Stock oder Holzscheit rauszuziehen, kann tödlich
sein und dieses Risiko gilt es unbedingt zu vermeiden.

Der Eigentümer nimmt die Herausforderung an; trotz
vieler Zurufe wie "Kill her, kill her!" lässt er sich nicht dazu
verleiten und schlägt nicht wie besessen auf die Schlange
ein. Solch´ ein Gebaren ist ein trauriges Schauspiel, das
ich auch schon mal beobachten konnte. Damals war es
blanke Angst, die bei dem Inder ausgelöst wurde, als ihm

plötzlich `aus dem Nichts´ am erdigen Seitenweg eine grünlich-gelbe, etwa eineinhalb Meter lange Schlange entgegenkam. Darufhin nahm er, wahrscheinlich auch deswegen noch mehr in Panik, da er mit seinen zwei kleinen Kindern unterwegs war, den ersten am Boden liegenden dickeren Ast zur Hand und schlug solange auf die Schlange ein, bis sie mause-mause tot war.

Der Chai-Walla versucht geschickt, die Kobra mit dem Stock ins nahe gelegene Gestrüpp zu befördern, doch sie wendet sich ständig sehr schnell, ringelt sich ein, bäumt sich auf und geht regelmäßig zum Gegenangriff über; es ist ein extrem gefährliches Spiel, auf das sich der Inder einlässt. Eine falsche Bewegung, vor allem jedoch eine ganz kurze Unachtsamkeit, eine Zehntelsekunde zu langsamer Reaktion kann ihn das Leben kosten. Ich bin so gebannt von diesem Schauspiel, dass ich gar nicht mehr weiß, ob ich noch atme; was mich jedoch am allermeisten fasziniert, ist diese unglaubliche Unerschrockenheit des Mannes. Man spürt richtig, wie er davon ausgeht, genau das Richtige zu tun, dass er darauf vertraut, letztlich die Oberhand in dieser Auseinandersetzung zu behalten; er ist völlig konzentriert, immer wieder gelingt es ihm, sobald sich die Kobra zu ihm vorwärts schlängelt, sie mit dem Stecken ein wenig zurückzubefördern, aber sofort ist sie wieder zurück, bäumt sich auf und geht zur Gegenattacke über.

Die Frage, die sich zwischen den beiden zu stellen scheint lautet, wer der berechtigte Eigentümer dieses Platzes, des Chai-Shops ist.

Die Straße befindet sich etwa eineinhalb Meter vom Geschehen entfernt; weiterhin brausen Fahrzeuge aller Art im Irrsinnstempo vorbei, doch kaum jemand nimmt Notiz davon, was sich soeben auf dem staubigen Boden abspielt: Ein Kampf um Leben oder Tod zwischen Tier und Mensch.

Ich bin weiterhin völlig von diesem Ringen eingenommen; alles geht so schnell hin und her, sodass es unmöglich ist, einen Ausgang zu prognostizieren: Wer wird gewinnen, und werden nach diesem Kampf noch beide am Leben sein oder muss sich einer von ihnen von diesem Planeten verabschieden?!

Und dann geschieht das schier Unglaubliche, das nicht für möglich Gehaltene. Und ich würde es bis heute nicht glauben, hätte ich es nicht selbst mit meinen eigenen Augen gesehen und miterlebt:

In einem extrem glücklichen, günstigen Augenblick erwischt der Inder die Kobra durch eine rasche Bewegung perfekt mit dem Stock in etwa unter der Mitte ihres Körpers. Er hebelt sie sozusagen aus und schleudert sie mit viel Glück und Geschwindigkeit - und jetzt kommt's! - über die auf der nahegelegenen Fahrspur vorbeibrausenden Autos auf den sich auf der anderen Seite der Straße befindlichen Schotterweg, wo sich die Kobra sofort ins Gebüsch verzieht. Dabei fliegt die Kobra - und zwar millimetergenau - über den Kopf (!!!) eines Inders, der auf der anderen Fahrspur gerade auf seinem Moped, auf dem sich zusätzlich drei Kinder befinden, vorbeifährt, hinweg! Kann man sich das vorstellen? Kann man das? Gibt´s sowas überhaupt?

Die Schaulustigen lachen, schreien, so was ist ja in Indien alltäglich, nothing special. Doch was macht der Vater der drei Kinder, der da gerade langsam vorbeigefahren ist und wahrscheinlich ungläubig mitbekommen hat, was da soeben über seinen Kopf geflogen kam? Dem bewusst wird, wie wenige Zentimeter unter Umständen zwischen seinem und seiner Kinder Leben und Tod entschieden haben?! Wird er stehenbleiben und wutentbrannt auf den Chai-Mann hinrennen, um ihn zur Rede zu stellen oder ihm gar einen Faustschlag zu verpassen und dann die Polizei rufen?

Nein, natürlich nicht. Er ist ein waschechter Inder. Während er weiterfährt, blickt er kurz zum Himmel hinauf und führt dann die rechte Hand erst zu seiner Stirne und dann zum Himmel weiter. Eine wunderschöne Geste. Er weiß, dass alles vorbestimmt ist und es noch nicht für ihn Zeit war, den Körper in diesem Leben aufgeben zu müssen. Nicht aufgrund einer über seinen Kopf dahinfliegenden Kobra. Von diesem Mann kann ich noch einiges lernen.

Alles hat seine Richtigkeit.

Alles hat seinen richtigen Zeitpunkt.

Über allem steht ein klarer Plan festgeschrieben.

Unumstößlich.

FSC
www.fsc.org
MIX
Papier aus ver-
antwortungsvollen
Quellen
Paper from
responsible sources
FSC® C105338